AF872993

El valor de la autenticidad

El valor de la autenticidad

El reto de construir organizaciones honestas, rentables y sostenibles

ADOLFO RAMÍREZ

G2000

Gestión 2000 es un sello editorial de Centro de Libros PAPF, SLU.
Av. Diagonal, 662-664
08034 Barcelona
www.planetadelibros.com

Primera edición: mayo de 2024
Depósito legal: B. 6.131-2024
ISBN: 978-84-9875-575-6
Composición: Realización Planeta
Impresión y encuadernación: Egedsa
Printed in Spain - Impreso en España

Para Ágata, Marina y Cloe, cuya inocencia y sinceridad nos recuerdan la importancia de ser auténticos

Sumario

Segunda parte
Dinámicas de valor

TERCERA PARTE

La adopción de las dinámicas de valor

Prólogo

La autenticidad, el único camino

La verdad importa. Está en la forma en la que personas y organizaciones actuamos cuando nadie nos ve. Es la coherencia entre lo que decimos ser y lo que somos. De ella nace la autenticidad.

En el libro *El valor de la autenticidad: El reto de construir organizaciones honestas, rentables y sostenibles*, Adolfo Ramírez nos abre una ventana a cómo hacerlo posible. Hay mucho valor en ver un abanico amplio de casos como el de este libro. Mi propia autenticidad está en contaros cómo lo hacemos nosotros.

En Adolfo Domínguez sabemos lo difícil que es querer ser auténtico en un mundo muy cambiante, donde muchas veces lo urgente se impone y tu verdad puede parecer un lujo para tiempos mejores.

En la empresa hemos descubierto la importancia de escuchar con una práctica llamada «Os Almorzos», desayunos a lo largo del año con todas las personas del equipo. En ellos, les pregunté: «¿Qué harías tú para cambiar Adolfo Domínguez?». De esas sesiones salieron cientos de propuestas. Muchas de ellas construyen el Adolfo Domínguez que somos hoy.

De cara a la autenticidad, no escogemos donde nacemos, pero importa. Nosotros somos de un rincón de Galicia, desde donde creamos moda de autor para todo el mundo. Ésa es nuestra verdad. Se la trasladamos al cliente a través de fotografía en escenarios atlánticos, de desfiles con máscaras tradicionales y músicos que innovan en el sonido gallego. También se percibe en el uso de granito, castaño y pizarra en nuestras tiendas.

Una parte importante de quienes somos, por la sensibilidad hacia ella de nuestro fundador, es la sostenibilidad. Es una palabra que está evolucionando hacia la ambición de generar impacto positivo. En una empresa textil tiene mucho que ver con el origen de las fibras que utilizamos, sus certificados y trazabilidad. También con el bienestar animal en el uso de la lana y el cuero, y de promover *partnerships* con proveedores que se esfuerzan en hacerlo bien. También nos hemos dado cuenta de que nuestra forma peculiar de ser sostenibles es apostar por la atemporalidad y las cosas que duran en el tiempo. Prendas que duren esta y todas las temporadas.

En el mundo de la moda la autenticidad también tiene que ver con el estilo de tu marca, que sea tuyo y no de otro. Hemos implementado el método Ágora para asegurarnos de que nuestras colecciones nacen siempre de la originalidad y la página en blanco. Empezamos con una palabra, un concepto, un territorio y transformamos ideas complejas en mangas, cuellos, fornituras..., en prendas con sonido propio. Suspendemos el tiempo para darle a los diseñadores el espacio que requiere la originalidad.

Somos una empresa que ha tenido la fortuna de navegar, con sus subidas y bajadas, el éxito durante los últimos cincuenta años. Muchos creadores lo intentan y pocos lo consiguen. Adolfo tuvo éxito, entre otras cosas, porque entabló un diálogo con su época. Ofreció una nueva estética para una ética social que acababa de cambiar tras la transición española.

En honor a nuestros orígenes, hoy mantenemos una firme conversación con la sociedad acerca de la sostenibilidad y el consumo. Nuestras campañas revolucionan el sector con eslóganes como: «Sé más viejo», que cuestionó la adoración de la juventud en la moda; «Piensa. Luego compra», que propuso volver a valorar la compra racional vs. la impulsiva; o «Ropa vieja», que quiso hablar del valor de la calidad y las cosas buenas que duran en el tiempo y que te puedes volver a poner muchos años más tarde.

Pensamos que el consumidor es un agente político y que cada uno de nosotros puede cambiar la sociedad con sus decisiones.

Creemos que la innovación es importante para repensar cómo tiene que ser la economía del siglo XXI.

Descubrimos que la regla de Pareto también se aplica a la moda. El 80 por ciento de la ropa que tenemos en el armario nos la ponemos un 20 por ciento del tiempo. Porque ha sido un error.

Inventamos ADN BOX para acertar más gracias a la inteligencia artificial y a la humanidad de un *personal shopper*.

Creamos ADN RENT porque sabemos que las generaciones más jóvenes desean estrenar y no ser dueños de la ropa que usan. El alquiler es una forma de darle circularidad a su consumo.

En Adolfo Domínguez enseñamos a encontrar la belleza donde otros no la ven. Ser tú mismo es ser auténtico, ése es el único camino.

ADRIANA DOMÍNGUEZ,
presidenta ejecutiva de Adolfo Domínguez

Introducción

Siempre me ha parecido algo elemental llevar a la práctica nuestras ideas, valores o manifestaciones, ya sea en el ámbito personal, profesional o empresarial. Sin embargo, en la actualidad parece que este hábito va cayendo en desuso y está siendo reemplazado por unas tendencias donde los resultados inmediatos se anteponen a la autenticidad de las personas y organizaciones. Lo estamos viviendo en el ámbito social, político y empresarial, y aunque seguramente abordarlo en su conjunto tenga todo el sentido, este libro lo he centrado en el ámbito empresarial.

En el mundo de los negocios contemporáneo, la presión por lograr beneficios rápidos y la intensa competencia han empujado a muchas organizaciones a adoptar estrategias a corto plazo, descuidando a menudo sus valores fundamentales y la integridad en sus procesos. Esta tendencia afecta negativamente la cultura organizacional, la moral de los empleados, la confianza de los clientes y la sostenibilidad de la empresa a largo plazo.

Es evidente que existe un desajuste generalizado entre lo que muchas empresas declaran y lo que efectivamente practican. Aunque proclaman valores como la transparencia, el compromiso y la integridad, a menudo actúan de manera contraria cuando tienen que enfrentarse a decisiones difíciles, una potencial pérdida de contratos o situaciones de presión. Esta incongruencia no sólo daña la reputación de la empresa, sino que también erosiona la confianza de clientes, empleados y, en su caso, accionistas.

Sin embargo, también existen empresas que han comprendido la importancia de la coherencia con sus valores y han demostrado que el éxito es posible sin renunciar a la autenticidad. Estas empresas no sólo experimentan beneficios en términos de lealtad del cliente y fidelidad de los empleados, sino que también muestran una mayor resiliencia en tiempos de crisis.

En este contexto, el objetivo de este libro es doble: por un lado, busca concienciar sobre la necesidad de generar y apoyar a empresas genuinas que promuevan valores y prácticas éticas y responsables; por otro, ofrece un modelo y herramientas para que las organizaciones puedan crecer con una cultura basada en la autenticidad, la integridad y la coherencia.

La presión generada por las tendencias actuales, los consumidores, la competencia y la regulación, en muchos casos, obliga a las empresas a incluir en su estrategia valores que no están alineados con su filosofía o que difícilmente podrán implementar en su actividad debido a limitaciones presupuestarias, capacidades o estructura. En estos casos, lo más coherente y sincero sería no incorporar esos valores en su oferta y presentarse en el mercado con los atributos que realmente puedan desarrollar y cumplir.

Pero hoy, ¿quién «sale a la calle» sin decir que es transparente, innovador o sostenible? La respuesta es nadie. Aún más, ¿quién querría construir o desarrollar un negocio que no tenga esos valores? Tampoco nadie, por lo tanto, la única alternativa es adoptar con energía unos valores que sean esenciales para la salud de cualquier organización.

Todos sabemos que estos cambios culturales son realmente los más complejos y que no es suficiente con las palabras, aunque sean contundentes, reiterativas y comunicadas por los máximos directivos de las compañías. Las buenas prácticas nos indican que el cambio sólo se produce cuando generas el contexto propicio para conseguirlo.

Éste es precisamente el propósito de este libro, facilitar la transición de los valores corporativos a los hábitos de los empleados. Para ello, se desarrolla un modelo de dinámicas de valor que incorpora éstos en la actividad y relaciones cotidianas, en la actuación de los jefes, en la valoración de los profesionales y sistema de incentivos, en los programas de formación y desarrollo, en el diseño de los productos y servicios, en la gestión de la información, en definitiva, en la cultura de la organización.

El planteamiento del libro se ha desarrollado sobre siete dinámicas que considero imprescindibles para la gestión empresarial, como la integridad, el éxito del cliente, el desarrollo de las personas, la gestión inteligente y ética de los datos, la innovación, la colaboración y la sostenibilidad. No obstante, lo que se propone es un modelo y, por lo tanto, está abierto a que cada organización elija las dinámicas que considere más apropiadas a su propósito y estrategia. Unas dinámicas que podemos considerar universales, pues, como vemos, a medida que se aceleran los cambios y la adopción de tecnologías cada vez más sofisticadas y de mayor impacto, se convierten en imprescindibles para el buen gobierno y futuro de las empresas.

El libro está estructurado en cuatro partes. La primera pone en contexto la situación actual y la importancia de disponer de un propósito ilusionante que sirva de norte a la empresa; analiza los datos de una encuesta realizada a profesionales sobre la adopción de los valores en sus organizaciones y expone una primera aproximación a las dinámicas de valor.

En la segunda parte se desarrolla el modelo de las dinámicas de valor, con pautas y herramientas que facilitarán a las organizaciones la identificación de sus ámbitos de mejora en cada una de esas dinámicas. También se presenta un sistema que aborda cada una de ellas, con una visión 360°: impacto en los clientes, ejecución por los empleados, procesos y acciones que tiene que desarrollar la organización para facilitar su adopción, potenciales barreras y su solución, tecnologías facilitadoras de su aplicación y métricas.

La tercera parte trata de la incorporación de las dinámicas, atendiendo a aspectos como la inteligencia artificial y otras tecnologías como facilitadoras de su integración en las organizaciones, una propuesta de encuesta descargable para que las organizaciones puedan hacer un autodiagnóstico de su nivel de autenticidad desde el punto de vista de empleados y clientes y una hoja de ruta para la implementación de las dinámicas de valor. En este bloque tiene una importancia especial el capítulo 17, donde distintas compañías explican cómo las entienden y desarrollan en su organización.

La última parte se titula «Liderazgo de valor», porque es un binomio inseparable «organizaciones auténticas/líderes auténticos».

Adicionalmente al capítulo dedicado a casos de empresas, en los distintos bloques se incluyen varios ejemplos con la intención de facilitar la visión de los conceptos e ideas compartidas.

Al igual que en *Digitalízate o desaparece*, mi primer libro, en los capítulos de las dinámicas he incluido la visión de un experto que nos da su perspectiva sobre éstas.

Más de un empresario y gurú del *management* ha manifestado que no estamos en una época de cambios sino en un cambio de época; una nueva época en la que se está moldeando una nueva sociedad y economía y en la que los cimientos sobre los que las estamos construyendo van a marcar nuestro futuro y el de las siguientes generaciones.

Ser honestos, colaborativos, creativos y poner a las personas en el centro son las únicas bases sobre las que vale la pena crecer y progresar, ahora y en cualquier época. ¿No os parece?

Espero que aquí encontréis suficientes motivos e ideas para ayudaros en este genuino viaje.

Primera parte

Organizaciones auténticas

1

El reto de construir organizaciones auténticas

> Es mejor fracasar en la autenticidad que triunfar en la imitación.
>
> HERMAN MELVILLE, escritor

1.1. La autenticidad en un mundo complejo

Hoy podríamos decir que la complejidad determina nuestra realidad.

La autenticidad se ha definido como vivir según los valores y creencias propios o de la organización. En el pasado, cuando la industria era la fuerza dominante en la economía, los empleos, las carreras profesionales y las actividades empresariales eran más predecibles. Sin embargo, hoy en día, el contexto es más complejo y surgen tentaciones en todas partes que nos pueden desviar de nuestros valores.

En este mundo cada vez más volátil e impredecible, el crecimiento se ha convertido en una obsesión para muchas empresas que se enfrentan a una serie de desafíos para mantenerse auténticas y fieles a sus valores fundamentales. La competencia feroz, los avances tecnológicos, las presiones financieras y los resultados a corto plazo a menudo pueden hacer que las empresas pierdan de vista lo que realmente importa y se aparten de su propósito.

Aun así, hay ejemplos de empresas que han logrado mantener su autenticidad en un entorno complejo y que han cosechado éxitos al hacerlo. Una de las claves para conseguirlo es tener una visión nítida y sólida de lo que la empresa representa. Esto implica contar con una idea clara de los valores, objetivos y principios fundamentales que guían las decisiones empresariales. Una vez establecida esta visión, es importante que la organización tenga la capacidad de comunicarla con claridad en todo su ámbito de actuación, desde los empleados hasta los clientes, accionistas y proveedores.

Otro aspecto esencial para mantener la integridad es la capacidad de adaptación. Las empresas auténticas no son inmunes al cambio, pero son capaces de adaptarse a él sin comprometer sus valores fundamentales. Esto implica una actitud proactiva hacia éste y una mentalidad de aprendizaje constante que le permite evolucionar y mejorar.

Las empresas auténticas tienen un enfoque centrado en las personas. En lugar de tratar a los empleados y clientes como meros recursos, ven a las personas como seres humanos con necesidades y deseos y buscan satisfacerlas de manera honesta y transparente. Esto implica una cultura empresarial en la que se valora la franqueza y la claridad y en la que se fomenta la toma de decisiones éticas y responsables.

Un ejemplo de empresa que ha logrado mantener su autenticidad en un entorno complejo es Patagonia. Esta conocida empresa de ropa para actividades al aire libre ha conseguido construir una marca basada en los valores de sostenibilidad, responsabilidad social y ética empresarial. A pesar de la competencia feroz en el mercado de la ropa deportiva, Patagonia ha logrado mantenerse fiel a sus valores fundamentales y ha cosechado éxitos económicos y de imagen al hacerlo.

Podríamos decir que la autenticidad capta el espíritu del siglo XXI.

Las empresas auténticas, con independencia de la complejidad de sus mercados, son aquellas que cumplen de manera consciente y consistentemente con los valores que prometen, protegen los datos de los consumidores, respetan su privacidad e interactúan con sus grupos de interés de forma transparente e íntegra, desarrollando comportamientos como:

- **Comunicación abierta**. En este tipo de organizaciones la comunicación es un valor fundamental. La información fluye libremente y se fomenta el diálogo y la retroalimentación. Los líderes destacan por su sinceridad y claridad en sus comunicaciones, lo que ayuda a construir la confianza y la lealtad entre los empleados y con los clientes.
- **Enfoque en el propósito**. Se enfocan en su propósito y en su misión, más allá de los objetivos financieros y los objetivos a corto plazo. Los líderes establecen una visión clara y comprometen a todos los miembros de la organización a trabajar juntos hacia un objetivo común. Los empleados se sienten inspirados y motivados al dedicarse a una causa mayor que ellos mismos.
- **Comprometidas con el cliente**. Implica más que simplemente cumplir con sus necesidades y expectativas. En lugar de tratar al cliente como una transacción, una marca auténtica se enfoca en desarrollar una relación significativa y duradera con ellos. Debe estar dispuesta a admitir errores y trabajar en soluciones para mejorar la experiencia del cliente. Implica involucrar a los clientes en el proceso de toma de decisiones o en la creación de productos y servicios.
- **Responsabilidad social**. Se preocupan por su impacto en la sociedad y en el medioambiente. Adoptan prácticas sostenibles y responsables, y buscan formas de contribuir a la sociedad y al bien común.
- **Cultura de confianza, respeto e integridad**. Fomentan una cultura de confianza y respeto, donde todos los empleados se sientan valorados y escuchados. Los líderes crean un ambiente de trabajo seguro y son el ejemplo que seguir. Son valores en los que no se permite la más leve desviación.

- **Aprendizaje e innovación continua**. Estas organizaciones promueven el aprendizaje continuo y el desarrollo profesional de sus empleados, fomentando la creatividad y la innovación.
- **Flexibilidad y adaptabilidad**. Son flexibles y se adaptan a la evolución del entorno. Se ajustan rápidamente a los cambios en el mercado y a las necesidades de los clientes, y están dispuestas a asumir riesgos y a probar cosas nuevas.

Pero indiscutiblemente, con la complejidad aparecen algunos riesgos para seguir siendo auténtico.

En entornos complejos, es fácil perder de vista la identidad y ceder a la tentación de hacer lo mismo que todos los demás para no quedarse atrás. Esto puede llevar a las empresas a comprometer su autenticidad en favor del éxito a corto plazo.

Por ejemplo, una empresa puede optar por copiar la estrategia de su competidor en lugar de seguir su propia visión, o puede ceder a la presión de los accionistas para maximizar los beneficios a corto plazo en lugar de invertir en el crecimiento sostenible a largo plazo. Veremos algunos casos que lo ejemplifican con claridad.

La complejidad puede hacer que sea más difícil mantener una comunicación clara y transparente con sus empleados, clientes y otros *stakeholders*. En un entorno cada vez más interconectado, la falta de transparencia puede ser percibida como una falta de autenticidad, lo que puede dañar la reputación de la empresa.

Cuando una empresa se enfrenta a múltiples desafíos y presiones puede ser tentador para los líderes centrarse en las tareas inmediatas en lugar de mantener una visión de futuro. Esto puede llevar a una falta de coherencia y consistencia en la cultura y los valores de la empresa, lo que puede socavar su autenticidad.

Incluso la complejidad puede dar lugar a situaciones de parálisis por el análisis, cayendo en una especie de procrastinación estructural que limita el desarrollo de la estrategia y los valores de la compañía.

La complejidad te puede conducir a la mediocridad y sólo es posible salir de ella con autenticidad.

1.2. Y el cortoplacismo se cargó la autenticidad

El cortoplacismo se ha convertido en el gran virus gerencial de la nueva economía, provocando una mentalidad empresarial enfocada en resultados inmediatos y beneficios rápidos, sin considerar las consecuencias a largo plazo y, por lo tanto, el futuro de la empresa.

Esta mentalidad de «ganar a toda costa» está llevando a los directivos de muchas empresas a sacrificar la autenticidad corporativa por los laureles del éxito a corto plazo y, ¿por qué no decirlo?, por sus correspondientes reconocimientos y recompensas inmediatas.

El cortoplacismo se puede observar en la toma de decisiones impulsadas por los resultados inmediatos, como la reducción de costes y la maximización de los ingresos, a menudo en detrimento de la calidad, la innovación o la responsabilidad social. En ocasiones, esta búsqueda de resultados rápidos se centra exclusivamente en la satisfacción de los accionistas olvidándose incluso de los clientes y empleados.

La ausencia de autenticidad se manifiesta de diversas maneras, como la opacidad en la comunicación o la falta de ética en la toma de decisiones. Son políticas rentables a corto plazo, pero que erosionan la confianza de clientes y mercado, socavando la reputación de la empresa.

El crecimiento auténtico se basa en principios éticos y sostenibles. Una empresa con esos principios se enfoca en construir relaciones duraderas con sus clientes en lugar de tratar de vender productos o servicios de cuestionable calidad o promover ventas forzosas para obtener beneficios rápidos. En general, estas empresas, como parte de su propósito, también buscan tener un impacto positivo en la sociedad y el medioambiente, lo que les ayuda a construir una reputación sólida y duradera.

En cambio, las organizaciones cortoplacistas no pueden dedicarse a diversas actividades esenciales debido a su enfoque en metas inmediatas. No tienen tiempo para el aprendizaje de sus profesionales porque tienen que producir, lo que a menudo lleva a un ciclo de trabajo repetitivo y sin crecimiento. Tampoco hay tiempo para mejorar los estándares de calidad porque se consideran «suficientemente buenos» para alcanzar el objetivo de ventas, lo que puede dar como resultado productos o servicios que apenas cumplen con los requisitos mínimos, sin superar las expectativas de los clientes.

Para estas organizaciones la innovación queda relegada porque el futuro no está en su visión. Están tan centradas en los resultados del momento que pierden de vista las tendencias emergentes y las oportunidades de desarrollo a largo plazo.

Además, no tienen tiempo para la atención personalizada al cliente, ya que el enfoque está en la maximización de las ventas y no en la construcción de relaciones duraderas. Este enfoque transaccional las lleva a tener una base de clientes insatisfechos y sin lealtad a la marca, con su correspondiente impacto en el medio y largo plazo.

En cuanto a la eficiencia operativa, las organizaciones cortoplacistas a menudo se obsesionan con los procesos rápidos y rentables, sin considerar el impacto de estas decisiones en la moral del empleado, la sostenibilidad del negocio o la calidad del producto. Esto puede llevar a un ambiente de trabajo estresante y no sostenible, donde los empleados se sienten subvalorados y la empresa se enfrenta a un alto índice de rotación.

Por último, en su carrera por los resultados inmediatos, ignoran las prácticas sostenibles y responsables, lo que puede dar como resultado daños a largo plazo tanto para el medioambiente como para su propia reputación en la sociedad.

Desafortunadamente, este cortoplacismo ha llevado a muchas organizaciones a perder de vista sus principios. A todos se nos vienen a la cabeza empresas (sobre todo grandes) que en momentos determinados sacrificaron su marca y su autenticidad por los resultados a corto plazo.

En 2016 se descubrió que Wells Fargo, uno de los mayores bancos de Estados Unidos, había creado millones de cuentas bancarias falsas sin el consentimiento de sus clientes con el fin de cumplir con objetivos de ventas. Este escándalo llevó a la dimisión de varios altos ejecutivos de la compañía y a una elevada multa por parte de los reguladores. La marca y la reputación de Wells Fargo se vieron seriamente dañadas.

Enron, una empresa estadounidense de energía y servicios públicos, colapsó en 2001 debido a un escándalo financiero masivo. La compañía había creado una red compleja de empresas ficticias y manipulado sus estados de cuentas para ocultar deudas y crear la ilusión de un crecimiento sostenible. El resultado fue uno de los mayores escándalos financieros de la historia, que llevó a la quiebra de la empresa y a la condena de varios altos ejecutivos.

Jim Collins, académico de Stanford, desarrolla una idea que me parece muy interesante: «la genialidad de la "y"» (de la suma), en la que las organizaciones excelentes no se quedan atrapadas en opciones limitadas —es decir, en la tiranía de la «o» (de la disyuntiva)— y consideran la abundancia de posibilidades que les brinda la «y».

Lo que llevado a la práctica implica que las empresas no deben elegir entre ganancias y sostenibilidad o entre resultados y transformación, dimensiones que no se pueden ver como objetivos en conflicto, sino como aspectos complementarios que, cuando se gestionan de manera efectiva, pueden llevar a una organización hacia el éxito duradero y significativo.

1.3. El dilema de las dos visiones de la empresa

Nadie manifiesta dirigir una organización con hábitos cortoplacistas, orientada al producto o poco innovadora. No es algo que se busque, sino todo lo contrario, pero muchos reconocen trabajar en una organización de estas características.

Estas dos perspectivas en los comportamientos de las organizaciones es un factor determinante en su funcionamiento y, sin embargo, son escasas las compañías no ya que le dediquen tiempo a solucionarlo, sino que tan siquiera lo tengan identificado como un problema.

Esta disparidad de visión, que se desarrolla con mayor profundidad en el capítulo 4 a partir de una encuesta realizada con este propósito, es un claro generador de conflicto en la empresa y, en cualquier caso, un obstáculo para que los procesos, la actividad y la toma de decisiones fluyan en la organización.

Los mensajes y buenas intenciones de la dirección, como la orientación al cliente, el liderazgo en innovación, la preocupación por las personas y el medioambiente..., no se corresponden, en general, ni con lo que verdaderamente ocurre en la compañía, ni con el sentimiento que tienen sus profesionales.

Analizando el *gap*, la inconsistencia identificada se corresponde en general con situaciones como:

- **Falta de comunicación efectiva**. Si no se establecen canales de comunicación claros y efectivos entre la dirección y los empleados es probable que se produzca una brecha en la percepción de lo que ocurre en la empresa. Estamos hablando de una comunicación transparente, sistemática (no sólo cuando le apetezca comunicar a la dirección) y bidireccional (que promueve la participación y el debate).
- **Diferentes intereses**. Los directivos pueden estar más enfocados en los intereses de la empresa y en la maximización de los beneficios, mientras que los empleados pueden estar más preocupados por su estabilidad laboral y su remuneración. En definitiva, no se han conseguido alinear sus intereses y se trabaja en distintas sintonías.
- **Desconocimiento de la cultura organizacional**. Influye en cómo los empleados perciben la empresa y su compromiso con ella. Si la cultura no fomenta la transparencia y la comunicación abierta, es más probable que se produzca un doble entendimiento de la estrategia de la empresa.
- **Estructura, procesos y gestión inconsistentes con el propósito y la estrategia**. Es normal encontrarse con estrategias que predican la sencillez de los procesos, la innovación, y el cuidado de las personas, pero en realidad la gestión es autoritaria y jerárquica, la experimentación es un lastre para los resultados (a corto, claro) y la

preocupación por el desarrollo de las personas está alejada de las mejores prácticas.

El crecimiento es uno de los principales objetivos de las empresas, pero también una de las mayores fuentes de desafíos. A medida que las empresas crecen, se vuelven más complejas y, por lo tanto, más difíciles de gestionar.

Las principales implicaciones de la complejidad están relacionadas con la toma de decisiones, que se vuelve cada vez más difícil y a la vez más lenta, y con la comunicación y la coordinación entre diferentes áreas y personas, que potencialmente se vuelve más «pesada» y lentamente se va alejando del propósito.

No obstante, evitar que se produzca la disparidad de puntos de vista o conseguir el alineamiento de los intereses y visiones de los integrantes de la compañía reporta unos beneficios evidentes y me atrevería a decir que exponenciales. Conseguirlo desemboca en una mayor agilidad en la toma de decisiones, incremento de la productividad, reducción de las fricciones internas, mayor capacidad de innovación, menor tiempo en la adopción de los cambios o mejora del clima laboral y de la densidad de talento, entre otras.

Normalmente cuando hablamos de las diferencias entre las empresas convencionales y las de la nueva economía hacemos referencia al modelo de negocio, la estructura organizativa, el enfoque en el cliente, la tecnología, la velocidad de cambio o la forma de medir el éxito, todas ellas ciertas. Si comparas hoy, después de años de transformación digital, las estrategias «teóricas» de unas y otras compañías, las diferencias no son tan grandes, en realidad son muy parecidas.

¿Entonces dónde está el problema? Efectivamente, en la ejecución.

En la ejecución tanto en la operación de la estrategia como en convertir en hábitos los valores de la compañía.

Decía Peter Drucker, uno de los gurús más importantes del marketing, que «la estrategia es una *commodity* y la ejecución es un arte».

Según un estudio de EY[1] en el contexto de la transformación digital, más del 70 por ciento de los proyectos fracasan en su fase de ejecución.

Innumerables son los libros que identifican los problemas y dan fórmulas para convertir la ejecución en una ventaja competitiva y su lectura me parece muy recomendable (en la bibliografía incluyo aquellos que me parecen de mayor interés y aplicabilidad). En cualquier caso, considero que el elemento clave es la capacidad de generar en las empresas unas dinámicas de valor que conviertan las claves estratégicas y los valores de la compañía en sus verdaderos hábitos y se genere una organización fluida, rentable y sostenible, es decir, una organización auténtica.

Como decíamos en la introducción, éste es el objetivo del presente libro, desarrollar unas dinámicas de valor que lleven a las organizaciones con independencia de su antigüedad, tamaño o sector a convertirse en organizaciones auténticas, como única forma de crecer de manera sostenible y rentable.

1.4. Pilares de la autenticidad: sinceridad, confianza, disciplina y comunicación

«Si el emperador va desnudo, hay que decírselo», pero ¿quién se atreve?

Esta pregunta refleja uno de los dilemas más antiguos y persistentes en cualquier entorno, ya sea en la esfera corporativa, en la política o incluso en las relaciones personales: el desafío de hablar con honestidad frente a la autoridad o el poder.

La metáfora del emperador desnudo, derivada del famoso cuento de Hans Christian Andersen, simboliza la tensión entre la verdad y la conformidad, entre la sinceridad y el temor a las repercusiones.

No es inusual encontrarnos con organizaciones en las que prevalece una cultura de silencio o conformidad, donde las per-

1. Disponible en: <https://forbes.co/2021/11/16/tecnologia/70-de-los-proyectos-de-transformacion-digital-fracasan-segun-reporte-de-ey>.

sonas se sienten disuadidas o incluso intimidadas para no expresar opiniones o hechos que contradigan la visión o las decisiones de aquellos en posiciones de poder. Una dinámica negativa que no sólo inhibe la comunicación abierta y honesta, sino que también puede conducir a la toma de decisiones erróneas y a la perpetuación de errores.

En este contexto, la sinceridad aparece como un rasgo esencial para la construcción de organizaciones genuinas y se manifiesta a través de una comunicación abierta y directa. En una organización auténtica, los líderes y los miembros del equipo se esfuerzan por expresar sus pensamientos, sentimientos y opiniones de manera sincera, sin ocultar ni manipular información. Se busca crear un ambiente en el que las personas se sientan cómodas compartiendo ideas, preocupaciones y sugerencias sin temor a represalias o juicio.

Como dice Reed Hastings, CEO de Netflix, «alentar las críticas sinceras en una empresa es mucho más difícil que instalar señales de tráfico. Fomentar un ambiente de sinceridad requiere que los empleados abandonen años de condicionamiento y creencias firmemente arraigadas, tales como: opinar sólo cuando alguien nos lo pida, o elogiar en público, criticar en privado».

En una organización auténtica la confianza se construye a través de la consistencia entre las palabras y las acciones. Los líderes y equipos actúan de acuerdo con los valores y principios establecidos, generando credibilidad y confianza en su comportamiento. La coherencia entre lo que se dice y lo que se hace es esencial para que los demás confíen en nosotros.

La confianza no se desarrolla de la noche a la mañana, sino que se construye a lo largo del tiempo a través de acciones consistentes y genuinas. Requiere paciencia, transparencia y una comunicación abierta y honesta en todas las interacciones.

Para Stephen M. R. Covey, «la confianza es la moneda más importante en cualquier relación, personal o profesional. Es la base fundamental de todo éxito y rendimiento duradero».

La ausencia de confianza es como un impuesto sobre un negocio (sobreprotección, todo por escrito, burocracia, impacto negativo en el negocio), en cambio la confianza es como un dividendo (agilidad, creatividad, relaciones de valor o generación de negocio).

El top 10 del *Barómetro de confianza 2023* de Edelman ofrece algunos datos sobre la situación en nuestro país:

1. En España ninguna institución es considerada ética y competente. El optimismo económico se desploma, los temores son ahora más personales y más existenciales y, ante esta situación, no se confía en que ninguna institución haga lo correcto.
2. Hay un desequilibrio institucional, con una brecha de trece puntos entre la confianza en las empresas (49 por ciento) y en el Gobierno (36 por ciento).
3. Se percibe una división de clases en cuanto a confianza. Aquellos en el cuartil superior de ingresos viven en una realidad de confianza diferente a los que se encuentran en el cuartil de ingresos inferiores.
4. El optimismo económico se desploma, pues sólo un 26 por ciento de los españoles piensa que su familia estará mejor en cinco años.
5. La polarización es más grave cuando la división está más arraigada. Esto sucede porque una división profundamente enraizada implica que las diferencias entre los grupos no sólo son ideológicas o de opinión, sino que a menudo están vinculadas a aspectos fundamentales de la identidad o creencias centrales.
6. En España, el tejido social se debilita y las diferencias se acentúan. El 62 por ciento de los españoles piensa que el tejido social que mantiene unido al país está demasiado debilitado y ya no sirve de base para la unidad y el propósito común.
7. La ideología se convierte en identidad y sólo en torno a un 20 por ciento de los españoles ayudaría, viviría o trabajaría con una persona que estuviera en total desacuerdo con ellos o con su punto de vista.
8. La gente quiere que las empresas hagan más. Consideran que deberían abordar más activamente problemas socia-

les como el cambio climático, la desigualdad económica y la capacitación profesional.

9. El compromiso social pone a las empresas en riesgo de estar politizadas. Un 60 por ciento de los españoles cree que las compañías no pueden evitar la politización cuando abordan los asuntos sociales más controvertidos.
10. Los españoles consideran que se obtendrían resultados cuatro veces mejores si gobierno y empresas trabajaran en equipo, en vez de que las empresas lo hagan de forma independiente.

No son buenos datos, pero posiblemente la peor noticia sea que no tenemos identificada la falta de confianza como uno de los grandes problemas de nuestra sociedad y de nuestra economía y, por lo tanto, no estamos tomando medidas para solucionarlo. Incluso me atrevería a decir que vamos en la dirección opuesta, generando una polarización que no nos lleva a ningún lugar positivo sino todo lo contrario.

Otro valor en debate es la disciplina, entendida como la habilidad para adherirse a un conjunto de reglas, principios o estándares de manera consistente y resuelta. Establecer una cultura de disciplina en una empresa significa centrarse en lo esencial y descartar lo superfluo.

A menudo, cuando se menciona (me pasa muy habitualmente) la disciplina en el contexto de la gestión, parece evocar una reacción inicial negativa, como si fuera un concepto anticuado o inapropiado en la era digital.

No obstante, está demostrado que las empresas que logran la excelencia siguen con rigor su propósito y estrategia y se abstienen de hacer nada que no sea coherente con ellos, es decir, tienen disciplina.

Como explica Jim Collins en *Good to Great*, la disciplina no tiene que ver con una fuerte burocracia o una jerarquía competitiva, sino con el hecho de dejar pasar oportunidades o negocios aparentemente rentables, pero que no están alineados con el propósito y los valores de la empresa.

Realmente, la burocracia emerge para compensar la incompetencia y falta de disciplina derivada de tener personas inadecuadas en el equipo. Si se cuenta con las personas adecuadas y se prescinde de las que no lo son, podremos prescindir de la burocracia.

Para Collins, «la cultura de la disciplina no se refiere únicamente a las acciones. También hace referencia a rodearse de personas disciplinadas que se comprometan con una manera de pensar disciplinada y que emprendan acciones disciplinadas», tal como se sintetiza en el gráfico 1.1.

Gráfico 1.1. Cultura de disciplina

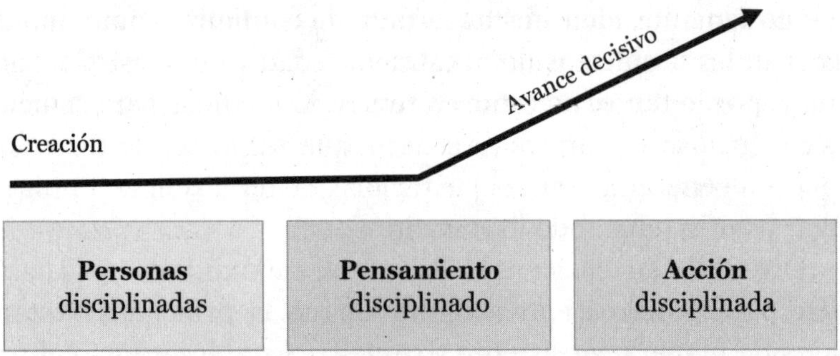

Fuente: Elaboración propia a partir de *Good to Great*, Reverte, Barcelona, 2021.

Un ejemplo que aparece en *Good to Great* y que me parece muy oportuno compartir aquí es el de los laboratorios Abbott, que muestra las ideas claves de una cultura de disciplina.

La compañía fomenta la responsabilidad personal, donde se espera que los empleados sigan las políticas y prácticas establecidas y se adhieran a altos estándares éticos. Para ello:

- Desarrolla una cultura construida en torno a las ideas de responsabilidad y libertad.
- Alimenta esa cultura gracias a personas autodisciplinadas.
- No confunde disciplina con tiranía.
- Es escrupulosa, es decir, disciplinada, con lo que hay que hacer y con lo que no hay que hacer.

La disciplina resulta una característica fundamental de las organizaciones auténticas que queremos construir, ya que permite que la empresa se enfoque en lo que realmente importa, elimine burocracia y evite distracciones que puedan desviarla de su propósito y valores.

La comunicación es otro pilar esencial en la autenticidad de las organizaciones y desempeña un papel fundamental en la construcción y el mantenimiento de una cultura empresarial sólida y transparente. En un entorno donde la comunicación es abierta y efectiva, se fomenta un ambiente de trabajo basado en la confianza y el respeto mutuo, y además se establecen las bases para una colaboración genuina y una toma de decisiones informada.

La comunicación efectiva contribuye significativamente a clarificar las expectativas y roles dentro de la organización. Esto es especialmente importante en empresas en crecimiento, donde las estructuras y procesos están en constante evolución.

Recientemente tuve la oportunidad de colaborar con una organización que estaba abordando desafíos significativos en su comunicación. Esta compañía, que se encontraba en una fase de crecimiento acelerado, había incorporado a varios empleados nuevos cuyas funciones no estaban claramente definidas. En sus inicios, cuando la empresa era más pequeña, la falta de precisión en las descripciones de los puestos no representaba un problema reseñable, ya que los nuevos integrantes podían fácilmente familiarizarse con las operaciones observando las dinámicas de trabajo generales.

Sin embargo, con el crecimiento de la organización, esta práctica ya no resultaba efectiva, lo que provocaba que los empleados recién contratados experimentaran dificultades para desempeñar sus roles adecuadamente.

En contextos de cambio e incertidumbre la comunicación se vuelve aún más crítica. Las organizaciones que comunican de manera efectiva durante los períodos de transición son capaces de mantener a su personal informado, comprometido y enfocado. Esto no sólo minimiza la resistencia al cambio, sino que también facilita una adaptación más rápida y efectiva a nuevas circunstancias o estrategias.

1.5. El valor de los intangibles

En la actualidad, la diferenciación y en buena parte el éxito de las organizaciones se basa mucho más en los aspectos intangibles (valores, innovación, cultura organizacional, calidad...) que en los tangibles, que se consideran como algo obvio. Aquello que nos distingue, lo que nos otorga credibilidad, aceptación y preferencia es lo que realmente nos proporcionará un valor a largo plazo, y eso es precisamente lo intangible.

Según el informe *La economía intangible* de la Fundación COTEC,[2] la inversión en activos intangibles en España sigue en niveles muy inferiores con respecto a lo que ocurre en países de su entorno.

En el citado estudio se observa que España, además de invertir menos en el conjunto de los intangibles (6 por ciento de su PIB frente al 14 por ciento de Estados Unidos o Francia), lo hace de manera distinta respecto de otros países: relativamente más en publicidad y estudios de mercado, y menos en I+D, formación de los trabajadores en el puesto de trabajo o estructura organizativa.

Sin embargo, como afirma la Fundación, los activos intangibles son característicos de la economía del conocimiento e invertir en ellos contribuye a aumentar la productividad y la calidad de vida. Aun así, todavía no están convenientemente recogidos ni en las estadísticas macroeconómicas oficiales (contabilidad nacional), ni a nivel microeconómico en los libros empresariales.

El informe concluye con que la competitividad internacional de las empresas y de las naciones reside actualmente en activos diferentes a los que prevalecían en el pasado. Bajo el fenómeno de la globalización se ha acrecentado el dinamismo con el que las economías se transforman y abordan, desde el interior o desde el exterior, un número creciente de mercados previamente cautivos. El reto para las empresas y las naciones reside ahora en la capacidad de reaccionar, de adaptarse a las circunstancias

2. Disponible en: <https://cotec.es/observacion/economia-intangible/a90985f7-b3ed-0f6b-4faa-0810cda32ee1>.

cambiantes, de formular nuevas estrategias de las que dependen la supervivencia y el éxito.

Los intangibles están protagonizando, aunque todavía no tienen ese reconocimiento, la etapa más reciente del progreso de las naciones y las empresas y han venido para quedarse porque ahora son más necesarios que nunca.

El desafío sigue siendo la medición de estos indicadores.

Cada vez se visualiza como más necesaria la presentación conjunta de los indicadores financieros con otros no financieros o propios de la intangibilidad, que vendrían a representar el presente y futuro de la empresa.

Podríamos decir que con la valoración de las marcas ocurre lo mismo que con los fondos de inversión cuando hablas con tu banco y te explica que «rentabilidades pasadas no garantizan rentabilidades futuras».

La comunicación auténtica y transparente es un reflejo de la integridad (o no) de la organización. Cuando una empresa se comunica de manera coherente y alinea sus palabras con sus acciones, refuerza su credibilidad tanto interna como externamente. Esto no sólo mejora la moral y el compromiso de los empleados, sino que también fortalece la reputación de la empresa ante clientes, socios y otros *stakeholders* o grupos de interés.

1.6. Inevitable referencia al liderazgo auténtico

¿Y el líder? Es complicado, ciertamente imposible, que existan organizaciones auténticas sin que sus líderes los sean. Aunque de un modo breve, pues el último capítulo del libro está dedicado al liderazgo necesario para generar organizaciones genuinas, me parece imprescindible anticipar aquí los rasgos esenciales de estos líderes. Para Bill George, autor de *True North* y una de las personas que más ha investigado y desarrollado este concepto, un líder auténtico es aquel que tiene una comprensión profunda de sí mismo y de sus valores y que es capaz de actuar de manera consistente con esos valores en su liderazgo.

En mi opinión, hay una cualidad que destaca sobre todas las

demás y que hemos tratado ampliamente en el capítulo: la confianza. Un valor que, en términos de liderazgo, significa coherencia, sinceridad, transparencia y ser los primeros en adoptar los cambios que estás impulsando.

En tiempos de cambios tan profundos como los actuales, que afectan especialmente a las personas, tener un líder que te genere confianza es una bendición.

Los líderes auténticos son coherentes en su comportamiento, comunicación y toma de decisiones. No hay una brecha entre lo que dicen y lo que hacen, y esto fortalece la confianza y credibilidad en su liderazgo. Esta congruencia también se refleja en el establecimiento de una cultura organizacional sólida y en la toma de decisiones éticas basada en los valores. Como decíamos en *Digitalízate o desaparece*, es necesario predicar con el ejemplo para no predicar en el desierto.

Ser auténtico implica ser abierto y vulnerable. Reconocer y compartir sus fortalezas, pero también admitir sus limitaciones y errores. La vulnerabilidad no debilita el liderazgo, sino que lo fortalece al fomentar la confianza y la conexión con los demás. Estos líderes están dispuestos a aprender de sus experiencias y de las experiencias y conocimientos de los demás, lo que inspira a otros a hacer lo mismo.

Al ser capaces de comunicar su visión de manera clara y apasionada, impulsan a los equipos a adoptar el cambio y comprometerse con él. Su autenticidad les permite conectar con las personas a un nivel emocional, lo que facilita la superación de resistencias y la adopción de nuevas formas de trabajo.

Un líder auténtico demuestra empatía hacia los demás y muestra interés genuino en comprender sus necesidades, preocupaciones y perspectivas. Practica la escucha activa y se preocupa por el bienestar y el desarrollo de las personas de su equipo. En definitiva, fomenta un entorno de trabajo auténtico y alinea sus acciones con los valores de la organización.

2

Sin propósito ni lo intentes

> El propósito no es sólo una declaración, es el corazón de la empresa, su razón de ser. Debe estar en el centro de todo lo que la empresa hace, y todos los empleados deben entenderlo y estar comprometidos con él.
>
> Richard Branson, fundador de Virgin

2.1. Un mantra para el siglo xxi

En un mundo donde los negocios se enfrentan a desafíos cada vez más complejos y cambiantes, el propósito se ha convertido en una fuerza impulsora fundamental para el éxito empresarial.

El propósito da sentido a la actividad de la empresa.

Hoy el propósito trasciende la mera consecución de objetivos económicos y, en cambio, implica conferir significado a las acciones de una empresa, justificar su existencia y establecer un marco de comportamiento en su entorno.

Son innumerables los trabajos que en los últimos tiempos han visto la luz en el ámbito del propósito y, sin extenderme, sí me parece interesante tratar este concepto que está transformando la forma en que trabajamos y hacemos negocios.

En este sentido, he intentado ir al grano y reflexionar sobre los aspectos que me parecen más relevantes.

Actualmente, pero desde no hace tanto tiempo, todas las empresas aspiran a tener su propósito, aunque la realidad es que no todas lo consiguen y muchas que lo tienen, o que dicen tenerlo, realmente lo que proponen es un bonito eslogan en su web. En verdad, son muy pocas las empresas que han logrado que su propósito inspire a empleados, clientes e incluso a la sociedad, es decir, que han conseguido poner su propósito en acción.

Cuando una marca tiene un propósito auténtico y busca generar un cambio positivo puede inspirar a las personas y generar un efecto transformador. Estas organizaciones se transforman en agentes de cambio y se ganan la confianza y lealtad de los consumidores.

La razón de ser de las compañías se ha convertido en un objetivo estratégico incuestionable. Las empresas se esfuerzan por definir su propósito y comunicarlo con claridad al mercado y a sus equipos. Se nos dice que tener un propósito significativo nos dará una ventaja competitiva, aumentará nuestra motivación y nos llevará al éxito.

Pero también su búsqueda desesperada nos puede llevar, como ocurre en más de una ocasión, a una situación de bloqueo. La clave (lo he visto en diversas ocasiones) para salir de esa parálisis es definir con rigor el porqué, sin buscar esa frase inspiradora que ya llegará. Centrémonos en el fondo y olvidemos por un momento la forma.

Podríamos decir que el propósito ha emergido como un auténtico mantra del siglo XXI porque se identifica con las aspiraciones y las necesidades de la sociedad actual.

En la mayoría de las organizaciones es común encontrar declaraciones de propósito que pretenden inspirar y orientar a los empleados. Sin embargo, a menudo nos encontramos con que estas declaraciones carecen de autenticidad y profundidad real, ya que no tienen un impacto significativo en la conducta y las decisiones diarias de la organización.

Hoy prácticamente ningún directivo se atreve a decir que el

único foco de su empresa son los beneficios económicos o la ganancia de cuota. El propósito es una piedra angular para el éxito y la supervivencia en el entorno empresarial moderno. Cada vez más el mercado y el talento valoran, además de sus planteamientos estratégicos y resultados, los comportamientos de las empresas.

La realidad es que, con o sin propósito, una mentalidad enfocada únicamente en el beneficio puede llevar a prácticas empresariales irresponsables, como la explotación laboral, la degradación del medioambiente o el incumplimiento de normas éticas. Estas prácticas no sólo dañan la reputación de la empresa, sino que también pueden desembocar en pérdidas financieras a largo plazo.

En *Leading with Noble Purpose*, Lisa Earle McLeod nos cuenta el caso de Monster.com.

Durante la transmisión de una Super Bowl, Monster.com, una plataforma de empleo, emitió unos anuncios que transmitían el mensaje de «usted merece un mejor trabajo y Monster quiere ayudarle a encontrarlo». Ése era el propósito de la empresa. Jeff Taylor, su fundador, conectó las ideas de un trabajo más deseable y una vida mejor. Este propósito significativo le produjo dividendos a Monster. En el año 2006 su sitio web era uno de los veinte más visitados en internet, demostrando que «ganar dinero y marcar la diferencia con un buen propósito no son cosas incompatibles».

Sin embargo, en 2007, un equipo nuevo, encabezado por Sal Iannuzzi, se hizo cargo de la empresa. La nueva plantilla no enfatizó en mejores oportunidades de empleo para quienes buscaban trabajo, sino que sus preocupaciones eran otras, en su mayoría las ganancias corporativas. Sin un líder que se dedicara a que la compañía encontrara trabajos más satisfactorios para sus solicitantes, el propósito de Monster perdió su distinción. Incluso Iannuzzi dijo a sus empleados que su única prioridad era incrementar el valor para los accionistas, algo que, lógicamente, los decepcionó. Algunos empleados escribieron comentarios en redes que sugerían que Monster había perdido su alma, y ese tipo de comentarios surgen cuando las compañías cambian un enfoque en el propósito por un enfoque exclusivo en las ganancias.

El dinero y las ganancias son importantes, pero rara vez inspiran a los empleados, sumado al hecho de que a los clientes casi nunca les importan las ambiciones financieras de una compañía. A Iannuzzi le preocupaban las ganancias, no el propósito, y él no tenía nada que decir acerca de mejorar las vidas de los clientes de Monster. Su decisión de alejar a Monster de su propósito noble demostró ser un desastre corporativo, con la consecuente repercusión en sus cifras: para 2014, el precio por acción de Monster cayó lo más bajo posible. Durante el ejercicio de Iannuzzi como director ejecutivo, su capitalización de mercado sufrió una pérdida del 93 por ciento, lo que provocó que la junta directiva lo despidiera en 2014. Hoy en día, gracias a Timothy Yates, su nuevo director ejecutivo, Monster se está recuperando.

Este caso ejemplifica como cada persona, equipo y organización necesita una razón de ser, o se corre el riesgo de no saber qué se está haciendo y mucho menos por qué se está haciendo.

Como decía Viktor Frankl, «la vida nunca se vuelve insoportable por las circunstancias, sino sólo por falta de significado y propósito».

2.2. El propósito del propósito

A pesar de su repentina elevación en la vida corporativa, el propósito sigue siendo un tema confuso, de debate fuertemente polarizado. Según una investigación de Jonathan Knowles, B. Tom Hunsaker, Hannah Grove y Alison James para *Harvard Business Review*, el propósito se usa en tres sentidos: competencia (función a la que sirve nuestra oferta de valor), cultura (la intención con la que manejamos nuestro negocio) y causa (el bien social al que aspiramos).

Muchos de los desafíos a los que se enfrentan las empresas con respecto al propósito derivan de una percepción de falta de alineación entre cómo se comportan y lo que dicen que representan. Es tentador afirmar que la organización está «impulsada por un propósito» debido al atractivo para los empleados, consumidores y sociedad, pero eso sólo funciona si demuestra autenticidad y coherencia.

Gráfico 2.1. Los tres sentidos del propósito

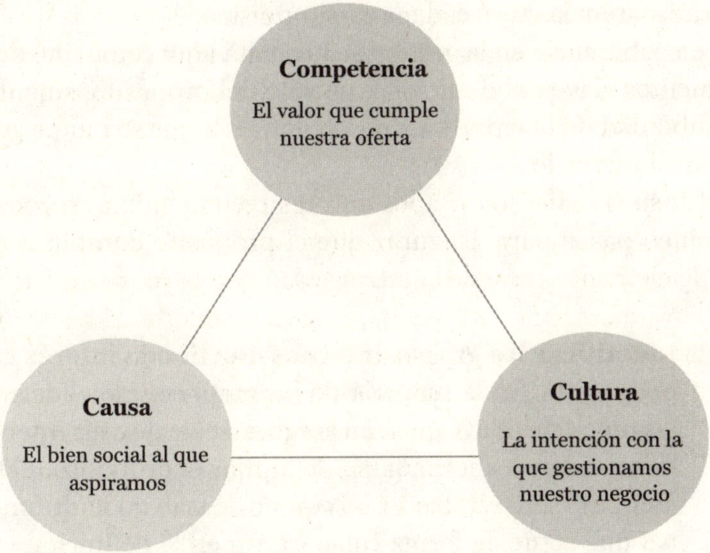

Fuente: Elaboración propia a partir de *Harvard Business Review*.

Éste fue el caso de Nike, empresa líder en la industria del calzado y la indumentaria deportiva, que promovió activamente su propósito de «hacer del mundo un lugar mejor a través del deporte», destacando la importancia de la sostenibilidad y la responsabilidad social.

Sin embargo, en la década de los noventa, Nike fue objeto de críticas y controversias relacionadas con las condiciones laborales de sus proveedores en países en desarrollo. Se revelaron condiciones de trabajo precarias, bajos salarios y prácticas laborales injustas en algunas de las fábricas que producían sus productos.

Esto generó una percepción de falta de alineación entre la declaración de propósito de Nike y las condiciones reales en las que se fabricaban sus productos. La empresa fue criticada por no cumplir con los estándares éticos y sociales que afirmaba defender.

En respuesta a estas críticas, Nike implementó cambios significativos en sus políticas y prácticas de responsabilidad social.

Establecieron el programa de abastecimiento responsable, colaboraron con organizaciones no gubernamentales y promovieron la transparencia en su cadena de suministro.

La coherencia en la gestión se presenta aquí como uno de los elementos clave del desarrollo, no sólo del propósito, sino de la credibilidad de la empresa y de la confianza que se quiere generar en el mercado.

En su trabajo, los citados autores recomiendan un proceso de cinco pasos para asegurar que el propósito cumple con su rol de elemento clave de la estrategia:

1. **Identificar los grupos internos que tienen interés en el propósito.** En la mayoría de las empresas, los líderes de las funciones clave querrán asegurarse de que sus intereses se consideren adecuadamente al fijar el propósito. El primer paso será establecer un equipo de trabajo multifuncional que actúe de forma colaborativa en la definición y desarrollo.
2. **Recordar que el propósito se puede definir de tres maneras.** La discusión inicial del equipo establecerá un lenguaje común en torno al propósito y explorará las diversas formas en las que cada uno de sus tres dominios (competencia, cultura y causa) es relevante para cada uno de los grupos.
3. **Vincular propósito y estrategia.** El tercer paso es ver todas las ideas posibles para el propósito a la luz de los factores que tendrán el mayor impacto en el éxito de la empresa durante los próximos años.
4. **Trascender el pensamiento aislado.** Implica reconocer que el propósito no puede ser auténtico si está motivado únicamente por el interés propio y el oportunismo. El reto es encontrar una idea que reconozca, pero que también trascienda los intereses de cada grupo.
5. **Incorporar el propósito en el comportamiento.** Sin duda el paso más difícil, como puede constatar cualquiera que haya estado involucrado en procesos de cambio. Lógicamente, el potencial de propósito sólo se consigue

cuando está alineado con la propuesta de valor de la empresa, crea aspiraciones compartidas tanto internas como externas y se adopta como hábito en la organización.

En el trabajo citado se hace referencia al propósito de la *Harvard Business Review* y me ha parecido buena idea compartirlo: «Librar al mundo de la mala gestión». Sin duda es claro, significativo, inspirador y lo que considero más importante: auténtico, por su labor de aportar permanentemente valor al desarrollo de las organizaciones y las personas. Desde luego a mí me lo aporta.

2.3. Siete características de un propósito de valor

Entre los trabajos que mencionaba al principio, que han abordado en los últimos tiempos el propósito en las organizaciones, se encuentra el realizado en *Organizaciones exponenciales* de Salim Ismail.

En esta obra se define el «propósito transformador masivo» como el que refleja la aspiración de una organización, el objetivo principal de su existencia. Describe el cambio que se quiere conseguir en el mundo mientras muestra que no se puede hacer a corto plazo.

Este propósito es algo que motiva las acciones, expresa tus pasiones y crea la conexión emocional que os lleva a ti y a otros hacia un cambio positivo y significativo.

Para Ismail, este propósito tiene que ser la «estrella polar» de la organización, que sirve de guía cuando se deben tomar decisiones clave. Con trabajadores cada vez más autónomos y distribuidos, presenta un marco de referencia para mantener las actividades focalizadas.

Un propósito de valor de estas características tiene que ser:

1. Significativo

Contesta a la pregunta ¿qué queremos conseguir?

Un propósito significativo va más allá de simplemente crecer y generar ganancias. Busca crear una diferencia positiva en la vida de las personas y en la sociedad, abordando problemas reales, agregando valor y trascendiendo al beneficio propio.

Amazon, con su propósito de «ser la empresa más centrada en el cliente del mundo, donde los clientes puedan encontrar y descubrir cualquier cosa que deseen comprar en línea», es un buen ejemplo de organización que ha generado un cambio significativo en el comercio electrónico, en la logística y distribución, en los servicios en la nube o en la experiencia del cliente.

2. Inspirador

Es capaz de generar un sentido de pasión y entusiasmo en los miembros de la organización que impulsa a las personas a conectarse emocionalmente con la empresa y a comprometerse con su misión. Un propósito inspirador tiene el poder de motivar, movilizar y energizar tanto a los empleados como a los clientes.

Un ejemplo de propósito inspirador es el de Tesla, «acelerar la transición del mundo hacia la energía sostenible», que se ve reflejado por su visión audaz, su impacto global, por aportar soluciones integrales (automóviles, baterías de almacenamiento, sistemas de energía solar...) e innovación disruptiva.

Tesla ha captado la atención y el apoyo de personas de todo el mundo, desde empleados y clientes hasta inversores y defensores de la sostenibilidad. Ha sido una fuerza impulsora detrás de la rápida adopción de los vehículos eléctricos y ha inspirado a otras empresas a seguir su ejemplo en la transición hacia una economía baja en carbono.

3. Transformador

¿Cómo cambiaremos las cosas a mejor?

Para muchos esta pregunta es la esencia misma del propósito, que combina dos dimensiones clave: la ambición y la acción.

Un propósito transformador incide en la diferenciación competitiva, atrae y retiene talento, genera lealtad en el cliente, fomenta la innovación y la adaptabilidad y contribuye a la sostenibilidad a largo plazo.

El propósito transformador de Google se refleja en su misión declarada: «Organizar la información del mundo y hacerla universalmente accesible y útil». Desde sus inicios, Google se ha centrado en proporcionar a las personas herramientas y servicios que mejoren su forma de acceder y utilizar los contenidos en línea.

Podemos estar más o menos de acuerdo con algunas de sus decisiones, pero es incuestionable su valor transformador en la era digital.

4. Conciso

El propósito hay que expresarlo de manera clara y precisa para evitar ambigüedades y confusiones, lo que permitirá una comprensión más rápida y efectiva.

TED tiene un ejemplo de propósito conciso: «Ideas dignas de difundir». A través de sus conferencias y plataformas en línea, TED busca inspirar, educar y motivar a las personas al brindarles acceso a ideas innovadoras y perspectivas diversas. TED ha logrado crear una comunidad global de pensadores y agentes de cambio que buscan generar un impacto positivo en el mundo.

5. Creíble y honesto

La credibilidad y la honestidad son atributos esenciales de un buen propósito. Son imprescindibles para generar confianza tanto interna como externa y sientan las bases para construir relaciones sólidas y duraderas.

Una empresa debe ser coherente en sus acciones y comunicaciones, y estar dispuesta a admitir errores y corregirlos cuando sea necesario.

Un ejemplo es Patagonia, cuyo propósito es «salvar nuestro planeta». Algunas de sus características son su compromiso y defensa activa del medio ambiente, transparencia y responsabilidad, así como su labor de educación y concienciación.

Sin embargo, articular un propósito bellamente redactado es sólo el primer paso. Lo siguiente es asegurarse de que realmente se convierta en realidad, más allá de las presentaciones de PowerPoint y la web de la empresa.

6. Que conecta con la gente

Al conectar con la gente de manera auténtica, una empresa puede construir relaciones estables y convertirse en una parte integral de la vida de las personas.

LEGO es un excelente ejemplo de una empresa con un propósito que conecta con la gente. El propósito de LEGO es «inspirar y desarrollar a los constructores del mañana», y esto se refleja en todas sus acciones y productos. Algunas razones por las que genera esa conexión son el incentivo de la creatividad y la diversión, el reconocimiento de la importancia del aprendizaje a través del juego y la promoción de la conexión intergeneracional, que ha construido una comunidad global de entusiastas.

7. Socialmente responsable

Un buen propósito empresarial debe tener en cuenta el impacto social y ambiental de las actividades de la empresa. Debe abogar por prácticas empresariales éticas, sostenibles y responsables, y contribuir al bienestar de la sociedad y el medioambiente.

Un ejemplo de empresa con un propósito socialmente responsable es The Body Shop: «Estamos aquí para luchar por un mundo más justo y más bello».

Esta compañía de cosméticos se ha destacado por su compromiso con la responsabilidad social y la sostenibilidad desde su fundación en 1976.

The Body Shop se ha comprometido a obtener ingredientes de forma ética y a través del comercio justo, ha sido una de las primeras empresas en adoptar una política de no testar en animales y ha trabajado en múltiples iniciativas para minimizar su impacto ambiental.

2.4. Creencias erróneas al definir el propósito

Algunas convicciones pueden influir en la construcción del propósito:

Creer que el propósito es estático y no puede cambiar

En *Holocracia*, Brian Robertson dice que descubrir el propósito es un proceso continuo y dinámico, que contesta a las preguntas ¿qué quiere ser la organización en el mundo? y ¿qué necesita el mundo que sea la organización?

El propósito evolutivo se nos presenta como la capacidad de una organización para adaptar y transformar su propósito a lo largo del tiempo en respuesta a los cambios en el entorno empresarial, las expectativas de los *stakeholders* y los desafíos sociales y ambientales. En lugar de tener un propósito estático y rígido, las **empresas auténticas** reconocen la necesidad de ajustar su propósito para abordar de manera efectiva los problemas emergentes, aprovechar las nuevas oportunidades de negocio y generar un impacto positivo en la sociedad.

Este enfoque implica una mentalidad abierta y receptiva al cambio, así como una capacidad de aprender, innovar y responder ágilmente a las nuevas circunstancias, huyendo del uso del propósito como una táctica de relaciones públicas para mejorar la imagen sin realizar cambios sustanciales en su forma de operar.

Entre las empresas que han transformado su misión en los últimos tiempos nos encontramos: Mercedes-Benz Group, que ha evolucionado de un propósito centrado en la fabricación y venta de vehículos de lujo y de alta calidad y rendimiento a «crear experiencias de movilidad sostenible para las personas de hoy y las generaciones futuras»; Apple, que ha evolucionado de «hacer productos electrónicos innovadores y de alta calidad» a «cambiar el mundo a través de tecnología innovadora», enfocándose en la simplicidad y la usabilidad, o Danone, que cambió su «brindar alimentos saludables y de alta calidad a las personas» por «llevar la salud a través de la alimentación al mayor número de personas posible».

Creer que el propósito es una declaración de marketing

Confundir la profundidad del propósito empresarial con una mera declaración de marketing implica no comprender su esencia y significado real.

Un ejemplo lo encontramos en Facebook, que afirma tener la misión de conectar a las personas y construir una comunidad global. Sin embargo, la empresa ha sido objeto de controversias relacionadas con la protección de la privacidad de los usuarios, la propagación de noticias falsas y la falta de control sobre el contenido perjudicial. Además, se le ha acusado de no tomar suficientes acciones para combatir la desinformación en su plataforma.

Estas discrepancias entre su propósito declarado y sus acciones reales han generado preocupación entre los usuarios, reguladores y la opinión pública. La empresa ha enfrentado investigaciones, multas y una disminución de la confianza en su capacidad para cumplir con su propósito de manera responsable y ética.

Creer que el propósito es sólo para grandes empresas

Como venimos compartiendo, el propósito empresarial es la estrella polar del negocio, de cualquier negocio, y por lo tanto no está limitado por la dimensión de la empresa, sino por la visión y los valores que se establecen desde el inicio. Tanto las grandes corporaciones como las pequeñas y medianas empresas pueden y deben tener un propósito empresarial significativo y transformador.

En muchos casos, las pequeñas y medianas empresas encuentran una vía de conexión más directa con sus comunidades locales y pueden generar un impacto muy significativo en su entorno más inmediato.

Por ejemplo, las *start-ups* aprovechan su tamaño para actuar de manera más ágil y tomar decisiones alineadas con su propósito.

Creer que el propósito es sólo para generar impacto social o ambiental y está separado de la rentabilidad financiera

Un propósito empresarial sólido implica reconocer que las empresas tienen la responsabilidad de generar valor tanto para sus *stakeholders* como para la sociedad en general. Esto implica buscar un equilibrio entre la rentabilidad financiera y el impacto positivo en el entorno.

Cuando una empresa abraza un propósito auténtico, éste puede convertirse en una fuente de inspiración para los empleados, clientes y otros públicos.

Por lo tanto, el propósito no debe verse como una separación entre impacto social y rentabilidad financiera, sino como una integración de ambos. No hay un propósito y una estrategia de negocio, hay una estrategia de negocio alineada y que desarrolla el propósito de la compañía.

Creer que un mensaje significativo y una gran campaña de lanzamiento es suficiente para su adopción

Como hemos visto, el propósito va más allá de un simple mensaje o una campaña publicitaria. Requiere un compromiso genuino y acciones concretas a lo largo del tiempo para ser adoptado y arraigado en la cultura y las prácticas de una empresa.

Si bien una comunicación clara y efectiva es importante para transmitirlo, no es suficiente por sí sola. Las empresas deben respaldar su mensaje con acciones tangibles y coherentes que refuercen su propósito en todas las áreas de operación.

Su adopción implica una transformación a nivel interno y externo. Requiere que los líderes de la empresa sean modélicos y vivan los valores y principios del propósito en su comportamiento y toma de decisiones. Además, significa involucrar a los empleados, capacitarlos y alinearlos con el porqué de la compañía, de modo que se sientan motivados e inspirados para aplicarlo en su actividad diaria, toma de decisiones y relaciones con los clientes.

Un ejemplo de una empresa que creyó que un mensaje significativo y una gran campaña de lanzamiento serían suficientes para la adopción de su propósito empresarial es PepsiCo. En 2010 lanzó una campaña llamada *Performance with Purpose* ('Rendimiento con propósito'), en la cual comunicaban su compromiso de ofrecer productos más saludables, proteger el medio ambiente y empoderar a las comunidades donde operan.

Sin embargo, a pesar de la promesa y la campaña publicitaria, PepsiCo fue objeto de críticas y escrutinio debido a la falta de coherencia entre su mensaje y sus acciones reales. La compañía continuó promocionando bebidas azucaradas y alimentos poco saludables y fue señalada por prácticas cuestionables en términos de sostenibilidad y responsabilidad social.

Esto ilustra como una empresa puede creer que un mensaje significativo y una gran campaña de lanzamiento serán suficientes para la adopción de su propósito empresarial, pero si no respalda dicho mensaje con acciones coherentes y cambios reales en su operación, puede generar desconfianza y escepticismo en los consumidores y la sociedad en general.

Después de recibir estas críticas por la falta de coherencia entre su mensaje y sus acciones, PepsiCo reaccionó y tomó medidas para abordar estos problemas y fortalecer su compromiso con su propósito: ampliando su oferta de productos más saludables y nutritivos, invirtiendo en sostenibilidad, incrementando la transparencia al rendir cuentas e incrementando las iniciativas sostenibles en las comunidades en las que opera.

Creer que es suficiente con el entendimiento y aplicación del propósito sólo por la alta dirección

Comparte la *Harvard Business Review* en su trabajo *Propósito, sentido + pasión* que en 1962 el presidente de Estados Unidos John F. Kennedy le preguntó a un conserje de la NASA cuáles eran sus tareas: «Ayudo a llevar al hombre a la Luna», fue su respuesta. En este ejemplo, el conserje encontró sentido y pasión en su trabajo al verse a sí mismo como parte de un proceso más amplio, haciendo suya la misión de la empresa. Él no era quien llegaría a la Luna, pero sabía que su trabajo tenía tanto propósito y sentido como el de los astronautas.

Aunque alguno lo pueda creer, el propósito y la estrategia de la compañía no es información reservada para la élite, muy al contrario, su entendimiento y adopción por la totalidad de la organización es lo que hace grandes a las empresas.

2.5. Obstáculos en el camino

A medida que el movimiento del propósito se generaliza, la presión para que las organizaciones cumplan con el suyo va en aumento y empiezan a aparecer algunos problemas:

- **La no alineación de las funciones en el desarrollo del propósito.** Es una debilidad generalmente asociada a los silos organizativos de las empresas y que deriva generalmente en consecuencias negativas que van desde la incoherencia en la definición y la escasa involucración de las funciones hasta la falta de eficacia en su adopción.
- **Considerar la definición como un hito definitivo.** Por muy buena que sea la frase encontrada, la definición del propósito es meramente el primer paso en el camino de su adopción por la compañía. Con el PowerPoint y su aprobación en el comité correspondiente todavía no se ha conseguido nada.
- **Escaso impulso del equipo directivo.** Preocuparse por tener un propósito inspirador y positivo está muy bien, pero el impulso y compromiso del equipo directivo en llevar a la práctica esas buenas intenciones es un elemento clave para generar el impacto deseado. Esta falta de empuje por parte de los ejecutivos muchas veces se materializa en acciones incoherentes en la gestión. Se «predica» una cosa, pero la presión del día a día te lleva a otra.
- **Comunicación deficiente.** Un gran lanzamiento y su publicación en la web de la empresa son elementos necesarios, pero claramente insuficientes para conseguir impacto. Es necesario una comunicación sistemática, transparente y bidireccional donde los profesionales puedan dar su opinión y participar activamente en su implantación y evolución.
- **Ser permisivos con el *statu quo*.** El *statu quo* se ha convertido en un mecanismo muy resistente en las organizaciones y verá el nuevo propósito como un atentando contra su «reinado». Ejercer un liderazgo valiente, que desde el primer momento realice con firmeza los cambios nece-

sarios en estructuras, procesos y personas, es un elemento clave para el éxito de las nuevas ideas.

- **Debilidad en el planteamiento.** Si el planteamiento no es ambicioso, sencillamente ocurrirán dos cosas: ni inspirará a las personas, ni tendrá un impacto significativo en la actividad de la empresa.
- **Ausencia de métricas.** Pero ¿cómo vamos a medir el propósito? Lo he oído una y cien veces, y aun así es imprescindible encontrar indicadores que nos permitan valorar los avances en su adopción e impacto. «Lo que no se mide no se puede controlar, y lo que no se puede controlar no se puede mejorar», decía Peter Drucker. La medición y evaluación del impacto real que una empresa está generando a través de su propósito es una tarea tan laboriosa como imprescindible y será necesario explorar enfoques innovadores para cuantificar y cualificar el impacto social, ambiental y económico de una empresa, y cómo estas métricas pueden informar para la toma de decisiones empresariales. Se trata de poner en valor los intangibles.

2.6. El propósito como ventaja competitiva

Las empresas genuinamente auténticas, aquellas que convierten sus valores en hábitos y generan una conexión emocional tanto con los clientes como con sus empleados, son organizaciones que poseen un propósito significativo, inspirador y compartido.

En este sentido, muchas organizaciones están redefiniendo el porqué de su existencia más allá de los beneficios, forzándose a repensar desde el diseño de sus productos y servicios hasta su compromiso con sus empleados y con la sociedad.

Hoy el precio y hasta la calidad se han convertido en *commodities* y aparecen otros criterios, especialmente los factores relacionados con el propósito, que se convierten en diferenciadores competitivos.

Cuando las marcas tienen un conocimiento profundo de sus clientes y comprenden qué es lo que realmente les importa, pueden utilizar su propósito como un factor distintivo y competitivo. Lo más importante es que pueden adaptarse y evolucionar en la dirección que esperan sus consumidores, satisfaciendo así sus necesidades y deseos de manera efectiva.

Son varios los estudios que demuestran la correlación directa entre el desarrollo de un propósito claro y significativo y el crecimiento de las organizaciones.

Entre ellos se encuentra el realizado por Deloitte, que pone en evidencia que las marcas que se comprometen con sus propósitos están obteniendo esa ventaja competitiva. Cuando encuestaron a 1.099 ejecutivos de todo el mundo, encontraron que las marcas de alto crecimiento (superior al 10 por ciento anual) están **traduciendo el propósito en acción** de maneras muy diferentes a sus pares de menor crecimiento. Se puede afirmar que las marcas de alto rendimiento priorizan el propósito en toda la empresa.

En otro trabajo del EY Beacon Institute en colaboración con Harvard Business Review Analytic Services, en el que se encuestó a más de quinientos ejecutivos de diferentes empresas de todo el mundo, se encontró que el 89 por ciento de los participantes creía que las empresas con un propósito claro tienen éxito a largo plazo.

Además, el 84 por ciento de los encuestados afirmó que las empresas con un propósito fuerte tienen mejores relaciones con los clientes y el 80 por ciento cree que tienen empleados más comprometidos y leales.

Los consumidores, cada vez más, están formando relaciones con las marcas basadas no sólo en la calidad de sus productos y servicios, sino también en sus valores fundamentales.

A medida que los consumidores interactúan con las marcas de estas nuevas formas, esperan que las empresas vivan de acuerdo con sus valores en todo lo que hacen, esperan que sean **auténticas**.

Conforme se van difuminando las fronteras entre la vida privada y profesional de las personas será más común que éstas busquen una relación emocional y auténtica con su trabajo. Cada vez es más común (las nuevas generaciones lo reivindican con fuerza) que el trabajo represente una extensión de la identidad del empleado, reflejando sus valores y principios. «El propósito es la clave para construir una cultura empresarial fuerte y atraer y retener a los mejores talentos», afirma Arianna Huffington.

Según un estudio de Nielsen, el 66 por ciento de los consumidores estarían dispuestos a pagar más por productos y servicios que provengan de empresas «comprometidas con la creación de un impacto social y ambiental positivo». En definitiva, los consumidores quieren hacer negocios con aquellos en quienes confían, por lo que buscan organizaciones que compartan sus valores y creencias.

2.7. El futuro del propósito

A medida que nos adentramos en una era más digitalizada y globalizada, las empresas se enfrentan a desafíos y oportunidades únicos que están redefiniendo su visión y misión. En este contexto, como estamos viendo, el propósito se está expandiendo más allá de la mera búsqueda de la rentabilidad para abarcar un rol más significativo en la sociedad.

La transformación hacia un enfoque más integrado y responsable significa que las empresas deben equilibrar las necesidades de todas las partes interesadas (incluidos empleados, clientes, comunidades...). Esto se traduce en un impulso hacia modelos de negocio sostenibles y éticos, donde el bienestar social y ambiental se convierte en un pilar central.

Paralelamente, el propósito puede desempeñar un papel crucial en la adopción e impacto de las nuevas tecnologías como el *big data* o la inteligencia artificial en el seno de las organizaciones que tendrán que mirar, más de una vez, hacia su propósito y valores antes de aplicar estas herramientas en el desarrollo de sus procesos, productos y servicios.

El futuro del propósito en los ámbitos empresariales parece ser prometedor y de largo alcance. A medida que las empresas y la sociedad en general continúan evolucionando, el propósito se convertirá en una parte integral y definitoria de la forma en que las organizaciones operan y se perciben en el mundo. Lejos de ser una moda pasajera, el propósito está destinado a convertirse en una pieza clave del tejido de la cultura y la estrategia empresarial en las próximas décadas.

En cualquier caso, el futuro que todos deseamos, más allá de misiones espectaculares, radica en la presencia de propósitos sinceros.

2.8. La visión de Alberto Barreiro, director de Transformación en The Cocktail

Lo que nos caracteriza a los seres humanos es que somos animales en constante búsqueda de sentido. Esta búsqueda no se limita sólo a la esfera individual, sino que también se extiende a cómo nos organizamos colectivamente.

Aquí es donde emerge el concepto de «corporación». Derivado del latín *corpus*, que significa 'cuerpo', la corporación es esencialmente un ejercicio del cuerpo colectivo, un conjunto de individuos que se unen para actuar como una sola entidad con un propósito común.

Esta idea de unirse para formar un «cuerpo» colectivo ha sido fundamental para la humanidad, ya que permite la colaboración, la organización y la dirección común. Es en este contexto donde el propósito adquiere un significado especial. Así como un individuo busca un propósito en su vida personal, las agrupaciones colectivas, o corporaciones, también tradicionalmente se han configurado alrededor de un propósito que trasciende el mero negocio o interés individual. En el pasado, muchas empresas tenían un propósito claro que las definía, pero en el entorno empresarial hiperfinanciero actual este fundamento a menudo se ha perdido o ha quedado en segundo plano.

Tener un propósito claro va más allá de simples declaraciones de intención en forma de una misión o visión idealizadas. Tener un propósito significa definir lo que somos y lo que hacemos basándonos en el impacto positivo que deseamos tener en el mundo: en nuestros clientes, empleados, en el entorno social y medioambiental, en nuestro presente inmediato y también en el futuro. No es simplemente un eslogan inspirador; es la esencia misma de una organización, su razón última de ser.

En un mundo caracterizado por la incertidumbre y la complejidad, el propósito se convierte en la herramienta principal de gestión. Actúa como un ancla que mantiene a las organizaciones centradas, permitiéndoles navegar a través del cambio y tomar decisiones alineadas con sus valores fundamentales. Además, en una era donde la información es accesible y los consumidores están más informados que nunca, las empresas enfrentan una creciente demanda de autenticidad y responsabilidad. Las estadísticas muestran que el 79 por ciento de los consumidores prefieren comprar productos de empresas que tienen un propósito social o ambiental claro. El propósito es el centro de gravedad estratégico y una fuente confiable de éxito corporativo.

Sin embargo, hay un desafío. La palabra *propósito* corre el riesgo de convertirse en un cliché vacío si se usa sin sinceridad o si se adopta superficialmente. Las organizaciones no sólo deben hablar sobre el propósito, sino vivirlo en cada acción, en cada decisión. Es más que una estrategia de marketing; el propósito es una promesa y un compromiso que nos trasciende.

Hoy en día, con los retos medioambientales y sociales a los que nos enfrentamos, sabemos que los modelos empresariales extractivos y enfocados en el corto plazo ya no son sostenibles. Es urgente desarrollar modelos de valor compartido que unan beneficio corporativo con regeneración social y medioambiental. Esto no es simplemente una cuestión de cumplimiento regulatorio, sino una necesidad imperante para garantizar la sostenibilidad financiera a largo plazo, la cohesión social y la regeneración del medio.

En resumen, el propósito es más que una palabra de moda. Es una llamada a la acción para que las organizaciones redefinan su papel en la sociedad y busquen formas de crear un impacto positivo duradero. En el frágil contexto actual, ninguna decisión empresarial se puede considerar estratégica si no está ligada a impacto positivo, si no es parte del propósito.

3

El círculo virtuoso del crecimiento de valor

El éxito en los negocios se logra a través de la creación de valor para todas las partes involucradas.

John Mackey, director general de Whole Foods Market

3.1. Un círculo como base de los fundamentos de la gestión

Había una vez una empresa de productos orgánicos que se destacaba por su compromiso con la sostenibilidad y la calidad. Los empleados de la empresa estaban profundamente comprometidos con los valores de la marca y se esforzaban por ofrecer productos excepcionales y un magnífico servicio al cliente.

Cuando los empleados recibían una llamada de un cliente que tenía preguntas sobre un producto o necesitaban asesoramiento, en lugar de simplemente proporcionar una respuesta rápida, escuchaban atentamente las preocupaciones del cliente y le brindaban información detallada y personalizada. Los clientes quedaban impresionados por el nivel de atención y conocimiento demostrado, que sin duda era diferencial en el mercado.

Como resultado, los clientes se convertían en entusiastas de la marca. Comenzaron a recomendar los productos a sus amigos y familiares, elogiando la calidad y el servicio excepcionales que habían experimentado. Estas recomendaciones llevaron lógicamente a un aumento en la base de clientes de la empresa.

A medida que la empresa crecía, pudo invertir en programas de capacitación y desarrollo para sus empleados, brindándoles las herramientas necesarias para ofrecer un servicio aún mejor. Los empleados, a su vez, se sintieron valorados y motivados para mantener los altos estándares de la marca.

Con el tiempo, la empresa se convirtió en un referente en su industria. La combinación de productos de calidad, un servicio excepcional y el compromiso continuo de sus empleados con los valores de la marca generó un círculo virtuoso. Cada vez más clientes se unieron a la comunidad de la marca, lo que a su vez impulsó la motivación y el orgullo de los empleados, creando una sinergia positiva que contribuyó al éxito y crecimiento sostenible de la empresa.

En tiempos de complejidad y cambios rápidos, se ha convertido en un imperativo para las organizaciones volver a los fundamentos básicos de la gestión, o lo que es lo mismo, volver a poner el foco en sus profesionales y los clientes.

Desde que descubrí, allá por los años noventa, una especie de binomio virtuoso que combinaba clientes (satisfacción) y empleados (motivación), tengo que confesar que es una idea que me ha acompañado durante mi carrera profesional al transmitir la esencia de los pilares de la gestión empresarial: estrategia y planificación de la empresa, empoderamiento y desarrollo de las personas y progreso del cliente. Y los tres con un objetivo común: su crecimiento rentable y sostenible, cada uno en su contexto.

Este círculo nos viene a confirmar que, aunque el entorno empresarial puede ser complejo y volátil, los principios fundamentales de la gestión siguen siendo válidos y relevantes.

La aplicación, sin reservas, de este enfoque tridimensional de crecimiento puede resultar diferencial en el mercado y aportar resultados increíbles.

Según la definición técnica (si es que existe), un círculo virtuoso es aquel que surge cuando el ser humano se relaciona de forma positiva con los demás, algún evento o área de negocio y, como consecuencia, se consiguen resultados eficaces y óptimos.

El círculo virtuoso implica un enfoque holístico y continuo, en el cual los diversos elementos de la gestión se retroalimentan y potencian mutuamente, generando un impulso positivo en el crecimiento y la prosperidad de la empresa.

El que he denominado «círculo virtuoso del crecimiento de valor» pone sobre la mesa la idea de no olvidar, por mucha disrupción que se produzca, que el éxito empresarial se generará al ser capaces de combinar y agregar valor al proceso de crecimiento de los empleados y los clientes.

La virtuosidad, como vemos en el gráfico 3.1, es muy sencilla:

- Los empleados motivados y comprometidos contribuyen a mejorar la eficiencia operativa; la innovación y la calidad del servicio generan excelentes experiencias en los clientes.
- Los clientes satisfechos vuelven a comprar, se fidelizan, comparten sus buenas experiencias y se convierten en embajadores de la marca.
- La empresa se beneficia de este ciclo con ingresos recurrentes y estables, lo cual le permite seguir invirtiendo en sus profesionales, en innovación y atraer talento de valor.
- En definitiva, se crea un ambiente de crecimiento constante y sostenible en el tiempo.

Gráfico 3.1. Círculo virtuoso del crecimiento de valor

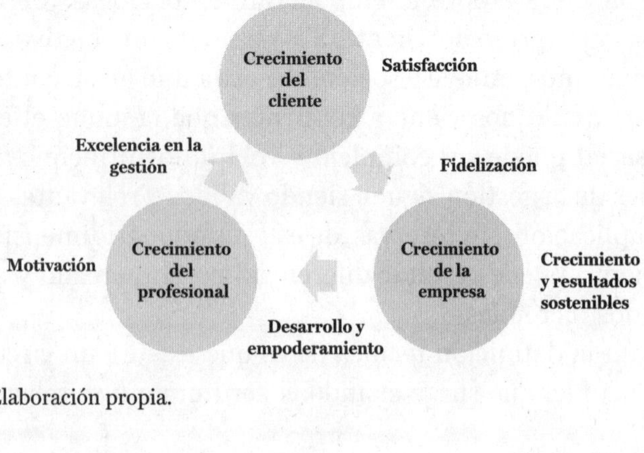

Fuente: Elaboración propia.

Robert E. Moritz, CEO global de PwC, lo expresa con claridad: «Creemos que las organizaciones exitosas del futuro serán aquellas que creen un círculo virtuoso entre la generación de confianza y la entrega de resultados sostenibles en el tiempo».

La confianza y los resultados sostenibles están profundamente interconectados y se alimentan mutuamente en este ciclo virtuoso.

3.2. El poder del propósito: alineando los objetivos empresariales, las aspiraciones profesionales y las expectativas de los clientes

Como hemos visto en el capítulo anterior, el propósito tiene el poder de unificar y guiar a una organización, estableciendo un objetivo común que alinea los objetivos empresariales, las aspiraciones profesionales y las expectativas de los clientes.

Como decía Séneca, «ningún viento es favorable para el barco que no sabe cuál es su puerto de destino».

Para las **empresas**, tener un propósito claro y bien definido proporciona una hoja de ruta que guía su estrategia, sus decisiones y sus acciones.

Los **empleados** buscan cada vez más un sentido de propósito en su trabajo. Quieren sentir que su labor tiene un impacto positivo que contribuye y que aporta valor. Por lo tanto, las empresas que pueden conectar su propósito con las aspiraciones profesionales de sus empleados tienen más posibilidades de atraer y retener talento.

Los **clientes** también buscan un propósito. Quieren comprar productos y servicios de empresas que comparten sus valores y que están comprometidas con causas que les importan. Al alinear su propósito con las expectativas de los clientes, las empresas pueden generar lealtad, promover la defensa de su marca y diferenciarse en el mercado.

Un ejemplo de este poder es el que visualizamos en Starbucks con su conocido propósito de «inspirar y nutrir el espíritu humano, una taza de café y una persona a la vez». Este propósito refleja la misión de Starbucks de crear un ambiente acogedor y brindar una experiencia excepcional a sus clientes a través de la oferta de productos de alta calidad, continua innovación y un servicio al cliente personalizado.

Esta aproximación al mercado se complementa con un modelo de gestión de personas que se fundamenta en la creencia de que los empleados, a quienes la compañía se refiere y trata como *partners*, son una parte fundamental de su éxito.

En última instancia, el propósito es el elemento clave que interconecta los distintos elementos del círculo.

3.3. El círculo requiere una gestión excelente

La excelencia en la gestión es el pilar fundamental para cultivar un círculo virtuoso de valor en cualquier empresa.

Sin una dirección estratégica clara, un compromiso con el desarrollo del talento y una dedicación incansable a satisfacer las expectativas del cliente, el potencial de crecimiento de una organización puede quedarse sin aprovechar.

Los líderes deben ejercer una gestión que no sólo dirija, sino que también inspire, forjando un camino que todos en la empresa puedan seguir con convicción y claridad. En este entorno, cada decisión tomada, cada política implementada y cada objetivo trazado son movimientos coordinados, en vez de actos aislados, que impulsan la maquinaria hacia un éxito sostenido y compartido.

Así, el desarrollo profesional es mucho más que un beneficio adicional, es un componente integral de la estrategia corporativa. La gestión se centra en reconocer y fomentar el talento, creando una escalera de oportunidades que los empleados pueden ascender.

Al vincular de forma clara los objetivos corporativos con los logros individuales se genera una fuerza laboral que está comprometida y motivada por un sentido de logro y participación en el éxito de la empresa.

La empatía hacia las necesidades y deseos de los clientes se traduce en servicios y productos que superan sus expectativas.

Este compromiso con la calidad y el valor no sólo atrae clientes, sino que también cultiva su lealtad y crea embajadores de la marca que hablan positivamente de la empresa.

Hablar de excelencia en la gestión es hablar también de una comunicación efectiva que asegure que todos comprenden su rol y cómo sus acciones impactan en una visión más amplia.

Por otro lado, la toma de decisiones basada en datos se ha convertido en una piedra angular de la gestión moderna. Analizar tendencias, comportamientos y resultados permite ajustar tácticas y estrategias para mejorar la eficiencia operativa y la satisfacción de los clientes.

Finalmente, pero en el mismo nivel de relevancia, nos encontramos con la agilidad, capacidad de adaptación y la innovación, que se han convertido en dimensiones clave en la gestión del siglo XXI y que trataremos en distintos lugares del libro.

3.4. Liberar el potencial de las personas para impulsar el crecimiento de valor

Liberar el potencial de las personas para impulsar el crecimiento de valor de sus empresas es una idea que trasciende la habitual gestión de los recursos humanos y que trata de cultivar un entorno donde cada individuo pueda florecer y contribuir de manera significativa.

Nos referimos a una estrategia que incluye el desarrollo profesional y personal, la participación, el reconocimiento y, por supuesto, una delegación efectiva que otorgue la autoridad y responsabilidades necesarias para la toma de decisiones.

Seguramente, al final, las distintas iniciativas y programas de desarrollo del talento que realizan las organizaciones tengan como último objetivo facilitar su autonomía o, lo que es lo mismo, que puedan liberar todo su potencial y dar cada uno de ellos su mejor versión. No obstante, a pesar de lo evidente de su necesidad y de los esfuerzos para lograrlo, la falta de delegación sigue siendo una barrera clásica que nos encontramos en los procesos de transformación y crecimiento de las organizaciones.

En estos casos, cuando los directivos de una organización no pueden o no quieren delegar, tanto la cultura como la competitividad se ven afectadas.

Pero dar autonomía a las personas no significa simplemente explicarles su tarea y ámbito de actuación por muy amplio que éste sea, sino que implica un compromiso por parte de la dirección en términos de proporcionar recursos y apoyos, establecer con claridad el ámbito de las competencias, fomentar la confianza y la responsabilidad y dar retroalimentación.

En su libro *Valor oculto: cómo las grandes empresas logran resultados extraordinarios con la gente común*, Jeffrey Pfeffer y Charles O'Reilly afirman que cada vez hay más pruebas de que delegar más responsabilidades en la toma de decisiones aumenta la productividad, la moral y el compromiso, todo lo cual tiene un impacto positivo en la cultura empresarial.

Cuando los profesionales se sienten empoderados, tienen la confianza y la capacidad para afrontar desafíos, resolver problemas y contribuir de manera significativa al éxito de la compañía, se crea un ambiente de trabajo positivo y proactivo donde la innovación y la creatividad florecen.

Liberar ese poder es fundamental para generar organizaciones de valor.

3.5. Rompiendo barreras para no caer en un círculo vicioso

Seguramente todos hemos atravesado en nuestras carreras algún tipo de círculo vicioso. Situaciones negativas que se iban agrandando y para las que no se encontraba solución: incidencias operativas, retrasos en las entregas, pérdida de clientes, rotación de personas, incertidumbre ante los cambios, presión en el trabajo...

Dentro de la empresa, caer en un círculo vicioso puede manifestarse de diversas formas, pero a menudo se caracteriza por patrones de bajo rendimiento, desmotivación del personal y una disminución en la satisfacción del cliente. Estos elementos negativos se refuerzan mutuamente y crean un ambiente donde el progreso parece estancarse y los problemas persisten, lo que se traduce en resultados financieros negativos, reducción de ventas y pérdida de competitividad en el mercado.

La clave (y no siempre es obvio) es encontrar el «detonador» del vicio, porque muchas veces actuamos desordenadamente sobre alguno de los elementos del círculo, pero no sobre la verdadera causa.

Por ejemplo, ponemos en marcha planes comerciales para detener la pérdida de clientes cuando el problema real está en el nivel de servicio, o cambiamos a distintos equipos de primera línea cuando el verdadero problema radica en el nivel gerencial.

En otros casos, el círculo vicioso adquiere forma de resistencia al cambio y emerge como un obstáculo significativo, donde los empleados y la dirección se sienten cómodos en la familiaridad de los procedimientos establecidos, aunque éstos no sean los más efectivos.

Varios son los antídotos para este círculo vicioso que iremos analizando a lo largo del libro (comunicación efectiva, *feedback* continuo, adaptabilidad...), pero por encima de todos aparece el liderazgo efectivo, capaz de inspirar confianza, romper barreras y cambiar el signo de las dinámicas de la organización.

3.6. Inteligencia y emociones colectivas

Inteligencia colectiva

En 1906 el científico Francis Galton llevó a cabo un interesante experimento relacionado con «el peso de un buey». Galton era conocido por su trabajo pionero en estadísticas y genética, y su experimento buscaba demostrar la precisión de las estimaciones colectivas.

Durante una feria ganadera en Plymouth, Galton colocó una gran imagen de un buey en una pared y proporcionó hojas de papel para que los asistentes escribieran sus cálculos sobre cuánto pesaba el animal. Aunque la mayoría de las personas individuales no acertaron el peso exacto del buey, Galton descubrió que, cuando promediaba todas las estimaciones, la cantidad resultante se acercaba sorprendentemente al peso real.

Este experimento fue un ejemplo temprano de lo que ahora se conoce como «la sabiduría de las multitudes» o «inteligencia colectiva». Demostró cómo, en promedio, las respuestas de un grupo de personas pueden ser más precisas que las respuestas individuales, incluso cuando la mayoría de las personas no son expertas en el tema en cuestión.

Asimismo, el experimento destacó el potencial de aprovechar la sabiduría colectiva en diversos campos, como la toma de decisiones, la resolución de problemas y la predicción de resultados.

La inteligencia colectiva en el seno de nuestro círculo se refiere a la interacción y colaboración activa entre los tres colectivos para la creación de valor para el conjunto y para cada una de las partes. Esta idea se concreta en la capacidad del grupo para resolver problemas y generar conocimiento de manera conjunta y colaborativa.

Los retos para desarrollar un buen modelo de inteligencia colectiva en el contexto de nuestro círculo de valor son: la creación de valor, el intercambio fluido de información y comunicación, la cooperación, la interactividad y la propia gestión del conocimiento.

La inclusión de la visión de los clientes en este tipo de inteligencia se convierte en un valor diferencial en el mercado.

Así, la inteligencia colectiva se convierte en un proceso indispensable para la dinamización del círculo virtuoso de creación de valor.

Amalio A. Rey, en *El libro de la inteligencia colectiva*, comparte que un colectivo (o un círculo) es más inteligente cuando:

- Elige unas metas u objetivos que satisfacen sus intereses.
- Despliega relaciones enriquecidas que fomentan interacciones significativas entre los miembros.
- Implementa procesos razonablemente eficientes que minimizan la burocracia innecesaria.
- Gestiona y ejecuta de forma eficaz.
- Es sensible al impacto de sus decisiones en los demás.

La teoría está clara. Ahora el reto, una vez más, está en llevarlo a la práctica. O, lo que es lo mismo, en generar los mecanismos necesarios para que clientes, empleados y empresa estén interconectados y generen valor en un esquema «ganar-ganar-ganar», que tendrá en la fluidez y la confianza sus dos valores de referencia.

Aterrizando la idea, se puede visualizar un sistema de retroalimentación continuo que promueva el intercambio de ideas, necesidades y expectativas; agilice la gestión de problemas y preocupaciones de los clientes; impulse la implicación y sentimiento de pertenencia de los empleados y favorezca la cocreación.

Emociones colectivas

El estado emocional de un equipo (en nuestro caso, del círculo) expande o contrae su talento e influye en su desempeño y en sus resultados.

Como dice Ovidio Peñalver en su libro *Emociones colectivas*, las emociones tienen un efecto exponencial. El autor nos habla de la emocionalidad de los sistemas, en la idea fundamental de que los sistemas no sólo están compuestos por elementos y estructuras, sino que también tienen una dimensión emocional que afecta a su funcionamiento y dinámica.

En nuestro círculo podemos identificar emociones como:

- **Satisfacción mutua.** Cuando tanto la empresa como los empleados y los clientes se sienten satisfechos con los productos, servicios y la experiencia en general. Esto crea un sentimiento compartido de satisfacción, fortaleciendo la relación entre las partes y fomentando el compromiso.
- **Empatía y conexión.** Cuando hay una comprensión y conexión entre las partes. Esto implica una capacidad de entender las necesidades, deseos y desafíos de cada grupo, lo que facilita una colaboración efectiva y relaciones sólidas.
- **Sentido de pertenencia.** Cuando los empleados y los clientes sienten que aportan valor a un proyecto de valor.

- **Confianza y seguridad.** Se refleja en un alto nivel de confianza entre sus integrantes.
- **Frustración y decepción.** En situaciones donde las expectativas no se cumplen o existen problemas en la relación, pueden surgir emociones compartidas de frustración y decepción, que tendrán que propiciar la búsqueda inmediata de soluciones.

Por lo tanto, las emociones se incorporan como un elemento fundamental de las relaciones tanto en el contexto de la empresa como en sus relaciones externas.

En los círculos virtuosos, la emocionalidad colectiva dominante es la **confianza** y sus integrantes se sienten empoderados y responsables de sus resultados. Al incorporar las emociones colectivas de manera consciente y estratégica, se fortalecen las relaciones, se mejora la colaboración y se estimula el compromiso hacia el logro de metas compartidas.

En definitiva, en «el círculo virtuoso del crecimiento de valor» podemos observar la relación estrecha y mutuamente beneficiosa entre el crecimiento de las personas, la empresa y los clientes. Un ciclo en el que cada componente se retroalimenta y fortalece mutuamente, creando un ambiente propicio para un crecimiento sostenible y un éxito empresarial duradero.

Creo que un buen ejemplo que ilustra esta idea es LEGO, una empresa que ha logrado crear un círculo virtuoso de valor a través de su enfoque en la creatividad, innovación y calidad. Su filosofía empresarial, centrada en fomentar la imaginación y el aprendizaje por medio del juego, no sólo ha generado productos que captan la atención de niños y adultos, sino que también ha establecido una conexión emocional profunda con sus usuarios. Esta sintonía se basa en la promoción de valores como la exploración y la creatividad, aspectos que son esenciales en el desarrollo de los más jóvenes y también apreciados por los adultos.

La dedicación de LEGO a mantener una alta calidad en sus productos ha reforzado su reputación de durabilidad y fiabilidad, ya que asegura así una experiencia positiva y satisfactoria para el cliente. Esta consistencia en la calidad ha llevado a una lealtad significativa por parte de los clientes, quienes continúan eligiendo LEGO y además se convierten en promotores de la marca.

En cuanto a sus empleados, LEGO cuenta con un equipo apasionado y dedicado, cuya motivación va más allá del mero trabajo diario. Los trabajadores comparten la misión de la empresa de inspirar y desarrollar a los constructores del futuro, lo que se traduce en un compromiso genuino con su labor y un deseo auténtico de crear productos que entretengan, eduquen y despierten la imaginación.

La cultura corporativa en esta empresa también juega un papel crucial en su éxito. Con valores que enfatizan la colaboración, la inclusión y el bienestar de los trabajadores, LEGO ha creado un ambiente donde la creatividad y la innovación son partes integrantes del día a día. Esta cultura no sólo mejora la satisfacción y productividad de los empleados, sino que también fomenta un entorno en el que las ideas nuevas pueden surgir y ser implementadas de manera efectiva.

Finalmente, el compromiso continuo de LEGO con la innovación y la adaptación a las necesidades cambiantes del mercado ha sido clave en su crecimiento sostenido. Manteniendo un diálogo constante y constructivo con sus empleados y clientes, la compañía ha logrado mantenerse relevante y expandir su alcance en el mercado global.

En resumen, LEGO es un ejemplo destacado de cómo una empresa puede aprovechar positivamente las emociones colectivas para crear un ambiente en el que todos —empleados, clientes y la propia empresa— se beneficien mutuamente, dando como resultado un ciclo de crecimiento de valor continuo y sostenible.

4

Dimensionando la brecha cultural: análisis de la distancia entre los valores y los hábitos

> La brecha cultural nos invita a derribar los muros de la ignorancia y construir puentes de comprensión y tolerancia.
>
> NELSON MANDELA, activista político

4.1. Un *gap* analizado con datos

Todos intuimos, y en muchos casos vivimos o hemos vivido, la gran diferencia existente entre los principios y valores de una compañía y lo que realmente ocurre en sus lugares de trabajo, relaciones profesionales o gestiones con los clientes.

Para confirmar, o no, intuiciones y deducciones, he considerado como mejor alternativa hacer una encuesta a profesionales y obtener datos objetivos que ayuden en el análisis.

La encuesta se ha realizado durante los meses de junio y julio de 2023 y recoge la opinión de 453 profesionales con diversos roles en empresas de distintas dimensiones y sectores, lo que nos da una muestra suficientemente significativa para sacar conclusiones.

En el presente capítulo analizaremos con gráficos los datos más relevantes, para posteriormente ir introduciendo aquella información que sirva para validar o documentar las reflexiones o contenidos según van apareciendo en las distintas partes del libro.

La estructura de la encuesta ha sido:

- Rol en la organización:
  - o Presidente, CEO, director general
  - o Director, C-Level (CTO, CDO, CMO...)
  - o Mando intermedio
  - o Comerciales, personal operativo...
- Dimensión de la organización:
  - o Menos de 10 empleados
  - o De 11 a 100 empleados
  - o De 101 a 1.000 empleados
  - o De 1.001 a 10.000 empleados
  - o Más de 10.000 empleados
- Con respecto a los sectores, se analizan aquellos de los que se ha obtenido información suficiente para obtener conclusiones:
  - o Automoción
  - o Banca y seguros
  - o Comercio y *retail*
  - o Consultoría y TIC
  - o Energía
  - o Industria
  - o Transporte y logística
  - o Salud

Del análisis global de la información, dos datos llaman poderosamente la atención. Por un lado, la distinta percepción que tienen los directivos y empleados de lo que ocurre en la empresa y, por otro, que incluso los directivos no son del todo contundentes en su visión sobre cómo la organización está aplicando sus valores.

Un sencillo análisis de una de las cuestiones planteadas, «¿consideras que la toma de decisiones de tu organización se realiza de acuerdo con los valores de tu empresa?», ha dado unos resultados contundentes (se ha eliminado el nivel medio y simplemente se han considerado los resultados Muy alto y Alto, y deducido los Muy bajo y Bajo con base 100):

- Presidentes, CEO, DG: 64
- C-Level: 22
- Mandos intermedios: 4
- Comerciales, personal operativo: -6

Demasiada diferencia, lo que hace que muchos empleados cuando oyen a sus jefes hablar de su empresa realmente no las reconozcan.

4.2. ¿En qué empresa trabajo?

En vista de la información anterior y de los gráficos que vamos a repasar a continuación, parecería que en muchas ocasiones, más allá de compartir espacio, logo y marca, los directivos y el resto de los empleados (incluidos los mandos intermedios) no trabajan en la misma empresa, pues la percepción que tienen de ella, especialmente cuando se habla de valores, es muy distinta.

En este primer bloque analizaremos las diferentes visiones en función del puesto o rol que se tiene en la organización.

¿Consideras que los valores de tu organización están claramente definidos y comunicados?

Existe una importante brecha entre lo que cree la dirección y lo que realmente ocurre en la empresa, un clásico del mundo empresarial que todos los que hemos dirigido equipos sabemos que ocurre. En general, por motivos desconocidos, son escasas las iniciativas utilizadas para resolverlo.

Analizando el gráfico 4.1, observamos diferencias entre lo que visualiza el equipo directivo y el resto de los profesionales, especialmente el personal de «primera línea» de acción, donde el

84 por ciento de los participantes consideran que existe un amplio recorrido para mejorar la definición y la comunicación efectiva de los valores de su compañía.

Gráfico 4.1. Definición y comunicación de los valores

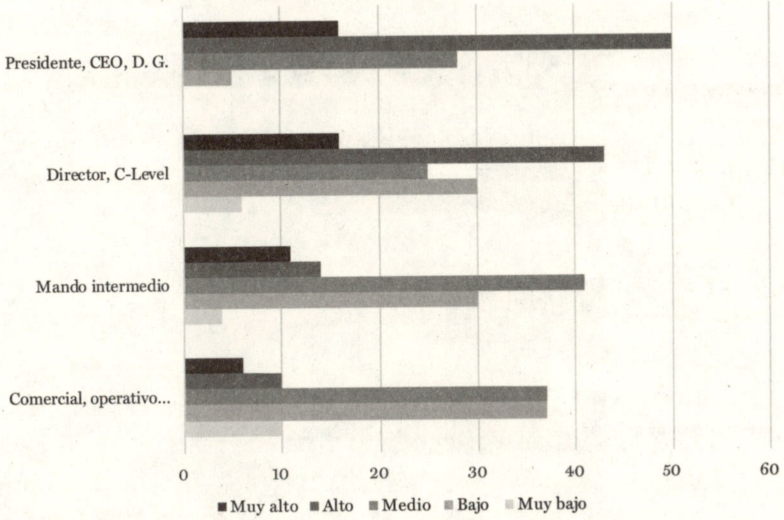

Fuente: Elaboración propia.

También es sorprendente que el 35 por ciento de los equipos directivos consideren que los valores están mal o muy mal comunicados al resto de la organización, cuando son ellos precisamente los encargados de hacerlo. El 60 por ciento de los que comunican creen que lo hacen bien o muy bien, mientras que el 40 por ciento de los que la reciben opinan que la dinámica de comunicación es mala o muy mala.

Difícilmente se van a generar organizaciones auténticas si las personas encargadas de relacionarse con el mercado y los clientes desconocen los principios de la cultura de la empresa.

En vista de los resultados, solucionar esta situación no parece estar entre las prioridades de la dirección, que parece estar más preocupada (quizá exclusivamente preocupada) por los objetivos y resultados del trimestre.

¿Son los directivos un ejemplo y promueven activamente los valores de la organización?

Gráfico 4.2. Los directivos como ejemplo y promotores de los valores

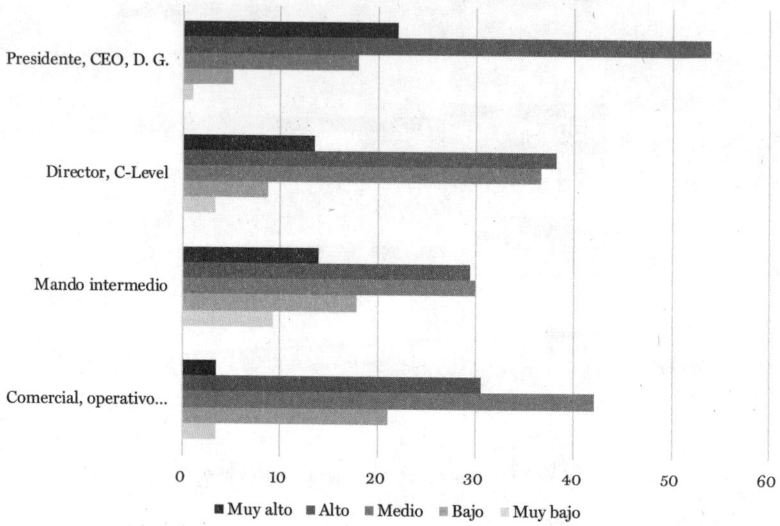

Fuente: Elaboración propia.

No se trata de dar órdenes, de «dar la charla» con la importancia de los valores o llenar las paredes con mensajes inspiradores, sino de hacer algo mucho más sencillo, como es ser los primeros en hacer lo que decimos, es decir, dar ejemplo.

Cuando la información refleja que, según empleados y mandos intermedios, menos del 50 por ciento de los directivos son un ejemplo en la aplicación de los valores definidos por sus compañías, parece que tenemos un problema. A esto se suma que los directivos sí piensan que son el ejemplo a seguir.

«El ejemplo no es la principal manera de influir sobre los demás; es la única manera», afirmaba el premio nobel de la paz Albert Schweitzer.

Los motivos y potenciales soluciones los iremos desgranando a lo largo de los próximos capítulos, no obstante, según estos datos las instituciones o empresas en las que se esté produciendo esta situación están muy alejadas de la aspiración de convertirse en organizaciones genuinas.

La transparencia, el refuerzo regular y la demostración de estos valores en la toma de decisiones y comportamientos diarios por parte de los líderes y empleados asegurarán que los valores no sólo sean palabras en papel, sino principios vividos que guían la conducta y decisiones en toda la organización.

¿En qué medida crees que los valores se reflejan en la toma de decisiones?

Gráfico 4.3. Valores y su reflejo en la toma de decisiones

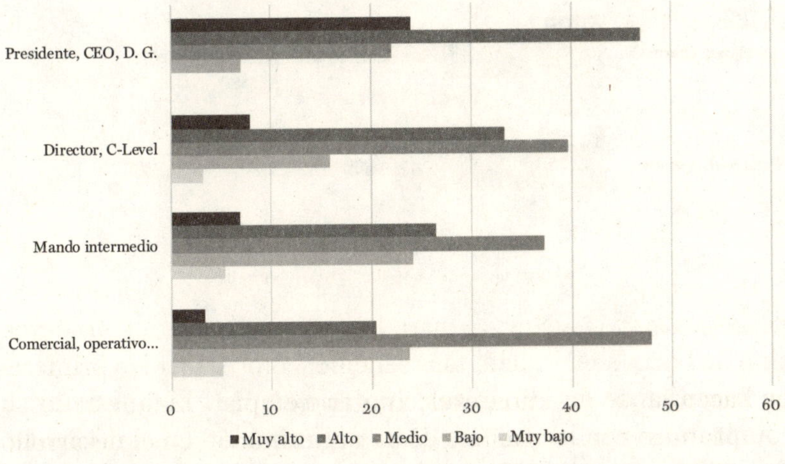

Fuente: Elaboración propia.

Los que toman las decisiones estratégicas confirman adoptarlas de acuerdo con los valores definidos. En cambio, los que toman las decisiones tácticas manifiestan no estar siempre alineados: alrededor del 40 por ciento de los mandos intermedios y los perfiles operativos no alinean sus decisiones a los valores. En esta ocasión, por tanto, la brecha se refleja en la gestión y explica una dirección basada en el control, como consecuencia de la falta de contexto que tienen los mandos intermedios y el personal de base para ejecutar con criterio.

¿En qué medida los empleados se comportan de acuerdo con los valores en su trabajo diario?

Gráfico 4.4. Valores en el día a día de los empleados

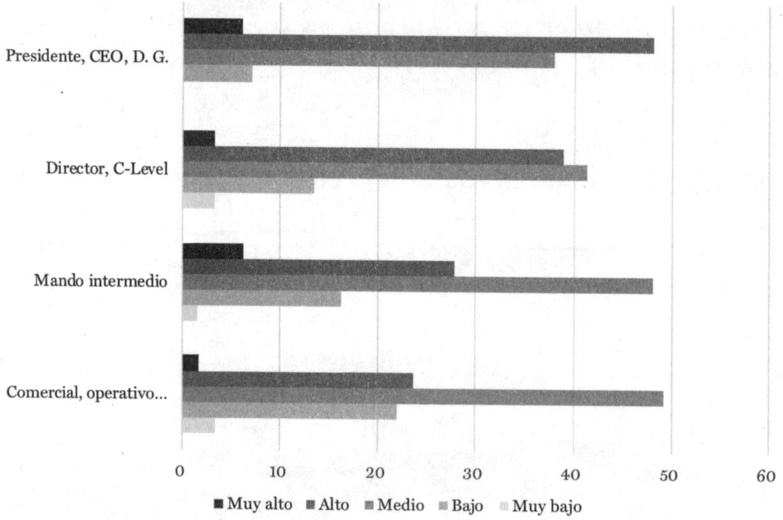

Fuente: Elaboración propia.

La mayoría de los directivos, ¡no todos!, han manifestado su compromiso con los valores de su organización en el desarrollo de su liderazgo. Sin embargo, las posturas no están tan claras en el resto de los empleados, incluidos los mandos intermedios, donde las valoraciones: «muy bajo», «bajo» y «medio» se sitúan prácticamente el 80 por ciento de los resultados.

Sin lugar a duda es algo digno de estudio y solución, porque la cuestión es, si no actúan con los valores de la empresa, **¿con qué valores actúan?**

¿En qué medida los empleados reciben capacitación y orientación de cómo aplicar los valores de la organización?

Gráfico 4.5. Valores y su reflejo en la toma de decisiones

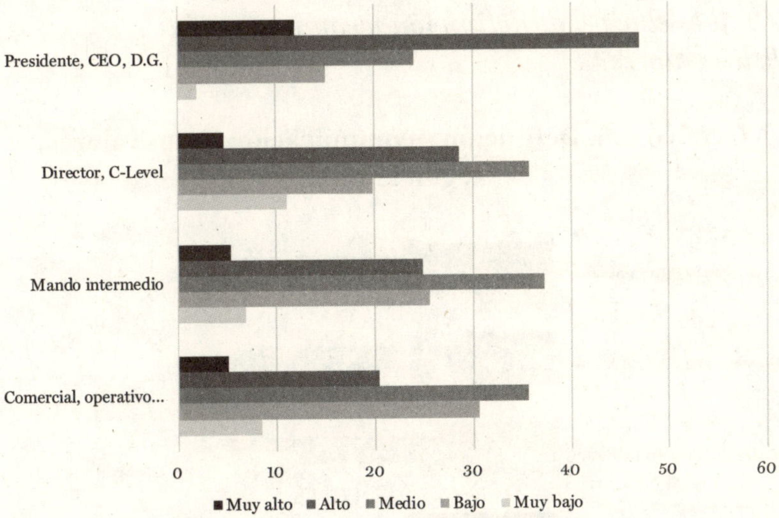

Fuente: Elaboración propia.

Se observa que un 60 por ciento de los CEO consideran que la capacitación en valores que se ofrece en su empresa es buena o muy buena. En cambio, el 40 por ciento de los empleados de base consideran que esta formación es deficiente o inexistente. Especialmente en tiempos de transformación como los actuales, los programas de capacitación están orientados al aprendizaje de nuevos sistemas, procesos o productos. Evidentemente, esto es necesario, pero no debería ser el único tipo de formación, en detrimento de la capacitación en los valores de la cultura de la compañía, como la colaboración, la orientación al cliente o la ética.

4.3. El crecimiento nos va alejando de los valores

Un par de gráficos en el contexto de la dimensión de las empresas nos muestran que las organizaciones se van alejando de sus valores según van creciendo.

¿Cuál es el nivel de definición y comunicación de los valores?

Gráfico 4.6. Definición y comunicación de los valores, según tamaño

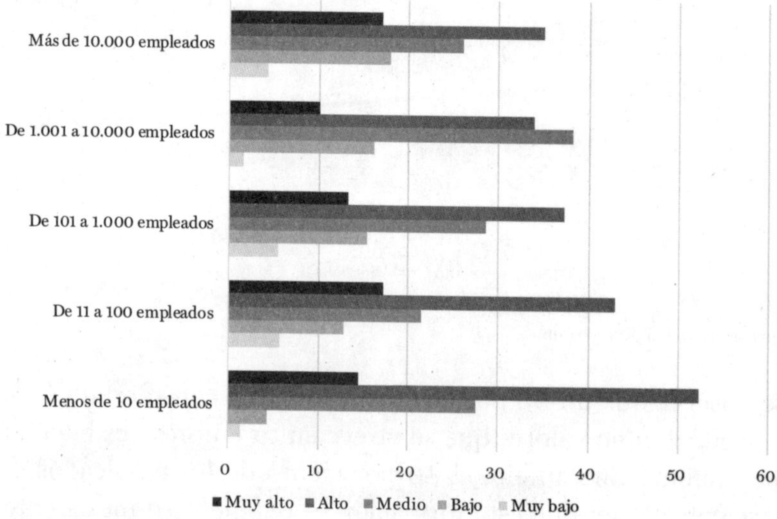

Fuente: Elaboración propia.

Un 48 por ciento de las grandes empresas no realizan una comunicación eficiente de sus valores. Posiblemente sea inevitable que, a medida que las empresas crecen y se expanden, se enfrenten al desafío de mantener la comunicación efectiva y la aplicación de sus valores organizacionales.

Este fenómeno, que puede atribuirse a varios factores relacionados con el crecimiento, comienza con la creciente complejidad organizacional. A medida que las estructuras se vuelven más sofisticadas, con más niveles jerárquicos y departamentos, se crean barreras en la comunicación que dificultan la transmisión cohesiva de la cultura y los valores de la empresa.

En este contexto, las compañías deben ser proactivas en desarrollar estrategias para preservar y reforzar sus valores fundamentales. Esto incluye una comunicación constante y efectiva, programas de integración cultural para nuevos empleados y un liderazgo comprometido que priorice la cultura como un aspecto central de la estrategia empresarial.

¿En qué medida consideras que los valores están presentes en la toma de decisiones de la compañía?

Gráfico 4.7. Valores y su reflejo en la toma de decisiones, según tamaño

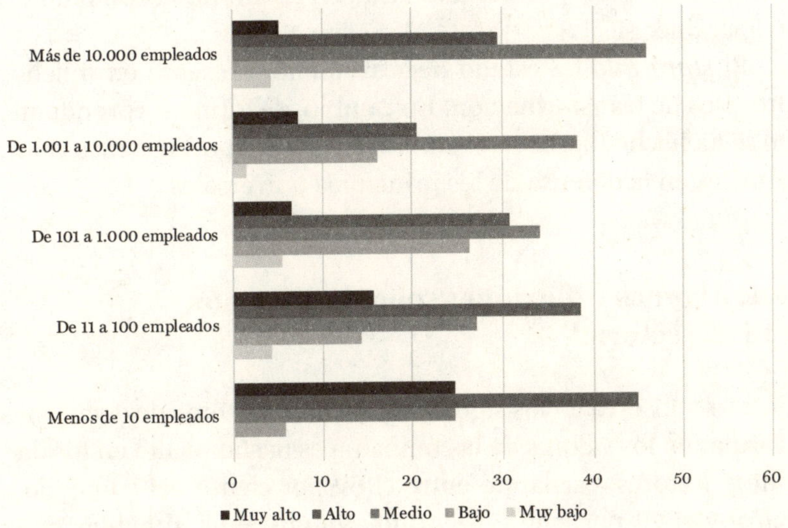

Fuente: Elaboración propia.

El 70 por ciento de las pymes creen que sus valores están presentes en la toma de decisiones, mientras que en empresas más grandes estos porcentajes no llegan ni al 50 por ciento.

Aceptar como irreversible la degeneración de la cultura empresarial cuando las compañías crecen se puede haber convertido en una especie de normalidad que sería muy saludable erradicar. Mantener o recobrar de forma efectiva principios como la agilidad, la flexibilidad, la orientación al cliente o el empoderamiento de las personas parecen valores que deberían estar siempre presentes en todas las organizaciones, con independencia de su etapa de crecimiento o tamaño.

El crecimiento trae inevitablemente complejidad, pero esa complejidad hay que gestionarla, porque considerar que de forma irremediable nos vamos a convertir en un ente burocrático y con valores descafeinados es una mala estrategia. Invertir tiempo en la gestión estructural y cultural del crecimiento es una buena decisión que no todas las empresas realizan en sus procesos de expansión o transformación.

Es un problema presente y de gran impacto en las compañías tradicionales que tampoco debería considerarse como un mal hasta cierto punto (cada uno sitúa su grado de aceptabilidad) irreparable.

El *statu quo* ha estado negativamente presente en muchos procesos de transformación. En cambio, de forma sorprendente, no se ha hecho fuerte en el ámbito en el que aportaría más valor, como es en la defensa de los principios universales.

4.4. Algunas reflexiones sobre la situación a nivel sectorial

Como se observa en los siguientes gráficos, la toma de decisiones basadas en los valores de la compañía es bastante alta en los distintos sectores, oscilando entre el 62 por ciento del comercio y *retail* y el 72 por ciento de salud. No obstante, al hablar de la aplicación de «sus propios valores», se esperaría que el porcentaje estuviera más próximo al cien por cien.

Estos datos corroboran la información del «Barómetro de confianza» de Edelman al que hacíamos referencia en el capítulo 1 y demuestran la necesidad de adoptar medidas y acciones concretas por parte de las instituciones y empresas españolas en términos de ética y competencia.

¿En qué medida consideras que la toma de decisiones se ajusta a los valores de tu organización?

Gráfico 4.8. Toma de decisiones y valores, por sector

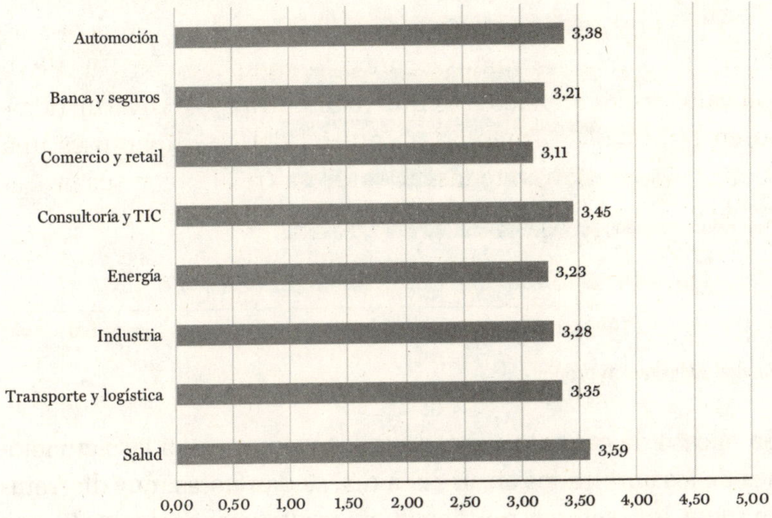

Fuente: Elaboración propia.

Preguntados sobre si las decisiones de la empresa son coherentes con los valores corporativos se observa una homogeneidad en los valores en todos los sectores. Sin embargo, ningún sector alcanza el rango de puntuación de «Alto» y las notas se mantienen en torno a los 3,5 puntos sobre 5.

¿En qué medida los empleados se comportan de acuerdo a los valores de la compañía?

Gráfico 4.9. Comportamiento de los empleados y valores corporativos, por sector

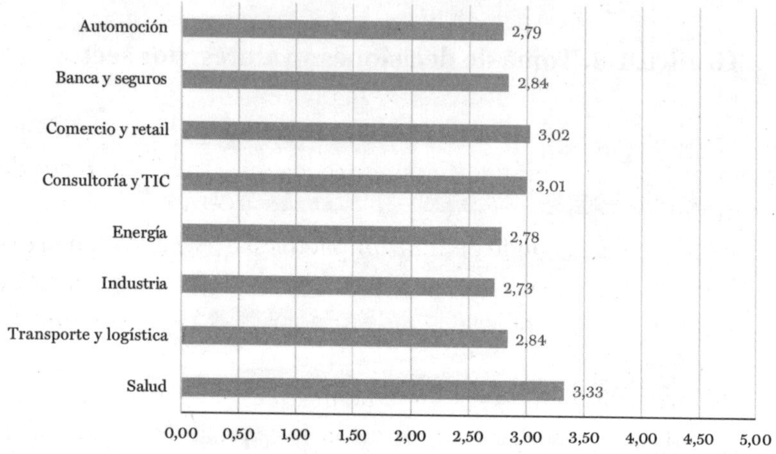

Fuente: Elaboración propia.

En el caso de cuán de alineadas a los valores están las actuaciones de los empleados en su día a día, se dan notas muy discretas en todos los sectores, por debajo de los 3 puntos sobre 5. El sector de la salud es el que tiene el mejor dato, con 3,33 puntos, aunque continúa siendo bajo.

En cualquier caso, lo que más llama la atención, más allá de los datos concretos de cada sector, es que no estamos hablando de la aplicación de unas normas regulatorias impuestas por los distintos organismos oficiales de los sectores, sino de los principios establecidos por las propias compañías para operar en los mercados, relacionarse con terceros y gestionar a los profesionales de la organización.

Por lo tanto, aunque las empresas reconocen la importancia de los valores corporativos, en la realidad, la adherencia a éstos no alcanza los niveles ideales en ningún sector. Los datos resaltan, una vez más, una brecha significativa entre la intención y la acción.

4.5. El imperativo de derrumbar la torre de Babel en la organización y pivotar hacia la autenticidad

En el núcleo de cualquier organización exitosa existe una alineación clara y coherente entre la visión de los directivos y las percepciones de los empleados. Sin embargo, como hemos observado en los anteriores análisis, a menudo emergen diferencias palpables entre lo que los líderes creen que está sucediendo y cómo los empleados interpretan las acciones y decisiones diarias, y se da una especie de torre de Babel provocada por la divergencia en la percepción y visión entre los directivos y el resto de los profesionales.

Esta situación puede generar impactos significativos en la organización, como la desalineación de objetivos, la desconfianza y el descontento, la deficiente calidad de servicio o el daño reputacional de la marca.

Estamos hablando de un obstáculo silencioso pero potente, que puede mitigar el crecimiento, la innovación y la cohesión dentro de una organización.

En muchos casos, estaremos buscando las causas y por lo tanto las soluciones a nuestros males en los procesos o cambios en los mercados, pero seguramente las tengamos en nuestro estilo de liderazgo, en cómo aplicamos o no aplicamos nuestros valores en el día a día y en la toma de decisiones.

En alguna ocasión he oído (lo que hay que oír) que la divergencia no está tan mal, que eso es diversidad. Sin duda, diversidad es, pero de un tipo más próximo al caos que a la aportación de valor a la organización, pues estamos hablando de distintas formas de aplicar los principios y valores definidos por la compañía.

La solución requiere un esfuerzo concertado y continuo en la comunicación, la formación, la participación y el liderazgo ejemplar. Sólo a través de estas acciones, la visión de la dirección y la percepción de los empleados pueden alinearse perfectamente, permitiendo que la estrategia de la compañía se realice plenamente.

La cohesión y la alineación no son ideales abstractos, sino

imperativos prácticos. Las empresas que reconocen y abordan esta brecha, en mayor o menor medida presente en todas las organizaciones, están mejor posicionadas para prosperar en un entorno empresarial cada vez más complejo y competitivo. En última instancia, la clave está en unir a todos en una comprensión compartida, en una visión común, en un propósito unificado. En **el reto de pivotar hacia una organización auténtica.**

Tanto el círculo virtuoso de crecimiento de valor, que vimos en el capítulo anterior, como las dinámicas de valor que lo desarrollan y que veremos en la segunda parte del libro, se convierten en potentes herramientas de gestión para minimizar esta desalineación estratégica, al implementar modelos que promueven la honestidad, la visión única del cliente, el trabajo en equipo y el desarrollo de las personas.

5

Construyendo un futuro de valor: dinámicas que transforman las organizaciones

5.1. ¿Por qué las dinámicas de valor?

Siendo coherentes con la línea argumental del libro, la primera aproximación a las dinámicas no puede ser otra que explicar su propósito, su porqué.

En realidad, son varios los porqués, pues presentamos un modelo que aspira dar una respuesta eficaz a muchos de los problemas tradicionales de gestión y liderazgo que se han visto agravados en la era digital, donde el cambio es constante y los modelos tradicionales han quedado obsoletos.

Podríamos decir que nos encontramos ante un razonamiento del pasado que confluye con situaciones inmovilistas del presente y que necesita una nueva lógica para el futuro.

Las dinámicas que introducimos en este capítulo y que desarrollaremos a lo largo del libro tratan de ayudar a construir una **nueva lógica de liderazgo y gestión**, que ponga en funcionamiento el círculo virtuoso de valor desde su triple perspectiva de clientes, empleados y empresa.

Volvamos a la narrativa, ¿por qué es necesario un nuevo estilo de gestión?, ¿por qué son necesarias las dinámicas de valor para transformar las organizaciones?

Porque los valores no se están convirtiendo en los com-

portamientos habituales de los profesionales de la empresa, lo cual genera una brecha cultural que tiene un impacto muy negativo en el rendimiento de las personas y en la experiencia de los clientes.

No ser consistente en la gestión, decir unas cosas y hacer otras, cada día tiene una penalización mayor y se convierte en una situación insostenible, tanto dentro como fuera de la organización.

Como vimos en el capítulo anterior, la comunicación de los valores por parte de las empresas es muy deficiente, existe un importante *gap* en su aplicación tanto en la toma de decisiones como en la actividad diaria de la compañía. Acaba dando la sensación de que directivos y empleados trabajen en empresas distintas; unos conocen estos valores y consideran que los aplican, los otros no los conocen, los adaptan según sus criterios y en gran medida consideran que sus jefes no son un ejemplo de su puesta en práctica.

Porque la mayoría de los modelos organizativos siguen siendo reliquias de la era industrial, como estamos cansados de oír y comprobar. Están basados en la jerarquía vertical, en instrucciones detalladas, en silos de poder y burocracia que no están preparados para esta nueva era en la que las claves son la digitalización, la agilidad, la eficiencia y la experiencia de clientes y empleados.

Decía Peter Drucker que «el mayor peligro en tiempos de turbulencia no es la turbulencia en sí, sino actuar con la lógica del pasado».

Porque el cortoplacismo lo invade todo y limita el desarrollo de organizaciones y personas. Unas veces de forma justificada y otras (la mayoría) como justificación, la actividad del día a día y el imperativo de los resultados inmediatos impiden el progreso de la empresa. Una cosa es trabajar a corto y otra muy distinta es trabajar para él.

Porque se está desaprovechando la oportunidad digital dando prioridad a temas superficiales (herramientas de moda) o priorizando las inversiones en alguna tecnología innecesaria para la estrategia y modelo de negocio definido.

La obsesión de algunos directivos por ser modernos y parecer que están a la última es un comportamiento mucho más habitual de lo que nos podríamos imaginar. Y se producen situaciones como ésta:

—Adolfo, he invertido más de cuatro millones en tecnología y no estoy viendo los resultados —decía hace unos días el director general de una empresa mediana al terminar una de mis conferencias.

—¿Para qué has invertido? ¿Cuál es el propósito de la inversión? —pregunté.

—Bueno, ya sabes, para digitalizarnos y transformarnos.

—Ya... Para transformaros ¿en qué?

—😮.

Éste es realmente el problema y la reflexión. Como desarrollábamos en *Digitalízate o desaparece*: la secuencia está clara (véase el gráfico 5.1), y no se debe empezar la casa (la transformación) por el tejado (por la tecnología).

Gráfico 5.1. Proceso de transformación

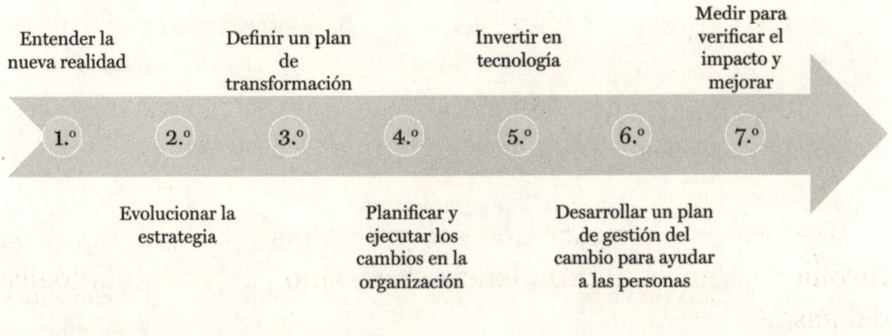

Fuente: Elaboración propia a partir de *Digitalízate o desaparece* (Gestión 2000, 2017).

Porque las personas tienen que recuperar su papel protagonista, especialmente en tiempos de cambio. Las dinámicas de valor incorporan la visión de los profesionales desde su definición hasta su ejecución. ¿Cómo visualizan los cambios las personas que los tienen que realizar? ¿Se ha elegido la mejor opción para desplegarlos? ¿La capacitación ha sido suficiente? Es más, ¿se les ha explicado el porqué del cambio y cómo impacta no sólo en su trabajo, sino en su desarrollo?

No conozco a ningún directivo ni responsable de Recursos Humanos que no considere necesario contar con la participación y opinión de los empleados en los procesos de cambio. Pero también es verdad que conozco pocas (muy pocas) organizaciones que realmente lo hagan, y esto es un signo más de la falta de autenticidad de las empresas o de la falta de una buena comunicación interna.

¿Cuántos recursos se invierten y dedican al despliegue de las nuevas tecnologías? ¿Cuántos recursos se invierten y dedican al cambio y desarrollo de las personas?

Porque activan el círculo virtuoso del crecimiento. El círculo necesita propulsión para su funcionamiento y ésta tiene que venir de unas dinámicas que generen una energía permanente.

Gráfico 5.2. Las dinámicas de valor, motor del círculo virtuoso de crecimiento

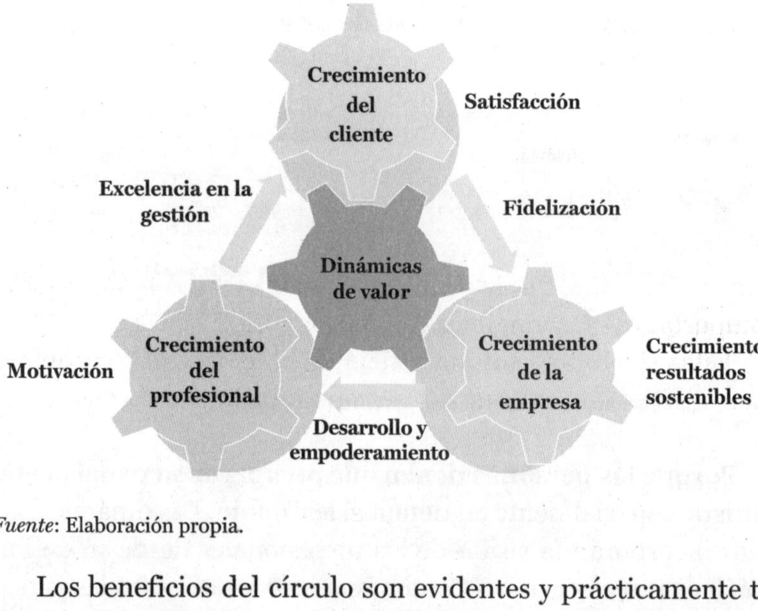

Fuente: Elaboración propia.

Los beneficios del círculo son evidentes y prácticamente todos los directivos los compran, pero el gran reto es ponerlo y mantenerlo en funcionamiento. Ahí es donde entran en juego dinámicas como el éxito del cliente, el desarrollo de las personas, la gestión inteligente de los datos o la innovación.

Porque los clientes cada vez valoran más la forma de hacer negocios de las empresas, ya que es evidente que hoy los clientes buscan algo más que productos de calidad y precios competitivos. La forma en que una empresa lleva a cabo sus negocios se ha convertido en un factor preferente para los consumidores a la hora de tomar decisiones de compra. Esta tendencia refleja un cambio en las expectativas y valores de los clientes, que ahora buscan establecer relaciones con marcas que no sólo satisfagan sus necesidades inmediatas, sino que también comulguen con sus valores personales y éticos.

La lealtad del cliente ya no se gana sólo con la calidad del producto o el precio. Los clientes buscan experiencias de compra que estén alineadas con sus principios. Quieren sentir que su dinero está contribuyendo a algo más grande que una simple transacción comercial. Esto significa que las empresas deben demostrar su compromiso con valores como la equidad, la sostenibilidad y la innovación, tanto en sus declaraciones como en sus acciones diarias.

5.2. Un puente entre la teoría y la acción

De alguna forma, las dinámicas de valor se convierten en el puente entre la teoría y la acción, en el soporte en el que se transportan declaraciones de principios y valores para convertirlos en comportamientos tangibles y prácticas cotidianas.

Estas dinámicas son un reflejo de la identidad y cultura de una organización y además determinan cómo se percibe y funciona en el mundo real.

Tomemos, por ejemplo, el principio de honestidad. Este valor trasciende de ser una frase en el código de conducta y se concreta a través de dinámicas de transparencia, responsabilidad y toma de decisiones éticas en todos los niveles. De manera similar, el valor de la innovación se materializa en un conjunto de acciones que promueve la creatividad, la experimentación y la adaptabilidad.

Por lo tanto, la implementación de estos valores va más allá de la mera definición y comunicación de políticas y estrategias. Se trata de fomentar un ambiente donde se vivan y respiren a diario. Esto requiere capacitación, comunicación efectiva, sistemas de recompensa y un liderazgo que los convierta en acciones concretas, asegurando la coherencia entre lo que se dice y lo que se hace.

En última instancia, se podría argumentar que las dinámicas son lo que realmente define a una organización, más allá de ser simplemente un grupo de personas bajo un mismo logo.

Son el elemento que cohesiona a la empresa, puesto que alinea sus operaciones con sus creencias fundamentales y asegura que sus acciones sean un reflejo fiel de su identidad. En este sentido, las dinámicas no son sólo un medio para aplicar principios y valores; son la esencia de lo que hace única a una organización.

5.3. Las dinámicas, una realidad invisible en las organizaciones

Están ahí, nadie las ve, ni las gestiona y, sin embargo, tienen un impacto implacable, para bien y para mal.

Todos somos conscientes de que existen fuerzas aparentemente invisibles que influyen en el comportamiento, la cultura y los resultados de las empresas. Las dinámicas, ya sean positivas o negativas, tienen un impacto profundo no sólo en el rendimiento inmediato de la empresa, sino también en su sostenibilidad a largo plazo.

Por un lado, las dinámicas positivas, como la colaboración eficaz, la comunicación transparente, el enfoque en el cliente, la innovación o el desarrollo continuo del personal actúan como canalizadores para el éxito, favorecen la productividad, la calidad y la lealtad de empleados y clientes.

Por otro lado, las dinámicas negativas, como la comunicación deficiente, la competencia interna destructiva, el favoritismo, el *micromanagement* o los objetivos inalcanzables, llevan a la organización a un círculo vicioso de baja moral y disminución general de la productividad y calidad del trabajo.

Visto en perspectiva, creo que tanto en Banesto como en el Banco Santander la gestión de las dinámicas era (seguramente lo seguirá siendo) un valor que estaba incrustado en su cultura y de forma natural intentábamos generar corrientes de actuación positivas, en las que la colaboración y la confianza resultaban los elementos clave.

Cuando consigues un ciclo de dinámicas positivas, como pasó en Banesto en los primeros años del presente siglo, se generan iniciativas innovadoras para su época y de valor para clientes, empleados y accionistas. Me dejo muchos en el tintero, pero entonces vieron la luz proyectos como Banespyme en red, un ecosistema desarrollado con distintos proveedores tecnológicos para ayudar a las pymes en su digitalización; la Red de agentes financieros, un modelo de franquicias financieras; Banesto 2.0, primer planteamiento de transformación digital en el grupo; o Guggenheim, un programa de desarrollo de las personas pionero. Todos ellos, sin duda, innovadores en aquellos años. De igual forma, se luchaba contra las resistencias, que normalmente se presentaban en forma de malos resultados, incidencias o deficientes valoraciones en las encuestas.

Un caso que siempre me viene a la cabeza y resulta un clásico en las redes de venta era el seguimiento asfixiante que realizaban los directores de zona a las oficinas, que hacían varias llamadas diarias para ver la evolución de sus ventas, lo que claramente es una dinámica negativa de presión sin valor.

El cambio de sentido de estas formas de hacer no resultaba sencillo, pues en muchos casos esas zonas conseguían e incluso superaban los objetivos fruto de la presión. Pero si eres congruente con tus valores y tu estrategia, es decir, si aspiras a ser una organización auténtica, tienes que revertir esas situaciones, aunque para ello tengas que sacrificar algunos resultados a corto plazo e incluso cambiar de función a determinados profesionales que no adoptan el nuevo estilo de gestión.

Un ejemplo muy representativo de empresa que ha generado dinámicas positivas con enfoque en la satisfacción del cliente es Zappos. La compañía ha cultivado una cultura centrada en el servicio, donde todos los empleados, desde los representantes de atención al cliente hasta los ejecutivos, se comprometen a brindar la mejor experiencia posible a sus clientes.

Una de estas dinámicas es la comunicación abierta y transparente. La empresa fomenta un ambiente en el que los empleados se sienten cómodos compartiendo ideas, preocupaciones y sugerencias. Estos hábitos de comunicación facilitan la colaboración y el trabajo en equipo y permiten a la empresa adaptarse rápidamente a las necesidades y deseos cambiantes de sus clientes.

Una empresa en el otro extremo fue Theranos, la compañía de tecnología sanitaria fundada por Elizabeth Holmes en 2003. Ésta afirmaba haber desarrollado una solución revolucionaria para realizar múltiples pruebas de diagnóstico a partir de una sola gota de sangre, lo que prometía cambiar el panorama de la atención médica. Sin embargo, se descubrió que las afirmaciones de la empresa eran falsas y que su tecnología no funcionaba de manera adecuada.

Esta dinámica negativa se desarrolló debido a la falta de transparencia, la mala gestión y la presión por parte de la dirección para mantener el engaño. Elizabeth Holmes construyó una imagen falsa de éxito y promovió una cultura de secretismo dentro de la empresa.

Cuando salió a la luz la realidad detrás de las afirmaciones de Theranos, la empresa se enfrentó a demandas legales, investigaciones regulatorias y pérdida de confianza por parte de los inversores y los clientes. Las actuaciones internas se caracterizaron por una falta de ética y responsabilidad en la toma de decisiones, así como una cultura de miedo y represalias para aquellos que cuestionaban el funcionamiento de la tecnología.

La empresa tuvo que enfrentarse a las consecuencias legales y regulatorias de sus acciones fraudulentas, acabó disuelta y su fundadora enfrentó cargos penales relacionados con el fraude y el engaño.

Como vemos, las dinámicas organizacionales, tanto positivas como negativas, tienen un impacto profundo y duradero en el funcionamiento y éxito de una empresa, por lo que parece un imperativo que los líderes incluyan en sus agendas y prioricen la generación de dinámicas positivas y la erradicación de las negativas.

5.4. Identificación de las dinámicas de valor

La identificación y priorización de las dinámicas de valor las he realizado a partir de mi experiencia, literatura especializada, entrevistas con más de cincuenta directivos de primer nivel y la encuesta comentada con anterioridad.

Seguramente es una lista sin sorpresas y más de uno se puede preguntar: «¿Qué valor aporta? Ya sé que tenemos que ser colaborativos, innovadores, orientados al cliente...». La respuesta es: ¿realmente lo eres?

El modelo de dinámicas que propongo, por un lado, define con claridad, desarrolla y mide la aplicación de los principios y valores de la empresa y, por otro, busca maximizar las sinergias entre ellas e impulsar su ejecución de forma coordinada.

No es lo mismo tratar cada principio aisladamente y en momentos determinados que desarrollar un modelo holístico que lleve a la práctica los valores de la organización. La diferencia de potencial y las ventajas parecen evidentes.

Como resultado del trabajo realizado he concretado en siete las dinámicas de valor. No obstante, es un modelo flexible y cada empresa elegirá y desarrollará las que mejor se ajusten a sus necesidades.

1. **Integridad.** En realidad, podríamos decir que, en lugar de siete dinámicas, son 1+6, pues la integridad es la llave para el resto. Sin integridad todo lo demás carece de sentido.

   La integridad en el ámbito empresarial es un pilar fundamental para construir una cultura corporativa sólida y sostenible. Significa coherencia entre las palabras y las acciones, responsabilidad en la toma de decisiones y un compromiso firme con los principios éticos.

   Las empresas que priorizan la integridad no sólo ganan

la confianza y lealtad de sus clientes y empleados, sino que también establecen una base sólida para el éxito a largo plazo.

2. **Compromiso con el cliente.** La satisfacción del cliente es la esencia del negocio, de cualquier negocio, pero puede ser un concepto superado.

   El éxito del cliente se refiere al enfoque y compromiso de una empresa para garantizar que sus clientes logren los resultados deseados al utilizar sus productos o servicios.

   Al priorizar el éxito del cliente, las empresas pueden construir relaciones duraderas, impulsar su satisfacción y lealtad y lograr resultados a largo plazo.
3. **Desarrollo de las personas.** Invertir en el crecimiento y la capacitación de los empleados mejora sus habilidades y conocimientos y además aumenta su compromiso y satisfacción.

   Las organizaciones que se centran en el desarrollo de las personas cultivan líderes y equipos más fuertes, adaptándose con mayor eficacia a los cambios del mercado. Es un enfoque que refleja una visión a largo plazo, donde el capital humano se considera un activo estratégico clave para el éxito y la resiliencia de la empresa.
4. **Gestión inteligente y ética de los datos.** La inversión en tecnologías como la nube, *big data* o inteligencia artificial está muy bien, los programas de capacitación están aún mejor, pero lo relevante es generar una cultura del dato que promueva su gestión inteligente y permita identificar oportunidades de crecimiento, a la vez que garantiza niveles óptimos de seguridad, privacidad y ética. Es decir, una dinámica que huya de la construcción y desarrollo de «oráculos de datos» y los convierta en un activo estratégico y accesible.
5. **Innovación.** La innovación es el motor clave para el crecimiento y la competitividad. No sólo implica la generación de nuevas ideas y productos, sino también la adopción de enfoques frescos y eficientes en los procesos y la gestión.

Las empresas que abrazan la innovación se mantienen a la vanguardia, adaptándose rápidamente a las cambiantes demandas del mercado y a las nuevas tecnologías.

Para que realmente ocurra, se requiere una dinámica que fomente la colaboración y el intercambio de ideas, promueva la experimentación y el aprendizaje y valore la creatividad y la asunción de riesgos.

6. **Colaboración y ecosistemas.** La colaboración es más que una estrategia, es una necesidad para prosperar en la economía actual, en la que los ecosistemas aparecen como un elemento de gran valor en un mundo interconectado. Al unir fuerzas, las empresas pueden aprovechar una diversidad de habilidades, perspectivas y recursos para superar desafíos que serían difíciles de enfrentar individualmente.

   De alguna forma podríamos considerarla como la dinámica «antisilo».
7. **Sostenibilidad.** Es esencial para garantizar un crecimiento responsable y a largo plazo. Implica adoptar prácticas empresariales que equilibren las necesidades económicas, sociales y ambientales.

   Muchos consideran que es suficiente con enunciarlo en la estrategia y hacer publicidad, pero la experiencia está demostrando que, si de verdad lo desarrollas, el mercado lo reconoce y valora.

   Actualmente muy pocas empresas tienen incorporada la sostenibilidad en sus prácticas diarias, más allá de las botellas de agua reciclables o pósteres en las paredes de lo «verdes» que son.

5.5. Desarrollo de las dinámicas de valor. Una visión 360°

La visión 360° de las dinámicas aporta una perspectiva amplia e integral que permite considerar todos sus aspectos relevantes. Al adoptar esta visión, se tienen en cuenta todos los factores que impactan en su desarrollo y aplicación efectiva en la organización. Ésta es la clave: la **aplicación efectiva de las dinámicas en su conjunto.**

Esta perspectiva aporta una comprensión integral y holística de todos los aspectos relevantes que contribuyen a la creación de valor, en la que se consideran todos los elementos clave de las dinámicas: beneficios que obtienen los clientes, procesos a diseñar o redefinir, necesidades de los empleados para poder desarrollarlas con éxito, potenciales obstáculos y soluciones, métricas que permitan ver su evolución e impacto o tecnologías y metodologías facilitadoras.

Gráfico 5.3. Desarrollo de las dinámicas de valor de la empresa (visión 360°)

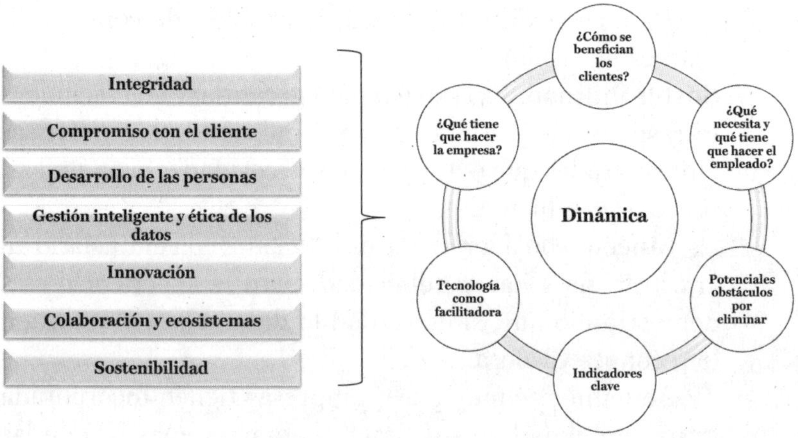

Fuente: Elaboración propia.

Las dinámicas no se pueden definir y desarrollar exclusivamente «desde dentro», desde la superior inteligencia corporativa hacia «fuera», sino con un enfoque integral, escuchando y dialogando con las personas que las tienen que adoptar.

La inclusión de las voces de quienes tendrán que aplicarlas mejorará sensiblemente su aceptación y el éxito en su implementación. Las personas se sienten más comprometidas y motivadas cuando comprueban que su opinión ha sido valorada y, de alguna forma, ha sido parte del proceso de toma de decisiones.

5.6. Las dinámicas de valor y el «autoengaño»

En el marco del trabajo de campo expuesto en el capítulo 4 se preguntó a los diferentes roles cuáles eran los niveles de madurez de las distintas dinámicas en su organización.

El análisis de la respuesta revela:

- Importantes diferencias de percepción entre los distintos niveles de las empresas.
- La orientación al cliente obtiene los valores más altos, sin embargo, ni los propios CEO, directores generales o directores llegan a un nivel alto de desarrollo en sus compañías.

Gráfico 5.4. Nivel de tu organización con respecto a...

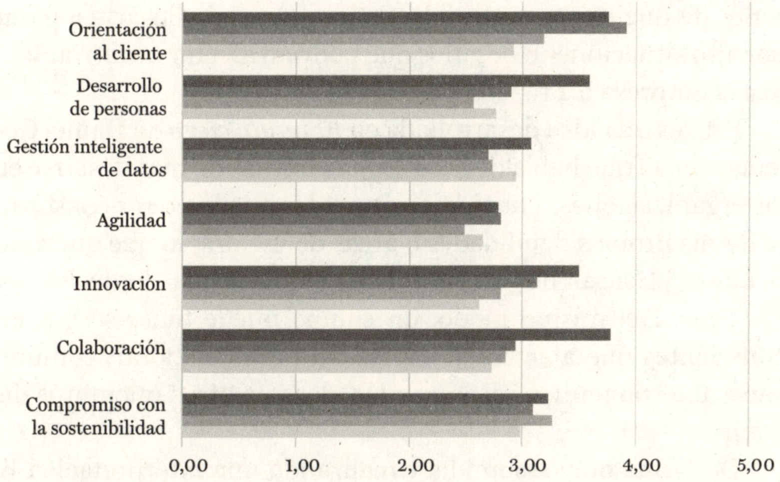

Fuente: Elaboración propia.

Esta situación nos lleva a un par de reflexiones:

- **Muchas organizaciones están en un nivel medio de funcionamiento** y por lo tanto de competitividad, puesto que reconocen ellas mismas que son poco ágiles y colaborativas y que tienen un importante recorrido en la gestión de los datos, el desarrollo de las personas, la innovación y la sostenibilidad. Destaca que incluso la dinámica mejor valorada (la orientación al cliente) no llega a una valoración «alta».

- **No se pueden considerar organizaciones auténticas**, en la medida que tienen unos valores como esencia de su cultura y unas prácticas y comportamientos de sus profesionales que no se ajustan a ellos. Es decir, los empleados desempeñan sus tareas conforme a unos valores (todos lo hacemos), pero distintos a los definidos por la empresa para la que trabajan.

Al final, desde el punto profesional, la diferencia se encuentra en trabajar en una organización auténtica, de alto rendimiento y, por lo tanto, con futuro, o en una artificial y de futuro incierto.

En este punto el problema es no ser consciente (o no querer serlo) de que tienes un problema, lo que puede llevarte a pasar por alto situaciones o desafíos que podrían afectar negativamente a la empresa o a tu vida profesional.

Ésta es una idea desarrollada en *El punto ciego* de Daniel Goleman, en el que habla de las distintas formas de manifestarse en las organizaciones. Por ejemplo, un líder puede no ser consciente de sus propias debilidades o áreas de mejora, lo que quizá dificultará el desarrollo de su liderazgo y la toma de decisiones efectivas. Del mismo modo, un equipo puede tener sesgos inconscientes que afecten su capacidad para colaborar, comunicarse abiertamente o reconocer las ideas de otros miembros del equipo.

De forma muy resumida, y realizando una interpretación libre, diría que: tenemos un problema, lo sabemos, pero decidimos ignorarlo, por alguna extraña razón o estrategia.

Por ejemplo, las encuestas de satisfacción de clientes dan resultados muy positivos (no hay un problema), pero la organización sabe que la forma de medirlo no es correcta y que, por lo tanto, no se corresponde con la realidad (hay un problema, sin intención de solucionarlo).

Los directivos creen que la actividad de su organización se

desarrolla de acuerdo con sus valores (no es un problema); la realidad, puesta de manifiesto por los empleados, es muy distinta (hay un problema... sin propósito de corregirlo).

Unos resultados aceptables nos indican que la transformación no es tan prioritaria (no hay un problema), pero los nuevos competidores nos roban cuota de mercado sistemáticamente (hay un problema... sin aspiración de abordarlo).

Una lista a la que se podrían incluir muchos más ejemplos.

Aunque el autoengaño puede parecer en algunas ocasiones beneficioso para la estabilidad psíquica y emocional, ya que su función es precisamente preservarla, a veces (la mayoría de las veces) puede ser peligroso y perjudicial, tanto a nivel individual como social o empresarial.

En este contexto, las dinámicas juegan un papel fundamental, pues tratan precisamente de evitar este doble lenguaje, al tener como objetivo alinear valores y hábitos. Algo aparentemente tan sencillo como hacer lo que dices que quieres hacer, sin engaños ni sesgos.

5.7. La unión hace la fuerza. Construyendo una arquitectura de comportamientos de valor

En un mundo empresarial que exige adaptabilidad y visión, la fuerza de una empresa ya no reside únicamente en su tamaño o sus recursos, sino en cómo sus valores fundamentales se tejen en una red coordinada y compenetrada.

En este escenario, el modelo de dinámicas de valor se traduce en un sistema en el que cada una de ellas contribuye a su propio objetivo específico a la vez que refuerza y mejora a las demás. Al aplicarlas de manera conjunta se crea una sinergia en la que el todo es mayor que la suma de sus partes.

Por ejemplo, la innovación en una empresa no se puede lograr sin una cultura de colaboración u orientación al cliente. La cooperación entre departamentos con los socios y clientes permite la fluidez de ideas y el desarrollo de soluciones creativas. A su vez, la colaboración se basa en la confianza, que es el resultado de la honestidad y la transparencia en la comunicación y la toma de decisiones.

Los datos no son sólo una moda, sino que se convierten en un puente que conecta los deseos y necesidades del cliente con la innovación en productos y servicios. Cuando la gestión de datos se lleva a cabo con responsabilidad y ética, contribuye a fortalecer la confianza y la honestidad en las relaciones comerciales.

En la búsqueda de una armonización entre estos valores, las empresas descubren una forma de trabajo más cohesiva y enfocada. La alineación y coordinación de estas dinámicas de valor crea una cultura organizacional en la que la eficiencia, la resiliencia y la innovación florecen.

De alguna forma las dinámicas constituyen, aplicando las ideas de economía conductual del premio nobel de literatura Richard H. Thaler, una especie de arquitectura de comportamientos de la organización.

La idea básica detrás de la arquitectura de elección que desarrolla Thaler es que la manera en que se presenta una elección a las personas puede influir significativamente en la decisión que toman. Por lo tanto, es importante dar opciones con pequeños cambios, mostrar las alternativas de una forma predeterminada, simplificar la potencial complejidad, incentivar una forma de actuar concreta o ayudar a entender el impacto de su decisión (por ejemplo, la adopción o no adopción de un cambio).

Cuando hay inconsistencias, por ejemplo, en las visiones o la aplicación de valores, el rendimiento de las personas se resiente y por lo tanto se equivocan o no adoptan con facilidad los cambios propuestos.

Una buena «arquitectura» ayuda a las personas a mejorar su capacidad para establecer esa correspondencia objetivo y, en consecuencia, a seleccionar la opción más adecuada. La fórmula es hacer más clara, directa y comprensible la información sobre las distintas alternativas.

Una arquitectura flexible reconoce que el entorno empresarial está en constante evolución y que las organizaciones deben estar preparadas para adaptarse a los cambios y desafíos emergentes.

En la abundante literatura empresarial y en el trabajo de muchos expertos es común encontrar un enfoque de cada una de estas dimensiones por separado. Sin embargo, lo que distingue y fortalece el planteamiento de este libro es la integración de todas ellas en una única estrategia de transformación cultural.

Este enfoque unificado representa una transformación profunda en la forma en que las organizaciones perciben y aplican sus valores fundamentales. Al adoptar una estrategia que integra estas dinámicas de valor en un todo cohesivo las empresas están en una posición única para enfrentar los desafíos del siglo XXI. La unión, en efecto, hace la fuerza. Esta forma diferenciadora de abordarlo es una invitación a una nueva era de liderazgo y gestión, donde la cultura y la estrategia se convierten en un motor unificado de crecimiento y transformación.

¿Qué CEO no firmaría liderar una compañía honesta, orientada al cliente, preocupada por sus profesionales, innovadora y colaborativa?

Con las dinámicas de valor es posible.

Segunda parte

Dinámicas de valor

6

Dinámica de integridad

> La integridad significa hacer lo correcto, aunque nadie esté mirando.
>
> C. S. Lewis, escritor

6.1. La dinámica número uno

Durante varios años, Volkswagen instaló un software en sus vehículos diésel que detectaba cuándo se estaban sometiendo a pruebas de emisiones en laboratorio y ajustaba el rendimiento del motor para cumplir con los estándares legales. Sin embargo, durante el uso normal en carretera, los vehículos emitían niveles mucho más altos de gases contaminantes de lo permitido. Esto se descubrió en el año 2015, cuando investigadores independientes realizaron pruebas en condiciones reales y encontraron discrepancias significativas entre las emisiones reales y los resultados de las pruebas de laboratorio.

El escándalo de las emisiones de gases de Volkswagen fue una clara violación de la integridad empresarial. La compañía engañó a las agencias regulatorias, a los consumidores y a la opinión pública al manipular los resultados de las pruebas de emisiones. Esta práctica deshonesta tuvo consecuencias graves para la empresa, incluyendo la que considero principal, como es la pérdida de confianza y reputación de la marca, más allá de multas y sanciones.

No es fácil superar una crisis de estas características y desde luego fuimos muchos los que pensamos que la compañía tenía los días contados, pero sorprendentemente Volkswagen consiguió revertir la situación con una respuesta rápida y decisiva. El reconocimiento de la responsabilidad, la transparencia, los cambios en el equipo directivo y la cultura organizacional, la compensación a los consumidores y el enfoque en la sostenibilidad y la movilidad eléctrica contribuyeron a evitar que Volkswagen desapareciera después de la crisis generada por el escándalo de las emisiones de gases.

Cuando hablamos de integridad empresarial nos referimos a que todas las personas, en todas las áreas de una organización, se comporten de manera veraz, honesta, transparente e íntegra. Implica establecer y mantener altos estándares éticos en las acciones y decisiones empresariales, así como en las interacciones con y entre empleados, con clientes, proveedores y otras partes interesadas.

No se trata sólo de decir la verdad, sino también de ser fiable y responsable, construyendo un entorno de trabajo positivo y de confianza.

La integridad tiene un papel esencial en el éxito y crecimiento tanto de los individuos como de las organizaciones y se ha convertido, por pura lógica, en una característica fundamental del liderazgo.

Pero ¿realmente hace falta implementar una dinámica de integridad en las organizaciones, cuando todos nos consideramos íntegros y honestos?

La respuesta, aunque más de uno pueda no estar de acuerdo, es sí, pues en la realidad, y aquí sí estaremos más de acuerdo, la integridad no es uniformemente aplicada por todos en todas las situaciones.

Las comunidades están compuestas por personas con diferentes educaciones, culturas y sistemas de valores. Lo que puede ser considerado honesto y ético para unos podría no serlo para otros. Establecer unos principios claros a este respecto asegura que todos en la organización compartan un criterio común.

Es el criterio de la empresa, con el que puedes estar de acuerdo o no, pero mientras trabajes en esa compañía debería marcar tu forma de actuar.

El mundo corporativo es altamente competitivo y una presión mal entendida puede llevar a más de uno a tomar atajos o actuar de manera incorrecta para obtener algún tipo de ventaja. Un sistema claro de valores en torno a la integridad debe ayudar a mitigar estas acciones y crear una cultura organizacional en la que los empleados se sientan seguros para expresar sus opiniones o preocupaciones.

Sin embargo, hay algunos casos (quizá demasiados) de éxito empresarial en los que la integridad no es precisamente una de sus características principales de gestión, pero también es verdad que, poco a poco, vemos cómo van desapareciendo esas malas prácticas, y son las empresas con un liderazgo auténtico y personas íntegras las que verdaderamente terminan triunfando y siendo el ejemplo que seguir.

En el presente capítulo hablaremos de cómo lograr que la integridad se convierta en el hábito de actuación de los profesionales de la empresa.

6.2. La honestidad: el único camino en las relaciones con los clientes y el mercado

Crear y mantener relaciones sólidas y duraderas con los clientes es la base y el desafío para cualquier empresa. Decir que las marcas deben ser honestas y realistas sobre lo que sus productos o servicios pueden y no pueden hacer es algo evidente, pero la experiencia nos demuestra que no todos los empresarios o directivos lo entienden igual, especialmente en momentos de presión.

Los clientes buscan autenticidad y confiabilidad en las marcas que eligen, ya no buscan sólo la calidad del producto o servicio, sino también la integridad de la empresa detrás de éste. La cuestión es que los consumidores y el mercado te consideren íntegro por tu actividad, productos y acciones, sin necesidad de publicidad que diga permanentemente lo ético, honesto o sostenible que eres. «Dime de qué presumes y te diré de qué careces», dice el refrán.

Exagerar las capacidades de un producto para realizar ventas a corto plazo suele devenir en clientes insatisfechos, disminución de la confianza y un daño, en muchos casos, irreparable para la reputación de la compañía.

Una empresa íntegra no engaña al consumidor y en cambio le ofrece siempre la mejor opción y aboga por un precio justo que esté acorde con el valor entregado.

Seguramente, alguna crisis no muy lejana habría sido menos virulenta si la integridad hubiera sido la norma de más de una empresa y hubieran pensado en las necesidades y posibilidades de sus clientes en lugar hacerlo exclusivamente en sus objetivos de venta.

La digitalización ha creado consumidores que controlan la conversación y deciden con quién quieren interactuar y a quién hacer a un lado, y son múltiples los estudios que sitúan por encima del 90 por ciento la relevancia de la transparencia y la integridad en la decisión de compra.

Hoy en día, los consumidores aspiramos a que las empresas sean más humanas, éticas, comprometidas e identificables tanto por su posicionamiento como por sus actuaciones.

Pero no siempre es fácil, porque ser íntegro implica:

- Rechazar clientes cuando no les puedes dar buen servicio.
- Hablar, en su caso, de las limitaciones de tu producto.
- Admitir los errores y aportar soluciones.
- Decir «no» a las oportunidades de negocio que van en contra de los principios éticos de la empresa, aunque sean legales y muy rentables.
- Perder contratos por ser sincero en las condiciones de la oferta presentada al concurso, incluso intuyendo que otros no lo serán.

En la nueva economía, la creación de alianzas y ecosistemas empresariales se ha convertido en una pieza esencial para el éxito y el crecimiento. Estos ecosistemas, que a menudo abarcan distintos sectores y múltiples empresas, son fundamentales para impulsar la innovación y adaptarse a las cambiantes demandas del mercado. Sin embargo, para que las alianzas sean efectivas y duraderas, la integridad de los participantes y del propio ecosistema debe ser su principio rector.

En un entorno donde se valora la transparencia y la confianza, las ideas y los conocimientos fluyen más libremente, lo que facilita el intercambio de información y la colaboración en proyectos conjuntos. Esto conduce a soluciones más innovadoras y eficientes, que potencian el crecimiento y la competitividad de todas las empresas involucradas.

Podríamos concluir que no basta con tener un completo conocimiento del cliente, ofrecer una gran experiencia, ser innovador y contar con los productos más competitivos, debes ser ante todo íntegro, honesto y confiable. De lo contrario, lo demás no tendrá ningún valor.

Si hablamos de integridad y valores, Gureak es una de las organizaciones que tenemos que mencionar. Es un grupo empresarial de economía social que ofrece servicios integrales en diversos mercados altamente competitivos, con el fin último de generar oportunidades laborales y potenciar la inclusión sociolaboral de personas con discapacidad.

Su equipo humano lo integran 5.954 personas de las cuales el 84 por ciento son personas con discapacidad.

Gráfico 6.1. Composición del equipo de Gureak

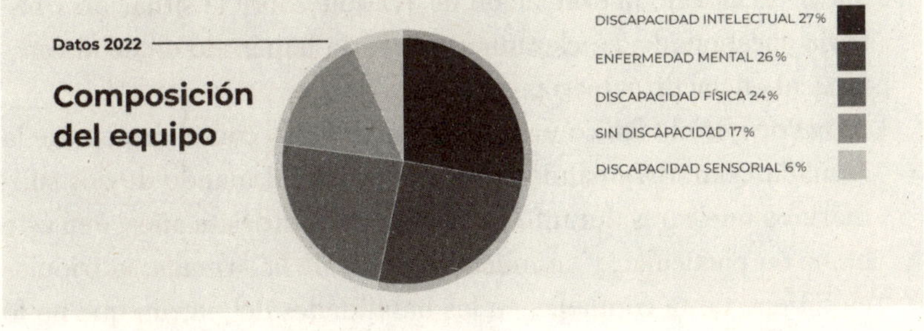

Fuente: Gureak.

Su facturación en 2022 superó los 210 millones de euros.

Gureak es un grupo sólido y diversificado, con presencia principalmente en los sectores de industria, servicios y marketing y con negocios y actividades competitivos que persiguen las más altas cotas de rentabilidad social y eficiencia en la gestión.

Su visión para 2025 se concreta en desarrollar itinerarios sociolaborales para todas las personas con discapacidad, prioritariamente para las que tienen mayores necesidades de apoyo, y ayudar a que alcancen la mayor percepción posible de inclusión.

Un caso especial, pero sin duda una organización que representa los valores que venimos identificando como la esencia de las organizaciones auténticas.

6.3. El imperativo de impulsar y facilitar la integridad como el gran valor de la organización

> Mientras se realizaba una demostración para algunos civiles vip en la costa de Hawái, el submarino nuclear USS Greeneville chocó con el Ehime Maru, un barco pesquero japonés. El pequeño bote se hundió y murieron nueve personas.
>
> Una investigación de la Marina descubrió que uno de los errores que condujeron al incidente fue que el técnico de control de incendios no advirtió al capitán del Greeneville, el comandante Scott Waddle, de que la pantalla del sonar mostraba que había un barco en el área. Según un testimonio posterior, «el técnico debería haber escuchado la evaluación de Waddle sobre la situación y haberla cuestionado...», claramente debería habérselo dicho al capitán y al oficial de cubierta.
>
> ¿Por qué el técnico no habló? De acuerdo con el capitán de la Armada Conrad Donahue, quien ha estado al mando de dos submarinos nucleares durante su carrera de veintisiete años, «en este barco en particular, y en muchos barcos de la Armada, la tripulación tiene tanta confianza en las habilidades del patrón que no lo cuestionan cuando deberían. El técnico tenía un barco en la panta-

lla, pero vio al capitán mirando por el periscopio. Probablemente asumió que si el capitán no lo vio..., no estaba allí».

Absolute honesty, de Larry Johnson y Bob Phillips

Casos similares, con independencia del sector, el país o la dimensión de la empresa, son habituales en el día a día de las organizaciones. El incidente del USS Greeneville ilustra una problemática común en muchos entornos laborales: la reticencia de los empleados a cuestionar o contradecir a sus superiores, incluso cuando la lógica y la evidencia sugieren que deberían hacerlo. Este fenómeno, conocido a veces como la «cultura del silencio», puede tener consecuencias desastrosas, como se vio en este trágico incidente.

Según los citados autores, en la década de los ochenta se generó un estilo de gestión suave y orientado al consenso que condujo al «Síndrome de Kumbaya», llamado así por la vieja canción estadounidense que se cantaba alrededor de una fogata, en un momento en el que todos intentaban ser amables, cooperar y evitar la confrontación. Un estilo que puede no estar mal, hasta que excluye el pensamiento crítico y conduce a las organizaciones a filosofías de trabajo muy poco deseables en las que predomina la cultura del miedo, la falta de confianza, el liderazgo autoritario y el ambiente de conformismo.

En el contexto empresarial, este estilo de gestión se manifiesta de varias maneras:

- **Con culturas que no fomentan la comunicación abierta** y el debate constructivo, lo que lleva a que los empleados se abstengan de expresar sus preocupaciones o dudas, especialmente si contradicen a la gerencia o a figuras de autoridad.
- **Con el miedo a represalias**, al ser percibidos como problemáticos si cuestionan decisiones o acciones de sus superiores.
- **Con confianza excesiva en la jerarquía.** Al igual que en el caso del USS Greeneville, puede existir una confianza

excesiva en las habilidades o decisiones de los líderes, llevando a una falta de verificación o cuestionamiento de sus acciones.

- **Con falta de empoderamiento.** Los profesionales pueden sentir que no tienen la autoridad o el conocimiento suficiente para cuestionar decisiones o procesos, lo que puede llevar a una falta de intervención en situaciones críticas.

Para mitigar estos problemas y asegurar que la integridad y la honestidad son sus comportamientos habituales, las organizaciones deben esforzarse por crear una dinámica que los impulse y facilite. Esto incluye:

Gráfico 6.2. Dinámica de integridad

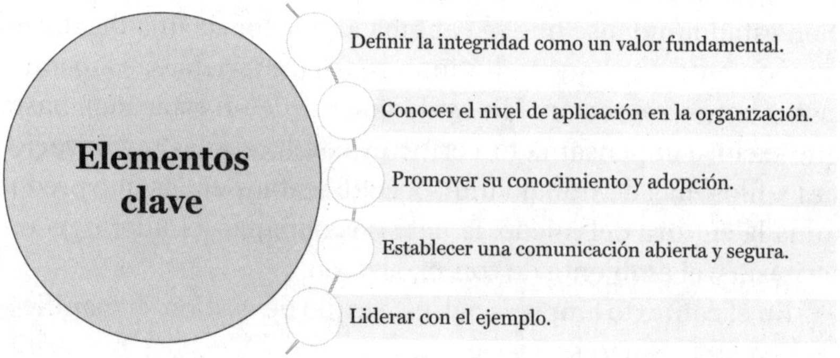

Fuente: Elaboración propia.

Definir la integridad como un valor fundamental de la empresa

Realmente hay un paso previo, que es considerar la integridad como un valor de la organización, pero dándolo por hecho (me cuesta imaginar empresas en que no lo sea), el primer paso es definir y comunicar este principio con claridad para que todos en la organización tengan la misma visión.

Por ejemplo: la integridad es un pilar básico en nuestra cultura corporativa. Nos comprometemos a actuar con integridad en todas nuestras interacciones, valorando la confianza que se nos otorga. A través de la transparencia y la integridad en cada decisión, buscamos fortalecer las relaciones duraderas con clientes, empleados y socios, asegurando un crecimiento genuino y sostenible para nuestra empresa.

No obstante, con independencia de la excelente redacción del valor, las prácticas de la organización marcarán realmente su nivel de integridad. Por ejemplo, una buena prueba de ello son las personas a las que se recompensa o las que salen de la empresa. ¿Quiénes son? ¿Por qué son recompensadas? ¿Cuáles son sus comportamientos? ¿Por qué abandonan la empresa?

Conocer su nivel de aplicación desde el punto de vista de empleados y percepción de los clientes

Nos hallamos en una dimensión donde habitualmente nos orientamos a través de nuestras percepciones y sensaciones para verificar cuál es el nivel de entendimiento y aplicación de la integridad por parte de la empresa. Para objetivarlo, sería suficiente con dos sencillas encuestas, como las que proponemos en los siguientes gráficos, que nos ofrecerán una valiosa y desconocida información.

Ejemplo de encuesta sobre integridad y honestidad en la organización

No se produce ←→ **Es un hábito**

1. ¿Crees que los líderes de la empresa actúan con integridad y honestidad? Son el ejemplo. ☐☐☐☐☐
2. ¿Se reconoce expresamente la integridad y se penaliza su no cumplimiento? ☐☐☐☐☐
3. ¿En el caso de producirse algún contratiempo no ético o deshonesto en la empresa, consideras que se adoptan las medidas adecuadas para erradicarlos? ☐☐☐☐☐
4. ¿Sientes que puedes discrepar abiertamente explicando los motivos, en tus comunicaciones con tus superiores y compañeros de trabajo? ☐☐☐☐☐
5. ¿Crees que los procesos y decisiones de la empresa se llevan a cabo de manera justa y ética? ☐☐☐☐☐
6. ¿Te sentirías cómodo/a denunciando un comportamiento no ético? ¿Crees que la empresa manejaría dicha denuncia de manera adecuada y justa? ☐☐☐☐☐
7. ¿Los directivos dan autonomía en la toma de decisiones? ☐☐☐☐☐
8. ¿Consideras que la empresa trata a todos los empledos de manera equitativa, sin importar su género, raza, orientación sexual o cualquier otra característica personal? ☐☐☐☐☐
9. ¿Crees que la empresa es honesta y transparente en sus comunicadiones internas y externas? ☐☐☐☐☐
10. ¿Sientes que la empresa actúa de acuerdo a sus valores y misión declarados? ☐☐☐☐☐

Fuente: Elaboración propia.

Ejemplo de encuesta a clientes sobre su percepción de la honestidad e integridad

No se produce ←→ **Es un hábito**

1. ¿Cree que la empresa cumple con las promesas hechas en su publicidad y marketing? ☐☐☐☐☐
2. ¿Ha tenido alguna vez la sensación de que la empresa no estaba siendo completamente honesta con usted? ☐☐☐☐☐
3. ¿Ha tenido algna vez algún problema con un producto o servicio de la empresa? Si es así, ¿cómo manejó la empresa el problema? ☐☐☐☐☐
4. ¿Siente que la empresa trata a sus clientes con respeto y equidad? ☐☐☐☐☐
5. ¿Cree que la empresa tiene buenas prácticas de negocio? ☐☐☐☐☐
6. ¿Considera que la empresa se comunica de manera transparente y abierta con sus clientes? ☐☐☐☐☐
7. ¿Piensa que la empresa actúa de manera ética en sus operaciones y prácticas de negocio? ☐☐☐☐☐
8. ¿Cree que la empresa valora su relación con usted como cliente? ☐☐☐☐☐
9. ¿Siente que la empresa valora su relación con usted como cliente? ☐☐☐☐☐
10. ¿Recomendaría esta empresa a un amigo o familiar, basándose en su percepción de su honestidad e integridad? ☐☐☐☐☐

Fuente: Elaboración propia.

Promover su conocimiento y adopción

Una vez más, no se trata simplemente de comunicar, se trata de asegurarse de que las personas han entendido su alcance.

Cada uno tenemos y aplicamos nuestra idea de integridad y honestidad, pero ¿cuál es el criterio de la organización para la que trabajamos? ¿Nos lo hemos preguntado alguna vez?

Puedes considerarte poco creativo o vendedor, pero lo que nunca te vas a considerar es poco íntegro y honesto. Por eso es tan importante desarrollar y hablar de esta dinámica en el contexto de la organización, apostar sin fisuras por la transparencia, poner de manifiesto ejemplos de buenas y malas prácticas y exponer las consecuencias de hacerlo bien y hacerlo mal.

Realizar sesiones de puesta en común de los criterios, con ejemplos ilustrativos de buenas y malas prácticas, es un método muy aconsejable y muy poco desarrollado por las instituciones.

Establecer una comunicación abierta y segura

Se deben crear canales de comunicación que permitan a los empleados expresar preocupaciones o reportar conductas inapropiadas sin temor a represalias. La implementación efectiva de estas vías de interacción requiere una cultura organizacional donde la seguridad sea prioritaria, velando por que los empleados se sientan cómodos y seguros al compartir sus opiniones y preocupaciones.

Liderar con el ejemplo

Ser ejemplo es uno de los aspectos clave, especialmente en el desarrollo de este principio y en vista de los datos comentados en la encuesta del capítulo 4, parece que es un aspecto al que se tiene que prestar más atención.

La gente observa al líder todo el tiempo, y lo que hace es más claro y contundente que lo que dice.

La situación se complica cuando esos directivos no solamente no son conscientes de la problemática, sino que incluso fomentan un ambiente de prepotencia en el que es muy difícil decir la verdad o decirla de forma absoluta (cuántas situaciones delicadas se solucionan o eso parece con medias verdades).

Es innegable que la prepotencia y la falta de humildad en los líderes crean un ambiente propicio para la erosión de la integridad en una empresa. Son perfiles que, después de elogiar en público, critican en privado.

En una de las reuniones de contraste de ideas para el libro, un gerente de clientes me comentaba que, según lo veía él, «en lugar de tanto mensaje y cartel recordándolo, tendría mucho más impacto que los jefes fueran la integridad andante». Me apunto a la reflexión.

Empresas como Netflix han basado su modelo de gestión en la sinceridad, como podemos leer en el libro *Aquí no hay reglas*, escrito por Reed Hastings (CEO de Netflix) y Erin Meyer (profesora de INSEAD).

Para Hastings, «en Netflix, como todas las grandes compañías, nos esforzamos por contratar a los mejores profesionales y valoramos la integridad, la calidad, el respeto, la inclusión y la colaboración. Pero lo que hace de Netflix una empresa verdaderamente especial es lo mucho que llevamos a la práctica estos comportamientos: alentamos que los empleados tomen decisiones de manera independiente, compartimos información de forma abierta, clara y deliberada, somos muy francos entre nosotros, nos quedamos con el personal más eficiente, evitamos las normas».

En muchas ocasiones, fomentar un ambiente de sinceridad requiere que los empleados abandonen años de condicionamiento y creencias firmemente arraigadas, tales como opinar sólo cuando alguien nos lo pida o elogiar en público, criticar en privado.

El modelo de «sinceridad radical» significa que los empleados están alentados a decir la verdad, incluso si puede ser incómodo o no es lo que alguien quiere escuchar. Esto se aplica tanto a la retroalimentación sobre el desempeño laboral como a las decisiones estratégicas, lo que les permite desarrollar una cultura de alto rendimiento (densidad de talento), tomar mejores decisiones en todos los niveles de la organización y adquirir mayores responsabilidades.

En definitiva, bien seamos un profesional de primera línea, el responsable de las campañas de marketing, un desarrollador de productos o el mismísimo director general, la integridad ha de ser la dinámica con la que se desarrollan todas las actividades y relaciones en el contexto de la empresa.

6.4. Compromiso de los empleados

Establecer un marco de actuación centrado en la integridad es esencial para la empresa. Sin embargo, lo realmente diferencial es el compromiso de sus empleados con su adopción y aplicación en su actividad diaria. Un compromiso que se materializa en:

Vivir los valores de la organización

El compromiso de los empleados con la integridad comienza con su interiorización y puesta en práctica. Vivirla significa que cada acción, decisión e interacción refleja principios como la honestidad, la sinceridad y la transparencia.

Esta alineación personal con los valores corporativos se manifiesta no sólo en el cumplimiento de las tareas diarias, sino también en la forma en que los empleados se relacionan entre sí, con los clientes y con otras partes interesadas.

Vivir la integridad significa, por ejemplo, no realizar promesas de incierto cumplimiento por parte de la empresa, a pesar de que esto suponga perder alguna operación o contrato lucrativo.

Responsabilidad y autocrítica

Reconocer y aprender de los errores, en lugar de buscar excusas o culpabilizar a otros, es un signo de madurez profesional y un componente esencial en la construcción de una cultura de responsabilidad y transparencia.

Denuncia de irregularidades y conductas inapropiadas

Uno de los criterios que deberían figurar en un lugar destacado entre los valores de las organizaciones sería que los empleados tengan la responsabilidad de actuar cuando se enfrenten a conductas que contradigan los principios de integridad de la organización.

Reportar irregularidades, conductas inapropiadas u opinar en errores de directivos es fundamental para salvaguardar la ética del lugar de trabajo y el futuro de la empresa.

Esto, aunque no debería, requiere valentía y un sentido de compromiso con la salud general de la empresa. A nadie le gusta ser chivato, pero aún menos trabajar en una empresa deshonesta.

Sin duda, es un tema delicado, porque realmente el problema lo debería tener el empleado deshonesto y no el que denuncia la acción.

6.5. La dinámica de integridad, de un vistazo

En el ámbito empresarial actual, la integridad se ha convertido en mucho más que un mero valor ético o un concepto en la misión de las empresas; es un elemento esencial para el éxito y la sostenibilidad de las organizaciones.

Por ello, la implementación de una dinámica de integridad robusta es fundamental para forjar una reputación sólida, atraer y fidelizar talento y garantizar decisiones responsables y transparentes.

Esta dinámica no sólo debe ser definida y promovida claramente por la dirección, sino también vivida y aplicada por cada empleado. En un mundo cada vez más conectado y transparente, las empresas que se adhieren a principios de integridad aseguran su relevancia y éxito a largo plazo.

La integridad no debe ser una elección condicional, sino un hábito constante y un principio rector en todas las acciones y decisiones de la empresa, independientemente de las circunstancias. Porque si eres íntegro, tienes que serlo siempre.

6.6. La visión de Elena Roldán, secretaria general y del Consejo de Administración de AENA

La integridad como parte de la esencia

> Ningún legado es tan rico como la integridad.
>
> William Shakespeare,
> dramaturgo

La palabra *integridad* proviene del latín *integrĭtas, -ātis* ('totalidad', 'virginidad', 'robustez' y 'buen estado físico') y deriva en el adjetivo *integer* ('intacto', 'entero', 'no tocado' o 'no alcanzado por un mal').

La integridad es una cualidad que implica hacer lo correcto porque es lo correcto, con independencia de cuáles sean los efectos para tus propios intereses, ya te favorezcan, ya te perjudiquen, ya sean neutros.

La integridad está en la esencia de las personas y de las organizaciones. O eres íntegro o no lo eres, pero no se puede ser íntegro sólo a veces, según las circunstancias.

Quien actúa de forma íntegra lo hace en la convicción de que es lo correcto e implica una especial coherencia entre las acciones, los valores que predica y el comportamiento que exhibe en la aplicación de esos valores.

Conlleva también transparencia y, por tanto, excluye la ocultación de información con la intención de engañar u obtener un resultado favorable a sus intereses que no habría conseguido si hubiese actuado con transparencia y sin ocultación de información.

La integridad tiene que ver también con el compromiso. Una persona íntegra cumple su palabra. Ésa es una parte esencial de su valor.

Y todo esto hace que la integridad tenga un «superpoder»: la confianza.

Ser íntegro genera confianza. Si las personas que te rodean te ven como una persona íntegra, creerán en ti. Aunque es cierto que esta confianza puede ser frágil y se puede quebrar si la imagen de integridad se rompe, siquiera por un malentendido o por la apariencia de un comportamiento deshonesto, aunque no sea real. Pensemos en aquellas personas que, tras un largo período inmersas en un proceso penal en el que se les exigía responsabilidad, luego son absueltas y declaradas inocentes. El efecto de la sospecha de haber incurrido en un comportamiento reprobable genera un efecto general de desconfianza que mina cualquier posibilidad de éxito o de liderazgo. Esto es especialmente intenso cuanto mayor es la distancia entre la persona afectada por esa situación y aquellas que una vez confiaron en ella.

No obstante, una persona íntegra de verdad y, salvo situaciones excepcionales, generará confianza en tanto que su conducta sea naturalmente coherente con sus valores y principios y que actuar de forma correcta sea su impronta natural de comportamiento. Esto se hará visible sin que esa persona deba hacer un esfuerzo especial. Es decir, las personas realmente íntegras actúan de esa forma naturalmente, sin tener que hacer un esfuerzo para ello. Y eso, sobre todo en las personas más cercanas, se percibe de forma clara, con la natural intensidad y potencia de las cosas realmente auténticas.

Liderazgo íntegro

> Es cierto que la integridad por sí sola no te convertirá en un líder, pero sin integridad nunca serás uno.
>
> ZIG ZIGLAR, escritor

Liderar significa inspirar para que te sigan en una idea, un proyecto, un estilo de vida..., convencer de las bondades de un propósito a quienes han de contribuir a su éxito. Y eso sólo se puede conseguir si ese comportamiento, esa comunicación, los mensajes que se lanzan para inspirar a las personas a las que un líder se dirige son sinceros y provienen de alguien que cree que está haciendo lo correcto porque es lo correcto, de forma inquebrantable. Es decir, de alguien íntegro.

Esto se produce de igual forma en los liderazgos individuales y en los de las organizaciones o empresas. En uno y otro ámbito funciona de la misma manera, siendo elemento esencial del éxito del líder su actuación invariablemente íntegra ante cualquier circunstancia.

El liderazgo exige, por tanto, que el líder sea íntegro, pero, además, es necesario que transmita esa imagen de integridad, que sólo será poderosa si es veraz. Y esto se producirá naturalmente en su comportamiento si es íntegro, es decir, si adopta las decisiones que considera correctas en cada momento, le favorezcan o no. Un líder únicamente puede proyectar de forma sostenida integridad si está en su esencia y en su convicción serlo de verdad y actuar en consecuencia. Nadie puede engañar a todos todo el tiempo, así que, si la integridad no es veraz, sino sólo impostada, no podrá mantenerse en el tiempo y provocará el efecto contrario al de la confianza. Si la integridad, al provocar confianza, contribuye de forma muy potente al éxito, la falta de integridad neutraliza ese superpoder, provocando un efecto adverso negativo mucho más fuerte y que contribuye claramente al fracaso.

Un líder debe ser íntegro o será un líder efímero.

La integridad en un mundo VUCA en constante cambio

En la vida todo fluye.

HERÁCLITO, filósofo

Heráclito era uno de los llamados «filósofos naturales» porque su interés se centraba en las causas naturales de los fenómenos sobrenaturales que se solían explicar por la voluntad de los dioses.

Esta idea de que el mundo está en permanente cambio está hoy plenamente de actualidad. Estamos en un mundo VUCA (volátil, incierto, complejo y ambiguo, por sus siglas en inglés), en el que es necesario un cambio de mentalidad que requerirá dejar atrás muchos aprendizajes para entender lo que nos rodea y, desde ese entendimiento, innovar. La palabra *transformación* está en los planes estratégicos de casi todas las compañías, lo que refleja una convicción general de que es necesario transformarse para sobrevivir.

Esto es indiscutible, si bien es necesario entender que hay diferentes formas de transformarse, pero todas ellas tienen algo en común, que es la necesidad de identificar aquello que hay que preservar, que forma parte de la esencia de una organización y que, lejos de transformarlo, hay que protegerlo frente a cualquier amenaza que pueda dañarlo. Y en esa parte esencial que hay que preservar están los valores y, con especial fuerza, la integridad. Proteger la integridad en un proyecto de transformación será un elemento esencial para el éxito.

7

Dinámica de compromiso con el cliente

> El compromiso con el cliente no es un departamento, es una mentalidad.
>
> Anónimo

7.1. Se ha elevado el listón

GreenTech (marca ficticia), una empresa emergente en el ámbito de las soluciones de energía renovable, inició su travesía con el objetivo principal de vender paneles solares a hogares y empresas. Pero, a pesar de la alta calidad de sus productos y de la satisfacción inicial de sus clientes, percibieron una escasa recomendación por parte de éstos. Si estaban satisfechos, ¿por qué no los aconsejaban a otras personas?

Decididos a cambiar esta tendencia, investigaron y descubrieron que su exclusivo foco en mejorar el producto y las ventas no les estaba permitiendo dedicar tiempo a entender mejor a sus clientes, y aunque las ventas batían récord cada trimestre, consideraban que no era la situación idónea y decidieron pivotar sobre su estrategia de éxito.

En esta línea, lanzaron distintas iniciativas (*workshops* con clientes y consumidores en general, estudios de mercado...) para entender bien las necesidades y expectativas de los consumidores en su campo de acción. Se preguntaron: ¿qué buscan realmente los consumidores?, ¿una reducción en su factura eléctrica?, ¿una transición a un estilo de vida más ecológico?, ¿una combinación de ambas? ¿Qué otros productos o servicios tendría sentido incorporar a la oferta?

Con esta perspectiva, GreenTech introdujo una serie de cambios. Cada cliente potencial ahora recibía un análisis personalizado de su hogar o negocio, con *insights* sobre cómo la energía solar podría beneficiarle, tanto económicamente como en términos de sostenibilidad. Paralelamente, la empresa lanzó una serie de talleres y seminarios web para educar a los ciudadanos sobre los beneficios de la energía renovable. Pero quizá el cambio más significativo fue el seguimiento posventa: GreenTech tomó la iniciativa de revisar el rendimiento de sus soluciones unos meses después de la instalación para asegurar que los beneficios prometidos se materializaran y tomar medidas correctivas en caso contrario.

Este giro hacia **el compromiso con el cliente** permitió a GreenTech no sólo solidificar su posición en el mercado, sino también construir relaciones más estrechas y significativas con su base de clientes.

El compromiso con el cliente es una estrategia que todavía no ha calado en las prioridades ejecutivas, en las que, en general, sigue siendo suficiente con la satisfacción. Un concepto que está actualmente superado, pues la satisfacción, hasta ahora considerada la cúspide en las relaciones, se ha convertido meramente en la línea base.

Estar comprometido con el cliente supone mirar más allá de la transacción inmediata y entender su viaje completo, desde el momento en que descubre una necesidad hasta el momento en que esa necesidad se satisface de manera efectiva. Es una estrategia comercial a largo plazo que tiene como objetivo maximizar la rentabilidad sostenible tanto para el cliente como para la empresa.

Este enfoque, llevado con entusiasmo y rigor a la práctica, supone una nueva forma de pensar. Requiere que nos liberemos de algunos paradigmas y métodos de medición y que busquemos activamente formas de fortalecer nuestra relación con ellos.

Un cambio que supone salir de la zona de «satisfacción» para abordar un nuevo viaje mucho más creativo, ilusionante y gratificante. Un cambio que afecta a todos los niveles y funciones de la organización, no sólo a los profesionales de primera línea o equipos comerciales. Pensar en modo compromiso es un hábito que tienen que adquirir desde las áreas de tecnología o capital humano hasta las jurídicas o financieras.

Semicrol, una pyme cántabra con cuarenta y cuatro años de historia (que podríamos decir emerge en los albores de la transición al mundo digital), nace como una empresa de desarrollo de software. Conoce bien las tecnologías digitales, pero su propósito final, más allá de la tecnología, es ayudar a sus clientes. Esto los ha llevado con el paso del tiempo a evolucionar hacia un binomio «negocio/tecnología» como el camino lógico para realmente darles la ayuda que necesitan.

Esta evolución los ha impulsado a pivotar desde una estrategia generalista a una especializada en el funcionamiento y necesidades de los centros de investigación (sus principales clientes), lo que lógicamente ha implicado transformar sus capacidades desde una plantilla integrada fundamentalmente por técnicos digitales a otra mixta con la incorporación de consultores de negocio. Actualmente están presentes en más de 150 grandes centros de investigación con presencia internacional.

En la conversación que tuvimos con su CEO, Vicente Alciturri, nos manifestaba que el conocimiento profundo tanto de la tecnología como del cliente son las claves para poder ayudarles y acompañar en sus retos de eficiencia e innovación.

Semicrol es un buen ejemplo de empresa comprometida con sus clientes que transforma su modelo de negocio a medida que cambian las necesidades de éstos.

El reto de implementar una dinámica orientada al compromiso con el cliente, que analizamos en este capítulo, no es una tarea fácil, pues muchos pensarán que ya lo hacen, aunque no sea así (el famoso autoengaño del que venimos hablando). Sin embargo, el esfuerzo vale la pena y todo apunta a que su correcta ejecución como cultura empresarial se está convirtiendo en un valor diferencial en el mercado.

7.2. La dinámica que marca la diferencia

La dimensión, velocidad y diversidad de información sobre los clientes que tienen a su disposición actualmente las compañías sobrepasan en numerosas ocasiones sus capacidades tecnológicas y de procesos y sus habilidades analíticas. Sin embargo, el desafío más recurrente y probablemente más crítico para adoptar un enfoque centrado en el cliente radica en la ausencia de una cultura empresarial que, más allá de algún bonito eslogan, realmente priorice al cliente. Todavía son muchas las empresas que, aunque digan lo contrario, siguen con el foco puesto en el producto o en el número de ventas.

Para que una empresa pueda realmente enfocarse en el éxito del cliente tiene que visualizar su estrategia de negocio desde la perspectiva del cliente y convertirla en una filosofía de empresa más allá de iniciativas o proyectos puntuales.

Cuando un cliente adquiere un producto o servicio de compañías que tienen este principio como hábito, se da cuenta de que la empresa tiene estructurado todo el proceso no sólo para vender, sino para garantizar que extraiga el **máximo valor** de lo que ha adquirido.

Esto se refleja en varios aspectos. Desde el inicio, siente que la comunicación es directa y personalizada. Tiene a su disposición recursos y herramientas que le **ayudan** a sacar el máximo provecho de su adquisición. Con el tiempo, nota que las interacciones con la empresa no son esporádicas o sólo cuando quieren vender algo adicional. Te ofrecen **formación, consejos y recursos adicionales** que te permiten mejorar continuamente el uso o disfrute del producto o servicio.

Al enfrentarse a algún desafío o problema, el **soporte** brindado va más allá de una respuesta rápida. La empresa se esfuerza por comprender la raíz de la cuestión y le proporciona soluciones a medida, asegurándose de que no sólo quede satisfecho, sino que sienta que la empresa está genuinamente comprometida con su éxito. Las **actualizaciones** o mejoras que se presentan regularmente no parecen aleatorias. El cliente puede ver que muchas de ellas están diseñadas a partir de las necesidades y comentarios de otros usuarios como él. Esto le da la confianza de que su voz es escuchada y valorada.

Finalmente, al interactuar con esta compañía, siente que no sólo está adquiriendo un producto o servicio. Está entrando en una relación donde el **éxito mutuo** es el núcleo. Tiene la certeza de que, a medida que sus necesidades cambien o evolucionen, la empresa estará allí para responder e incluso para anticiparse y ofrecer soluciones proactivas. La experiencia resulta ser más que satisfactoria y se convierte en enriquecedora. Se da cuenta de que su elección le ha proporcionado un **valor real y tangible**, elevando sus expectativas y estándares para futuras interacciones con otras marcas.

Incluso en algunos casos, esa vinculación con el éxito del cliente te puede llevar, como es habitual en el mundo de la consultoría, a supeditar tu facturación a la consecución de los resultados del cliente. Un modelo al que auguro un fuerte crecimiento en los distintos sectores, pues no hay mayor implicación que comprometer las propias ganancias en un esquema «ganar/ganar».

Tal vez pueda parecer un mundo idílico, pero es lo que esperamos como clientes, y las marcas que lo consigan o más se aproximen a él serán las triunfadoras en el futuro.

7.3. Una dinámica para comprometernos con el cliente

Todas las empresas, con independencia de su tamaño o sector, tienen su modelo comercial y de ventas. Lo que no todas hacen, aunque lo manifiesten en su propósito, es situar al cliente en el centro de su actividad diaria, siendo habitual la desconexión entre la misión, la estrategia y la práctica.

Existen numerosos libros y artículos, algunos auténticas referencias, que hablan sobre las claves para conseguir el anhelado modelo que sitúa al cliente en el centro de la estrategia, en cambio no existen tantos que traten del compromiso con el cliente.

Esta dinámica intenta situar el compromiso en el centro de la relación.

Gráfico 7.1. Dinámica centrada en el compromiso con el cliente

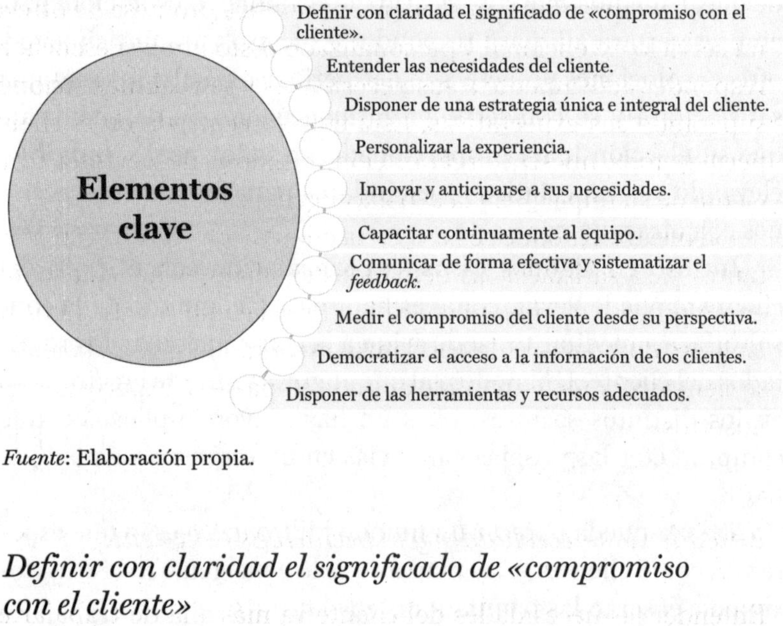

Fuente: Elaboración propia.

Definir con claridad el significado de «compromiso con el cliente»

Un error habitual en las estrategias de negocio es pensar que los distintos conceptos son interpretados por el conjunto de la organización de forma homogénea.

Una equivocación que, aunque no lo parezca, es una fuente continua de debate en los comités de las compañías, por el distinto entendimiento de conceptos como clientes activos, clientes perdidos o clientes vinculados. Es un ámbito relacionado directamente con uno de los objetivos estratégicos de cualquier empresa y su claridad es un aspecto muy relevante.

Por ello, explicar a los equipos qué entiende la empresa por

«estar comprometidos con nuestros clientes» resulta esencial para garantizar una visión y acción uniforme en todos los niveles de la organización.

Este esfuerzo de clarificación no sólo ayuda a alinear las estrategias y acciones entre los distintos departamentos, sino que también asegura que cada miembro del equipo comprenda mejor su papel en la construcción y mantenimiento de relaciones sólidas con los clientes.

Un ejemplo:

«El compromiso con el cliente es nuestra promesa de ofrecer un servicio excepcional y personalizado. Esto implica escuchar y responder activamente a sus necesidades y retroalimentaciones, superando sus expectativas. Esta cultura centrada en el cliente permea toda nuestra organización, siendo cada persona consciente de su impacto en la satisfacción del cliente.

»Nuestro enfoque se basa en la adaptación y evolución constantes para satisfacer las demandas cambiantes de los clientes, en un proceso de mejora continua. Es así como construimos relaciones duraderas y de confianza, asegurando que cada cliente se sienta valorado y atendido en cada etapa de su experiencia con nosotros».

Entender las necesidades y expectativas del cliente

Entender las necesidades del cliente va más allá de trabajar en sus solicitudes o peticiones inmediatas. Requiere un esfuerzo especial para sumergirse en su mundo: sus desafíos diarios, sus objetivos a largo plazo e incluso conocer las dinámicas de su industria.

Esta inmersión en el mundo del cliente nos permite captar no sólo lo que necesita en el presente, sino también anticipar lo que podría necesitar en el futuro. Por ejemplo, al comprender los desafíos diarios de un cliente, podemos identificar áreas en las que nuestros productos o servicios podrían adaptarse o evolucionar para facilitar su vida o su trabajo.

Hoy los datos juegan un papel clave en este proceso de entendimiento. La recopilación y análisis estadísticos, desde las interacciones en redes sociales hasta las tendencias de compra, nos proporcionan una perspectiva rica y detallada de los hábitos y preferencias de nuestros clientes. Estos datos, combinados con el estudio de sus compras e interacciones, nos permiten crear una imagen completa del cliente. No se trata sólo de analizar cifras y estadísticas, sino de interpretar estos datos para extraer información significativa y de valor que guíe nuestra estrategia y toma de decisiones con él.

Personalizar la experiencia

La personalización de la experiencia del cliente es la consecuencia natural de conocerlo y requiere su visión única e integral. Es un enfoque que implica todos los aspectos de su interacción con la marca, desde sus hábitos de compra y preferencias hasta su comportamiento en línea. El uso de tecnologías como el *big data* y la inteligencia artificial son muy valiosas en este proceso, al permitirnos analizar patrones, tendencias y extraer *insights*.

Los datos son el ingrediente que hace posible esta estrategia de personalización, pero no cualquier tipo de datos. Tienen que ser de calidad y relevantes, lo que significa que deben ser precisos, actualizados y específicos a las necesidades y comportamientos del cliente. Para lograr una personalización verdaderamente efectiva, estos datos deben estar integrados, eliminando los silos de información que a menudo fragmentan la visión del cliente dentro de la empresa. Al contar con un sistema de datos integrado, se asegura que la información fluya libremente entre diferentes departamentos, ofreciendo una visión completa y unificada del cliente.

Además, el acceso de las áreas que lo necesiten tiene que ser ágil y seguro para que puedan tomar decisiones informadas y contribuir a la mejor experiencia del cliente.

Cada interacción tiene que ser relevante para cada cliente. Esto puede incluir desde ofrecer recomendaciones de productos o servicios que reflejen las preferencias y el historial de compras del cliente hasta ajustar la comunicación y el contenido presentado.

Por ejemplo, la experiencia personalizada del cliente puede manifestarse en el ajuste de la navegación y la interfaz de un sitio web basado en las interacciones previas del usuario, o en el envío de comunicaciones y ofertas especiales alineadas con sus intereses y momento de vida.

Innovar y anticiparse a sus necesidades

Estar comprometido con los clientes significa no sólo satisfacer sus necesidades actuales, sino también innovar y anticiparse a sus necesidades futuras. Esta anticipación es decisiva para mantener y fortalecer la relación a largo plazo con los clientes y diferenciarse en un mercado cada vez más competitivo.

Innovar y anticiparse a las necesidades de los clientes requiere una comprensión profunda y continua de sus comportamientos y preferencias, así como de las tendencias emergentes en la industria. Una forma efectiva de hacerlo es mediante el análisis constante de datos del cliente y del mercado. Las empresas deben estar al tanto de los cambios en los patrones de consumo, las nuevas tecnologías y los desplazamientos en las expectativas del cliente.

Además, es indispensable fomentar una cultura de innovación dentro de la empresa, donde las ideas nuevas y creativas sean valoradas y consideradas.

La **anticipación** conlleva estar un paso adelante en cuanto a las soluciones que se ofrecen. Por ejemplo, una empresa puede introducir características mejoradas en un producto antes de que los clientes expresen explícitamente esa necesidad, o puede desarrollar nuevos servicios que aborden de forma anticipada potenciales problemas del futuro.

Capacitar continuamente al equipo

La formación continua representa un pilar fundamental para el éxito en la implementación de una dinámica de compromiso con el cliente. La capacitación deberá ir más allá de mejorar habilidades técnicas y de atención al usuario y enfocarse también en una comprensión profunda de las industrias y negocios de sus clientes.

Al invertir en el desarrollo de los equipos se garantiza que estén dotados no sólo de las herramientas adecuadas, sino también del conocimiento necesario para brindar un servicio que exceda las expectativas de los clientes. Un equipo que entiende a sus clientes y su actividad puede ofrecer un servicio de calidad superior, contribuyendo significativamente a su éxito.

Mi experiencia me ha demostrado que un factor distintivo en la relación con el cliente es la capacidad de comprender su negocio y su entorno específico, lo que tradicionalmente conocemos como hablar su idioma. Sin esta comprensión, se dificulta enormemente la prestación de una ayuda efectiva y exitosa.

Comunicar de forma efectiva y sistematizar el feedback

Mantener una comunicación efectiva con los clientes es un aspecto fundamental e imprescindible en la relación con ellos.

Esta comunicación debe basarse en el entendimiento de que cada cliente es único, lo que implica adaptar el tono, el medio y el contenido del mensaje a sus preferencias y comportamientos específicos. Por ejemplo, un cliente puede valorar el contacto personal y directo y preferir reuniones presenciales donde pueda tener conversaciones detalladas, y otro puede inclinarse hacia la comodidad y eficiencia de la comunicación digital.

La sistemática en la comunicación nos llevará a escuchar activamente las preocupaciones y sugerencias de los clientes y a adaptar los servicios y productos en consecuencia. Además de ayudar a construir relaciones de confianza, este tipo de contacto facilita la identificación y resolución rápida de problemas, asegurando que las necesidades de los clientes se atienden de manera efectiva y oportuna.

Ésta es una dinámica en la que debe estar comprometida toda la organización, por lo que capacitar a los empleados también en habilidades de comunicación, enfatizando en la importancia de escuchar y responder, convierte cada interacción en una oportunidad para reforzar la relación y mejorar la experiencia global de la marca.

Medir el compromiso desde su perspectiva

Evaluar el compromiso con el cliente desde su perspectiva es una medición distinta a las habituales que, inicialmente, persigue dos objetivos: identificar aspectos de mejora en la relación y alinear la compensación de los equipos con el éxito del cliente.

El primer punto significa desarrollar las tradicionales encuestas de satisfacción del cliente para incorporar preguntas vinculadas con el éxito que consigue a través de las relaciones con la empresa.

Aquí caben preguntas como: ¿le ayudan nuestros productos y servicios a alcanzar sus objetivos?, ¿nuestros productos/servicios le proporcionan una ventaja competitiva?, o ¿considera que incorporamos con agilidad las nuevas tendencias a nuestra oferta de valor?

Por otro lado, vincular las métricas de éxito del cliente con la compensación de los equipos asegura que haya un enfoque directo en alcanzar resultados que beneficien al cliente. Esto implica definir y rastrear indicadores clave que reflejen el impacto positivo en los negocios del cliente. El cambio es muy relevante, pues significa pasar de forma efectiva de una cultura de productos a una de clientes.

El compromiso con los clientes es un principio universal, ya seas multinacional o pyme, *start-up* o empresa convencional. La identificación, entendimiento y comprensión de lo que requiere y le preocupa al cliente es la base para ayudarle a crecer y generar relaciones a largo plazo.

7.4. Trabajar en una empresa comprometida con el cliente

Trabajar en una empresa comprometida con la experiencia y el éxito del cliente implica formar parte de una organización que mantiene altos estándares de innovación, calidad y servicio.

Como empleado, se asumen una serie de **responsabilidades** como mantener estos estándares elevados, practicar el aprendizaje continuo y ser proactivo tanto en la resolución de problemas como en la propuesta de soluciones innovadoras.

Además, en línea con lo que venimos defendiendo, es esencial encarnar los valores de la compañía en todas sus interacciones.

Por su parte, la empresa tiene el **compromiso de empoderar** a sus profesionales, dotándolos de herramientas y recursos esenciales para desempeñar eficazmente su labor. Esto incluye una formación pertinente, acceso a información crucial y una propuesta de valor sólida que fomente la confianza, tanto en las ventas como en la gestión de relaciones.

7.5. La dinámica centrada en el compromiso con el cliente, de un vistazo

El compromiso con el cliente en el mundo empresarial moderno es una dinámica que va mucho más allá del tradicional enfoque de satisfacción. Se trata de establecer una conexión genuina y profunda con las aspiraciones y objetivos del cliente, comprendiendo su viaje completo más allá de las transacciones inmediatas.

Este enfoque exige de las empresas un conocimiento detallado de sus clientes, anticipándose a sus necesidades futuras y personalizando la experiencia según sus expectativas.

La implementación efectiva de este compromiso con el cliente exige que todas las áreas de la organización, desde la tecnología hasta las finanzas, se involucren activamente. Esto incluye la capacitación continua de los equipos, una comunicación efectiva, la sistematización del *feedback* y la medición del compromiso desde la perspectiva del cliente.

Ser genuino en este proceso implica cumplir con los compromisos sin sobrevender, manteniendo la autenticidad más allá de tener la mejor oferta o el nivel de servicio más competitivo.

Esta verdadera transformación trasciende la adopción de nuevas tecnologías; es un cambio profundo en la cultura empresarial. Conlleva desde la reorganización operativa hasta la reconfiguración del sistema de incentivos o prioridades de inversión. Las empresas que superen estos desafíos y se centren genuinamente en el cliente no sólo redefinirán su relación con ellos, sino que también abrirán caminos hacia una mayor innovación, resiliencia y éxito en el mercado.

7.6. La visión de Eva Ivars, consejera delegada de Afflelou en España

En la dinámica empresarial contemporánea, una premisa cobra una importancia cada vez mayor: el cliente ha de estar en el centro de todas las operaciones de la empresa. Esta idea, convertida en un mantra en el ámbito corporativo, nos lleva a reflexionar profundamente sobre si las estrategias empresariales están genuinamente enfocadas en el *customer-centric*, como se suele decir. Cuando observamos en detalle las prácticas actuales, a menudo vemos una desconexión entre esta promesa y la realidad operativa de las empresas.

Esta brecha se hace evidente en casos como el que podríamos llamar «personalización superficial». A pesar de los avances tecnológicos en recolección y análisis de datos, la experiencia personalizada no va más allá de la superficie, proporcionando recomendaciones que suelen ser genéricas o poco relevantes. Esta situación se complica cuando las respuestas a las interacciones con los clientes, ya sean quejas o felicitaciones, son inadecuadas o incluso no se producen, lo que refleja una falta de compromiso real con sus necesidades.

En un contexto en el que la confianza en las marcas y en las empresas ha disminuido notablemente, es vital actuar de manera que se recupere y fortalezca la relación. Para cautivar realmente a los clientes, y que no nos sean infieles, las empresas debemos ofrecer un valor diferencial. Aquí surge la pregunta: ¿por qué los clientes deberían elegir nuestra marca? En este punto, la experiencia se convierte en el factor diferenciador clave, ya sea a través de interacciones directas en el punto de venta o en experiencias virtuales. Adoptar un enfoque casi psicológico, entendiendo y respondiendo a las emociones y estados de ánimo de los clientes, es crucial. La honestidad y la confianza en lo que se ofrece son fundamentales, y la diferencia reside, en última instancia, en los detalles.

El propósito de la organización juega un papel determinante en esta ecuación. Dicho propósito debe trascender la retórica y convertirse en una realidad tangible que impregne cada aspecto de la empresa, desde la estrategia hasta la experiencia del cliente en la última milla. Debe ser claro, convincente y comunicado de manera consistente a través de todas las operaciones y puntos de contacto, asegurando que cada miembro de la organización lo comprenda y lo viva diariamente.

No podemos olvidar que, en la era digital, los consumidores han adquirido «superpoderes», con una voz más potente y la capacidad para compartir sus experiencias y opiniones fácilmente. En consecuencia, las empresas debemos ser transparentes y proactivas al abordar la experiencia del cliente. Adoptar un enfoque holístico al respecto es esencial. Cada punto de contacto con la marca, desde la publicidad y el servicio al cliente hasta las redes sociales y la posventa. Cada aspecto debe reflejar la promesa de la marca y contribuir a una experiencia coherente y satisfactoria.

Además, es crucial reconocer y valorar el creciente poder de decisión y la influencia del cliente en la era actual. Los clientes de hoy no son meros receptores pasivos de productos y servicios; son agentes activos que pueden influir significativamente en la percepción y el éxito de una marca. Sus decisiones, impulsadas por experiencias únicas y personalizadas, pueden hacer o deshacer la reputación de una empresa. Por lo tanto, las organizaciones debemos esforzarnos por entender y anticipar las necesidades y expectativas de nuestros clientes, creando experiencias que superen sus demandas, sorprendiéndolos.

Estas experiencias únicas y diferenciales son el núcleo de una relación sólida y duradera. No se trata sólo de satisfacer necesidades básicas, sino de deleitar al cliente en cada interacción. Esto implica un conocimiento profundo, una capacidad para innovar constantemente y la flexibilidad para adaptarnos a los cambios rápidos en las preferencias y comportamientos de los clientes.

En definitiva, en un mercado cada vez más competitivo, el éxito de una organización depende de su habilidad para ofrecer una experiencia de cliente auténtica y significativa, fundamentada en un propósito organizacional claro y transversal. Las marcas que entiendan (con datos y conocimiento profundo) y valoren a sus clientes, que se comprometan con la transparencia y la coherencia, y que adapten su propósito a las necesidades cambiantes de los poderosos clientes no sólo ganarán su lealtad, sino que también se posicionarán como líderes en su sector. El desafío y la oportunidad radican en asegurarse de que el propósito de la empresa se viva y se sienta en cada interacción, creando una experiencia de cliente que no sólo satisfaga, sino que también inspire y cautive.

8

Dinámica de desarrollo de las personas

> Lo que separa a las empresas exitosas de las menos exitosas no es la presencia de talento, sino la presencia de una estrategia de desarrollo de talento.
>
> JOHN C. MAXWELL, escritor

8.1. El crecimiento de empresa y personas, un binomio inseparable

El vínculo entre el desarrollo de las empresas y el de sus empleados se ha vuelto cada vez más evidente e inseparable. Este binomio, que integra el crecimiento organizacional y el desarrollo de las personas, resulta fundamental para la sostenibilidad y el éxito a largo plazo de cualquier compañía.

El desarrollo de una empresa, aunque algunos no lo vean, no sólo implica el aumento de sus beneficios o el incremento de cuota. También tiene en cuenta su reputación, su cultura, su capacidad de adaptarse a los cambios y, sobre todo, su habilidad para atraer, vincular (huyo siempre que puedo del concepto de retener) y desarrollar talento. Las personas son el motor de cualquier organización; su crecimiento, sus habilidades y su bienestar están directamente relacionados con la capacidad de la empresa para prosperar y adaptarse en un mercado en constante cambio.

Me gusta mucho el símil de la organización como un organismo vivo y sus empleados como las células que lo componen. Si esas células no están saludables, activas y en constante renovación, el organismo completo se debilita y finalmente enferma. Del mismo modo, si las personas dentro de una empresa no crecen, no se desarrollan, no se sienten desafiadas o valoradas, la compañía, como un todo, se estanca.

Una empresa que invierte en el desarrollo de sus empleados no sólo mejora su competitividad, sino que también fomenta una cultura de lealtad y compromiso imprescindible para fidelizar al talento de valor.

Como me decía Carlos Alemany, *managing partner* de Alemany & Partners, en la entrevista que mantuvimos para intercambiar ideas para el libro, las personas son el recurso activo más importante de las organizaciones y en cambio las empresas menos competitivas, a la hora de contratar, las perciben como un gasto en lugar de hacerlo como una inversión. Incluso las organizaciones que tradicionalmente gestionan bien sus recursos humanos, en los momentos de crisis las ven como un coste.

Más allá de los modelos de recursos humanos presentes, lógicamente, en todas las organizaciones, lo que he podido comprobar tanto en mi etapa en el Grupo Santander como actualmente en mis colaboraciones con distintas empresas es la necesidad de materializar en acciones concretas una serie de elementos imprescindibles para el desarrollo de los profesionales de la empresa que podríamos integrar en una dinámica de valor.

Gráfico 8.1. Dinámica para el desarrollo de las personas

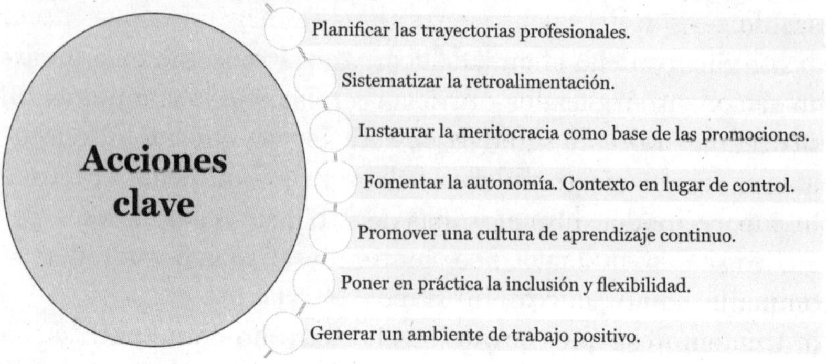

Fuente: Elaboración propia.

Planificar las trayectorias profesionales

Las organizaciones que reconocen y planifican activamente la trayectoria profesional de sus empleados, además de demostrar que valoran a su equipo, están invirtiendo en su futuro. Un empleado que ve un camino claro hacia delante es más probable que se quede, invierta en su formación y dé lo mejor de sí mismo. En cambio, la falta de oportunidades o de un proyecto suele llevar a la desmotivación, la apatía y finalmente el abandono de la compañía.

El análisis en profundidad de las «salidas» no deseadas de las compañías es un ejercicio poco habitual, pero muy interesante y necesario, pues de alguna manera el comportamiento de esas personas puede ser un síntoma de alguna enfermedad de la organización, como la falta de un proyecto empresarial atractivo, desajustes culturales, escasas oportunidades de desarrollo o una dirección autoritaria que limita el crecimiento.

La planificación de carreras individualizadas comienza con la comprensión de los intereses, habilidades y aspiraciones de cada empleado e incluye aspectos como la participación en programas de formación, la asignación de proyectos que desafíen y desarrollen sus habilidades, la dinámica de rotar en diferentes roles para obtener una experiencia más amplia o el potencial acceso a la mentoría o el *coaching*.

Actualmente, la tecnología juega un importante papel como facilitador de estos modelos. Herramientas digitales y plataformas de gestión del talento permiten a las organizaciones hacer un seguimiento más eficiente del progreso del empleado, ofrecer formación y recursos personalizados y facilitar la comunicación entre trabajadores y supervisores. El uso de la tecnología debe estar enfocado en simplificar y facilitar los procesos y la gestión, sin perder el toque humano y la empatía en su aplicación.

En general, podemos pensar que plantear un itinerario profesional es una práctica habitual con años de presencia, pero nos sorprenderían las deficiencias que existen en su implementación en las empresas. De hecho, una cosa es tenerlo en la estrategia de recursos humanos y otra muy distinta que cada profesional de la organización tenga su plan de desarrollo individualizado.

Sistematizar la retroalimentación

La sistemática de retroalimentación como herramienta en el desarrollo profesional es el complemento perfecto de los planes de trayectoria profesional individualizados. Su objetivo es transformar la retroalimentación en un proceso constructivo y regular, trascendiendo las limitaciones de las revisiones anuales de desempeño y las típicas reuniones enfocadas a señalar aciertos y errores. Este enfoque significa tener un diálogo continuo y bidireccional que fomente el crecimiento personal y profesional.

Ofrecer retroalimentación de calidad demanda un enfoque empático y preciso, considerando que tendemos a reaccionar defensivamente ante las críticas. Una crítica que carece de contexto o justificación será percibida como injusta o infundada. Sin embargo, cuando la retroalimentación se enmarca en un proceso de desarrollo profesional continuo, se transforma en una herramienta valiosa para el avance y crecimiento personal, ayudando a los empleados a comprender cómo sus acciones y comportamientos impactan en sus objetivos profesionales y en los de la organización.

A pesar de sus claras ventajas, la integración efectiva de la retroalimentación en la cultura organizacional sigue siendo un desafío constante. Muchos directivos encuentran dificultades para incluir esta práctica en su esquema de gestión, ya sea por limitaciones de tiempo, falta de habilidades de comunicación efectiva o simplemente por no reconocer su importancia estratégica. En muchas organizaciones requiere un cambio fundamental en la cultura organizacional y en las prioridades de liderazgo. Esto implica no sólo capacitar a los jefes en habilidades de comunicación y retroalimentación, sino también fomentar una mentalidad donde el desarrollo continuo de los empleados se vea como un componente esencial para el éxito general de la organización.

En tiempos de cambio e incertidumbre como los actuales las conversaciones de calidad en el seno de la empresa tienen un valor incalculable en la construcción de organizaciones genuinas y de valor.

En busca de la meritocracia perdida

Tengo que reconocer que siempre he considerado la meritocracia como un modelo que cuenta con una aceptación generalizada en la gestión de personas dentro de las organizaciones. Sin embargo, al profundizar en su bibliografía y realizar entrevistas en el contexto de mi investigación para el libro, he descubierto que la realidad es distinta y la meritocracia basada en los principios de igualdad de oportunidades y reconocimiento del mérito individual se enfrenta a críticas y desafíos que seguramente vienen derivados de su mala implementación, pues los principios en los que se sustenta me parecen los correctos y fundamentales para cualquier sistema de gestión de talento justo y eficaz.

Este enfoque tiene beneficios claros al fomentar un entorno de trabajo donde el esfuerzo y la excelencia son valorados, que incentiva a los empleados a dar lo mejor de sí mismos. En teoría, la meritocracia debería conducir a la asignación más eficiente de recursos y talentos dentro de una empresa, optimizando el rendimiento y fomentando un sentido de equidad.

Sin embargo, en la práctica, su mala implementación puede conducir a sesgos inconscientes y desigualdades estructurales. Uno de los riesgos más significativos es que, bajo la fachada de una supuesta «igualdad de oportunidades», se pueden perpetuar desigualdades, como empleados con acceso a recursos especiales, educación diferencial o conexiones más privilegiadas, que de alguna manera pueden generar ventajas injustas en un sistema que supuestamente premia exclusivamente el mérito.

Por lo tanto, aunque la meritocracia presenta un modelo justo para el desarrollo del talento en las organizaciones, su aplicación exitosa demanda una reflexión detallada sobre sus limitaciones y la posibilidad de sesgos inherentes.

Fomentar la autonomía: el liderazgo por contexto

El empoderamiento o la autonomía figuran en el top de los factores imprescindibles para el desarrollo de las personas en las organizaciones.

Su potencial está claro, porque no sólo aumentan la motivación y la satisfacción laboral de los empleados, sino que también fomentan la creatividad y la innovación.

Sin embargo, más allá del nivel de autonomía, lo que realmente marca una diferencia en la gestión moderna es el liderazgo basado en el contexto, en contraposición a la dirección tradicional centrada en el control a la que solemos estar acostumbrados. Al referirnos a la gestión por contexto estamos aludiendo a un enfoque de liderazgo en el que se proporciona a los empleados un claro entendimiento del entorno de su trabajo, en lugar de darles instrucciones detalladas para cada tarea, se explica el propósito y la estrategia de la empresa, sus objetivos y las expectativas depositadas en ellos.

Cuando me nombraron director regional de Banesto en Extremadura, mi primera actividad fue reunirme con los equipos de las distintas zonas y oficinas: dieciséis reuniones en sus localidades (cuatro zonas y cuatro reuniones por zona: directores, subdirectores, gestores y personal operativo). Su contenido, además de mi lógica presentación, fue explicarles el contexto en tres ámbitos:

- Evolución del negocio: ¿cómo iba el negocio y cuáles eran los desafíos y objetivos a nivel de banco, regional y de zona?
- Su rol: ¿qué esperaba el banco de su puesto?
- Los apoyos: ¿cómo los íbamos a ayudar en el desarrollo de su función?

Esta práctica me parece elemental, pero tengo la impresión de que no es demasiado habitual.

La idea detrás de dirigir por contexto es que, al entender la visión y la estrategia, los empleados estarán más motivados y serán más capaces de adaptarse y tomar decisiones que estén en línea con los objetivos de la organización.

Como lógica contraparte se encuentran la responsabilidad y el compromiso de los empleados, que tendrán que ser conscientes de las consecuencias de sus decisiones.

En este equilibrio entre autonomía y responsabilidad las organizaciones pueden alcanzar niveles superiores de innovación, agilidad y rendimiento.

Netflix, una empresa a la que hemos hecho referencia anteriormente, se distingue por llevar a la práctica este tipo de liderazgo, manifestado en sus principios: «Queremos que nuestros empleados sean buenísimos a la hora de tomar decisiones con independencia, y que sólo consulten a su gerente cuando no tengan clara la decisión correcta. La labor de un líder en cada nivel es aportar un contexto claro para que otros tengan la información correcta que les permita tomar las mejores decisiones».

Para Carmen Tuñas, socia de Amrop España:

> La situación actual del mercado laboral y la aparición de nuevas tendencias sociales y económicas han obligado a las empresas a cambiar su visión de cómo gestionar el talento. Esto lleva implícito un cambio profundo de la cultura de las organizaciones, empezan-

do por el estilo de liderazgo. En la mayoría de los casos, el estilo de liderazgo en las grandes empresas tradicionales es jerárquico, hermético y distante; la información se comparte en un círculo cerrado y el talento no se valora en toda su magnitud. Pero vamos hacia un modelo en el que las *soft skills* van ganando terreno, donde se empieza a valorar el talento individual formando equipos que se complementen entre ellos y fomentando un liderazgo compartido. El área clave para esto es la dirección de Talento, que está dejando de ser un área de *back office* para ocupar el lugar que merece en la estrategia de las compañías.

Las organizaciones comienzan a interiorizar la necesidad de establecer canales de comunicación fluidos, donde la estrategia y la hoja de ruta se comparten, para que todos sepan hacia dónde van y se sientan parte de los proyectos, fomentando así el vínculo y el compromiso, lo que favorece la fidelización del talento con el proyecto.

Saber aportar un claro contexto para que los profesionales tomen las mejores decisiones se presenta, seguramente por falta de práctica, como una de las habilidades con mayor recorrido en el contexto del liderazgo de valor.

Aprendizaje continuo como base del crecimiento

Desde que leí, hace ya algunos años (quizá por los noventa), *Mente Zen, mente de principiante*, de Shunryu Suzuki, su filosofía ha sido un principio que me ha acompañado durante toda mi vida, tanto en el ámbito profesional como en el personal.

La idea es muy sencilla y se refiere a una actitud de apertura y curiosidad, libre de prejuicios, similar a la de un niño. Una mentalidad que valora la apertura al aprendizaje, la curiosidad innata, la flexibilidad y la humildad, y que permite a quien la posee abordar situaciones y desafíos con una perspectiva fresca y resiliente. En un mundo en constante evolución, cultivar la mente de principiante se convierte en una actitud clave para la adaptabilidad y el crecimiento continuo.

Como dice en su trabajo Suzuki: «En la mente del principiante hay muchas posibilidades, pero en la mente del experto hay pocas».

Como estamos viendo, la volatilidad, el ritmo y la complejidad del trabajo se aceleran cada vez más. Para sobrevivir a las condiciones cambiantes, las organizaciones deben transformarse y el aprendizaje (no sólo en tecnología) se encuentra en el centro de esa transformación.

Una pregunta habitual que hago a los directivos de empresas en procesos de transformación es el balance entre su inversión en tecnología y en personas. Más allá de la cifra (en muchos casos desconocida), lo más impactante es la cara de esos ejecutivos: parece como si se hubieran olvidado de algo importante.

No tengo ni un estudio ni gráficos, pero la experiencia me dice que existe una correlación directa entre las empresas de éxito y las que tienen un modelo avanzado de aprendizaje. De alguna forma, las dinámicas de formación impiden que la cultura organizacional se estanque y, en cambio, la mantiene en continua evolución.

Una práctica, ya habitual en este ámbito, es el «*learning by doing*», un enfoque educativo que enfatiza la importancia del aprendizaje a través de la experiencia directa y la práctica activa. Este método permite a los profesionales adquirir conocimientos y habilidades de manera más efectiva al involucrarse en actividades experienciales, en lugar de limitarse a métodos de aprendizaje teóricos o pasivos. Al enfrentarse a situaciones reales y resolver problemas prácticos los empleados pueden comprender mejor los conceptos y aplicarlos de manera más eficiente en su trabajo diario.

Una cultura de aprendizaje impulsa empleados motivados que no pedirán ni esperarán un curso tradicional y, en su lugar, investigarán en la red, buscarán en redes sociales, leerán artículos o escucharán pódcast y no cometerán el error de delegar su desarrollo y formación.

Según Nigel Paine, autor de *Workplace Learning*, «las habilidades y la productividad del personal crecen cuando se aumenta su capacidad de aprendizaje y, paralelamente, se desarrolla el hábito de compartir los conocimientos de forma correcta a través de la organización».

Poner en práctica la inclusión y la flexibilidad

En un entorno empresarial cada vez más competitivo y globalizado, principios como la inclusión y la diversidad se han erigido como valores clave que reflejan el progreso de nuestra sociedad y las tendencias emergentes en la gestión empresarial moderna.

El libro *Por qué fracasan los países* de Daron Acemoglu y James A. Robinson subraya cómo el carácter inclusivo o extractivo de los líderes e instituciones es determinante en el destino de las naciones. Esta idea es extrapolable al ámbito empresarial, donde la naturaleza del liderazgo tiene un impacto significativo en la cultura organizativa y el rendimiento de las organizaciones.

Los líderes con un enfoque extractivo suelen ser autoritarios y reacios al error, y crean entornos laborales marcados por la desconfianza y la complacencia. Esta dinámica frena el desarrollo personal y profesional de los empleados, lo que restringe su potencial y, en consecuencia, el de la organización en su conjunto.

Por el contrario, los líderes inclusivos promueven un ambiente de trabajo donde la diversidad e inclusión son fundamentales para fomentar el crecimiento, la innovación y el desarrollo sostenible. En tales entornos, se practica la meritocracia, se valora la diversidad de opiniones que se utiliza como motor de creatividad y progreso.

Por su parte, la flexibilidad permite a las organizaciones adaptarse rápidamente a los cambios del mercado y a las necesidades de sus empleados. Esta adaptabilidad no sólo es crucial para el bienestar de los trabajadores, sino también para la supervivencia y prosperidad de la empresa en un mercado global competitivo. Las organizaciones flexibles son capaces de responder de manera eficaz a las demandas cambiantes, aprovechando la diversidad de talentos y habilidades de su fuerza laboral.

Adicionalmente, reconocer la diversidad brinda una ventaja competitiva clave, ya que facilita a las empresas crear entornos donde cada persona contribuye con su singularidad. Esta integración de culturas, géneros, habilidades y experiencias genera un ambiente laboral enriquecedor que promueve el crecimiento personal y profesional de cada individuo y de la empresa en su conjunto. Sin embargo, el desafío radica en ir más allá de las iniciativas puntuales y las cuotas, buscando generar un cambio profundo y genuino en la cultura corporativa. Las organizaciones que adoptan de manera auténtica estos valores se posicionan como líderes y referentes en un mundo que busca mayor autenticidad.

Generar un ambiente de trabajo positivo

Un aspecto que no forma parte habitual de los modelos de gestión de personas, pero que todos los que hemos trabajado por cuenta ajena y especialmente en grandes corporaciones consideramos algo esencial, es trabajar en un ambiente positivo. Una dimensión a menudo subestimada, aunque tiene un impacto evidente en el bienestar y la eficiencia de los empleados, además de jugar un papel determinante en su desarrollo personal y profesional.

En un ambiente de trabajo positivo, se promueve la comunicación abierta y efectiva, que no sólo mejora la claridad y la comprensión entre los miembros del equipo, sino que también fomenta un espacio de trabajo en el que las ideas y preocupaciones pueden ser compartidas libremente.

En un entorno donde se valora la diversidad de opiniones y se fomenta el trabajo en equipo, los profesionales encuentran un lugar más agradable para trabajar, y además tienen la oportunidad de aprender unos de otros y desarrollar habilidades interpersonales valiosas. La colaboración efectiva, por tanto, va más allá de una cuestión de productividad y es también un medio para el crecimiento personal y profesional.

Cuando los empleados sienten que su trabajo es apreciado, su motivación y lealtad hacia la empresa, evidentemente, se incrementan. Este reconocimiento no tiene que ser siempre monetario; las oportunidades de desarrollo profesional o pequeñas recompensas pueden tener un gran impacto en la moral de los trabajadores.

Las empresas que promueven un equilibrio adecuado entre la vida laboral y personal mediante políticas flexibles, como horarios de trabajo adaptables o la posibilidad de teletrabajo, no sólo ayudan a sus empleados a gestionar mejor sus responsabilidades personales, sino que también muestran un compromiso con su bienestar general.

En la práctica, esta situación no se genera de forma espontánea, sino que requiere de una estrategia bien definida y la implementación de los mecanismos adecuados para lograrlo.

8.2. La dinámica de desarrollo de las personas, de un vistazo

Como vemos, para conseguir el crecimiento mutuo de empresa y empleados y convertirlos en un binomio inseparable, hay que poner en marcha una dinámica de valor que lleve a la práctica los buenos principios e intenciones, que hemos concretado en:

- **Implementar planes de desarrollo personalizados** para cada empleado, alineando sus intereses y habilidades con los objetivos de la empresa. Esto incluye la identificación de fortalezas y áreas de mejora y la fijación de metas profesionales claras y alcanzables.
- **Establecer una sistemática de retroalimentación continua** y constructiva, más allá de las evaluaciones de desempeño anuales. Este enfoque debe fomentar un diálogo bidireccional que contribuya al crecimiento personal y profesional.
- **Revisar y adaptar el concepto de meritocracia**, enfocándose hacia una «meritocracia equitativa». Esto implica reconocer una variedad más amplia de habilidades y contribuciones y minimizar sesgos inconscientes en las decisiones de promoción y recompensa.
- **Fomentar un liderazgo que dirija por contexto**, propor-

cionando a los empleados un claro entendimiento de la visión, la estrategia y las expectativas de la empresa, en lugar de controlar cada aspecto de su trabajo. Esto incentiva la autonomía, la innovación y la toma de decisiones informadas.

- **Promover una cultura de aprendizaje continuo**, donde los empleados estén motivados para buscar activamente oportunidades de desarrollo, más allá de las iniciativas tradicionales de formación. Esto incluye impulsar el aprendizaje colaborativo y el uso de recursos digitales y tecnológicos.
- **Priorizar la inclusión y la flexibilidad** en la gestión de personas, reconociendo que la diversidad y la adaptabilidad son claves para la innovación y el desarrollo sostenible. Esto significa valorar y aprovechar una amplia gama de habilidades y experiencias.
- **Crear y mantener un ambiente de trabajo positivo**, que favorezca la comunicación efectiva, la colaboración y el equilibrio entre la vida laboral y personal. Esto requiere un compromiso activo y estrategias concretas por parte del liderazgo de la empresa.

Esta dinámica correctamente implementada no sólo mejorará la satisfacción y el rendimiento de los empleados, sino que también contribuirá al éxito y la sostenibilidad a largo plazo de la empresa.

8.3. La visión de Áurea Benito, directora corporativa de Personas en ISDIN

Las compañías, por defecto, quieren crecer y eslóganes tipo «si no creces, desapareces» o «Grow or Go» nos persiguen de manera implacable. Ahora bien, ante todo, los negocios son una actividad humana, quizá por ello llamamos *compañía* a una empresa, porque somos personas «acompañadas» de otras. Y las personas queremos algo más, necesitamos encontrar el sentido, el para qué hacemos lo que hacemos. Necesitamos dotar de un significado a nuestra vida y, cuando lo encontramos, funciona como un faro, una luz que nos guía y orienta. Está demostrado que las personas más felices son las que llevan una vida cargada de significado. Así que crecer está bien, pero crecer ¿para qué? El genial humorista José Mota lo inmortalizó con su gag: «Si no es por no ir, que si hay que ir se va, pero ir *pa na* es tontería». Aterrizándolo, nuestro día a día incluye trabajar para vivir, así que tenemos una elección que hacer, y no es si vamos a trabajar o no, sino cómo vamos a vivir nuestro trabajo: como una obligación o como una forma de realizarnos en la vida. Si optamos por buscar realización en el trabajo, ello nos lleva a vidas más plenas y felices. Conectar lo que hacemos todos los días con un mayor sentido del porqué y para qué lo hacemos nos infunde energía, dirección y nos hace sentir bien. Me encanta recordar la historia de Walt Disney, que mientras construía Disneyland, preguntó a un jardinero qué estaba haciendo. El jardinero respondió que estaba plantando la semilla para el «árbol de la felicidad» de mañana.

Seguro que esa persona se sentía realizada. Victor Hugo lo expresa genial: «El trabajo endulza siempre la vida, pero... los dulces no le gustan a todo el mundo». Cierto, no todos somos capaces de apreciarlo, tal vez sea un gusto adquirido, pero el viaje en busca del propósito vale su peso en oro.

Así que la mejor dinámica de desarrollo es inspirar a las personas, gracias a un propósito genuino claramente definido y comunicado, para que disfruten ofreciendo lo mejor de sí mismas. Pero cuidado con confundir sentido, es decir, propósito, con sentimiento: «Me siento... cansada, indignada, estresada o incluso ¡no sé qué me pasa, pero algo me pasa!», puesto que cuando confundimos sentimiento con sentido estamos gestionando las quejas en lugar de las auténticas motivaciones de las personas. Así que foco en el propósito, porque es más importante identificar propósitos que talentos. Y es que todos tenemos talento y más de uno. Pero el talento, en sí mismo, no sirve para nada a no ser que lo encaminemos hacia un objetivo. Como reza un sabio proverbio maya, «puedes llevar un caballo al río, pero no puedes obligarlo a beber». El quid de la cuestión es cómo hacemos que tenga sed. En otras palabras, cómo conseguimos que el talento brille. Después de todo, cualquiera puede alcanzar la maestría en cualquier ámbito si se aplica la «Regla de las 10.000 horas» de práctica deliberada. Ahora bien, ¿por qué vamos a dedicar 10.000 horas a algo? No vaya a ser que suceda como la historia de cuatro personas que conocemos bien cuyos nombres son Todos, Alguien, Nadie y Cualquiera. «Siempre que hay un trabajo que hacer, Todos están seguros de que Alguien lo hará. Cualquiera puede hacerlo, pero la realidad es que Nadie lo hace y después Alguien se enfada porque es trabajo de Todos. Así que Todos culpan a Alguien, pero lo cierto es que Nadie hace lo que Cualquiera podría haber hecho.» ¿Suena dolorosamente familiar?

Volviendo a las 10.000 horas de dedicación, ello requiere de perseverancia, disciplina y fuerza de voluntad; si sólo lo hacemos por sentido del deber, esto agota y las posibilidades de abandono aumentan. Y si no, que se lo cuenten a la persona de esta historia que va ajustando su propósito. «En septiembre: aprobar todo en junio; en febrero: que sólo me queden dos para septiembre; en junio: con no repetir me conformo; en septiembre: luchar contra el sistema educativo que basa el éxito en una nota.» Bromas aparte, cuando conectamos corazón y razón, entonces todo fluye, porque cuando tenemos un para qué, encontramos un cómo. Es por esta razón por la que hay trabajos que no haríamos ni por todo el oro del mundo, mientras que elegimos hacer voluntariado sin dudarlo de manera altruista. Cuando logramos unir propósito y talento, sucede la magia y viajamos del cumplimiento al enamoramiento. ¡Qué diferencia hacer algo porque no nos queda más remedio, y entrar en modo cumplimiento (que no es otra cosa que «cumplo y miento»), a hacerlo porque estamos enamorados de lo que hacemos! Y ¿qué ocurre cuando estamos enamorados? Lo damos todo. Así que cuando el propósito y el talento se juntan... ¡el cielo es el límite! Y como ya hemos acordado que una compañía es un grupo de personas acompañadas de otras, rodeémonos siempre de personas que activen nuestra energía y nos eleven, porque nos convertimos en el promedio de las cinco personas más presentes en nuestras vidas. Busquemos personas y compañías con propósito. Para terminar, quisiera compartir mi propósito personal, «llevar luz a las personas, creando belleza y risas alrededor» y, por supuesto, el de ISDIN, convencida de que con un propósito compartido somos capaces de conseguir cualquier cosa. El nuestro es: «Inspirar a todas las personas para que disfruten de vidas sanas, felices y bonitas». Y ¿cómo lo hacemos? Hemos creado un movimiento, que es una declaración de amor a la piel y que Diana Orero ha plasmado en el libro *Love your skin*: «Gaudí era un hombre profundamente religioso y estaba convencido de que su misión no era acercar Dios a los hombres, sino acercar los hombres a Dios. La nuestra no es acercar la piel a las personas, sino acercar las personas a la piel».

Así pues, la mejor dinámica de desarrollo es encontrar un «para qué» que nos haga de estrella polar y nos permita ir más lejos.

9

La gestión inteligente y ética de los datos

> Los datos no tienen valor por sí solos, es la capacidad de convertirlos en información y conocimiento lo que realmente marca la diferencia.
>
> CARLY FIORINA, empresaria

9.1. Los datos: un activo estratégico

La gestión de grandes volúmenes de datos presenta una oportunidad sin precedentes para impulsar y desarrollar modelos de negocio innovadores y revolucionarios. Esta riqueza de información, cuando se analiza y utiliza adecuadamente, puede ser la base para estrategias comerciales más informadas y efectivas, respaldadas por evidencias sólidas y detalladas.

Estas prácticas no sólo optimizan los procesos existentes, sino que también abren la puerta a la creación de nuevos mercados y servicios, lo que marca un cambio significativo en la forma en que las organizaciones operan y compiten.

En esta era digital la capacidad de aprovechar los datos de manera estratégica se está convirtiendo rápidamente en un factor crítico para el éxito y la sostenibilidad a largo plazo de las empresas.

Durante los últimos años, las organizaciones, motivadas por el deseo de mejorar la experiencia de los clientes, optimizar sus operaciones y definir con mayor claridad sus estrategias han acumulado grandes cantidades de datos. Esto ha dado lugar a inversiones significativas en tecnología y a la contratación de talento especializado en análisis.

A pesar de estos esfuerzos, muchas compañías todavía se enfrentan al desafío de establecer una cultura empresarial sólidamente fundamentada en el uso de los datos. Incluso, en la práctica, los datos frecuentemente no constituyen la piedra angular en su toma de decisiones.

Actualmente son bastantes las organizaciones que todavía se rigen por modelos de gestión financiera que datan del siglo xx, en los que el valor intrínseco de los datos y las tecnologías que los soportan no se reflejan adecuadamente. Por ejemplo, la compra de hardware o software se suele clasificar como gasto de capital (CAPEX), mientras que la inversión en soluciones basadas en la nube, al ser considerada un coste operativo (OPEX), se registra como un gasto operacional. Esta distinción contable puede dar la impresión de que la compañía no crece en términos de activos, a pesar de que la adopción de soluciones en la nube puede aportar mayor flexibilidad y eficiencia operativa. Por lo tanto, es esencial que, al hablar de datos y tecnología, se entiendan dentro del contexto global de la organización y se reconozca su valor real más allá de las limitaciones de los marcos contables tradicionales. Esto implica una necesidad de actualizar los modelos de gestión financiera para reflejar mejor la realidad y el impacto de las inversiones tecnológicas en la era digital.

Mi experiencia, tanto como responsable de la implantación del proyecto de datos en Santander España (2014) como en las empresas con las que estoy colaborando actualmente, indica que las mayores barreras no son técnicas, sino culturales. Actualmente, la tecnología es una cuestión de buen asesoramiento e inversión financiera, que por otro lado se ha vuelto bastante accesible. Hoy, la ingesta, proceso y almacenamiento de datos de diversas fuentes para su uso en análisis y toma de decisiones es técnicamente sencilla. En cambio, está resultando mucho más difícil sensibilizar a los equipos sobre la importancia de la calidad de los datos, la toma de decisiones basada en información contrastada o el desarrollo de casos de uso efectivos, ya que esto requiere no sólo herramientas, sino también un cambio significativo en la mentalidad y cultura organizacional. Este aspecto es mucho más complejo y demanda un esfuerzo constante para alinear a las personas con la visión basada en datos de la empresa.

La comodidad, la falta de ambición o el mal entendimiento de la oportunidad que representa el enfoque *data-driven* es posiblemente el mayor error estratégico que se pueda cometer en el mundo empresarial. En una era dominada por la información y la tecnología, ignorar o subestimar la importancia de una estrategia basada en datos puede llevar a las empresas a perder ventajas competitivas cruciales. Esta omisión impide la innovación y el crecimiento, además de que también puede impactar en una toma de decisiones desinformadas o en una desconexión con las tendencias y necesidades del mercado.

Por eso es tan importante la implementación de una dinámica para la gestión inteligente de los datos, que considere tanto su impacto en los clientes como el desarrollo de un modelo que garantice el gobierno de los datos y facilite el cambio cultural de los profesionales.

De alguna forma, datos y ética se han convertido en otro binomio inseparable en la era digital, al igual que lo son estrategia y ejecución o tecnología y negocio.

En este contexto, la responsabilidad de las organizaciones no sólo se centra en recolectar y analizar datos, sino también en asegurarse de que su uso respete la privacidad, la seguridad y los derechos de las personas. Esto incluye la transparencia en la recopilación, la protección contra su uso indebido y la garantía de que las decisiones basadas en algoritmos no generen sesgos o discriminación.

La ética en el uso de los datos va más allá del cumplimiento legal; se trata de una cuestión de confianza y sostenibilidad a largo plazo. Las empresas que demuestran un compromiso genuino con las prácticas éticas en el manejo de datos fortalecen su reputación y sus relaciones con los clientes y la sociedad en general.

9.2. El impacto en los clientes

Hablar de la adopción de la gestión inteligente y ética de los datos como una dinámica de valor es sinónimo de referirse a una organización que ha situado a los clientes en el centro de su estrategia. Los beneficios, seguramente conocidos por la mayoría, conviene concretarlos para recordar su potencial.

Experiencia personalizada

La personalización se ha convertido en una herramienta poderosa para llamar la atención de los consumidores, fatigados de la saturación del mercado y deseosos de reforzar su diferenciación.

Un buen servicio, tiempos de respuesta rápidos y la disponibilidad de productos y servicios de forma omnicanal son elementos imperativos para la experiencia del cliente, pero a menudo se pasan por alto otros dos componentes clave: la información precisa de los clientes gracias al aseguramiento de la calidad del dato y su visión 360°, que asegura su gestión integral.

Gráfico 9.1. Gestión inteligente de los datos. Impacto en los clientes

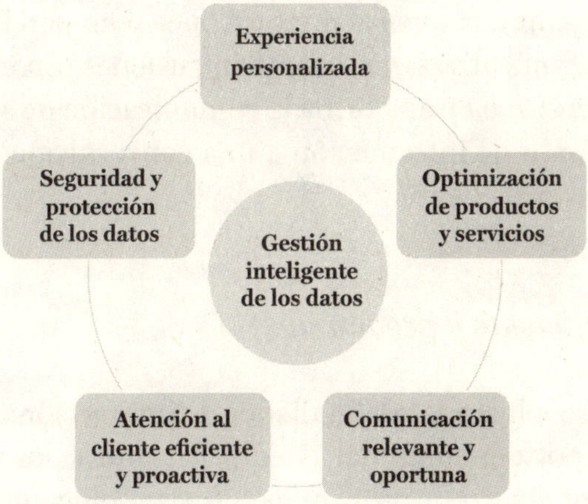

Fuente: Elaboración propia.

Optimización de productos y servicios

Una gestión inteligente de los datos proporciona a las empresas *insights* profundos sobre las preferencias, comportamientos y necesidades de sus clientes, que les permite refinar y personalizar sus productos y servicios de manera más efectiva. Al analizar estos datos con precisión, las organizaciones pueden identificar tendencias emergentes, prever demandas y adaptarse rápidamente a cambios en el mercado. Esta adaptabilidad no sólo mejora la calidad y relevancia de lo que se ofrece, sino que también fomenta la innovación y da lugar a soluciones más alineadas con las expectativas del cliente, maximizando así la satisfacción del usuario y consolidando la posición competitiva de la empresa en el mercado.

Comunicación relevante y oportuna

Al entender profundamente las interacciones, las preferencias y los comportamientos del cliente a través del análisis de datos, las empresas pueden diseñar estrategias de comunicación más efectivas que creen un vínculo genuino con su audiencia. Esta comunicación dirigida permite incrementar el *engagement* y la lealtad del cliente, así como reducir el ruido y la saturación informativa, con lo que garantiza que las interacciones sean percibidas como valiosas y significativas, y no como intrusiones. En esencia, una gestión *data-driven* transforma la comunicación de ser una simple transmisión de información a una conversación dinámica y adaptativa con el cliente.

Atención eficiente y proactiva

Tener acceso a historiales detallados de interacciones, preferencias y comportamientos del cliente permite a los equipos de atención anticiparse a problemas, ofrecer soluciones más adecuadas y adaptar sus respuestas a la singularidad de cada situación. Esta capacidad para «conocer» al cliente antes incluso de que se inicie una interacción facilita la creación de experiencias de servicio más fluidas, satisfactorias y eficientes y fortalece la confianza y la lealtad del cliente hacia la marca.

Seguridad y protección de los datos

La seguridad es la planificación, el desarrollo y la ejecución de políticas y procedimientos para proporcionar autenticación, autorización y auditoría adecuadas de los datos e información. La seguridad se suele abordar, como vemos en el gráfico 9.2, en cuatro capas:

Gráfico 9.2. Capas de seguridad de los datos

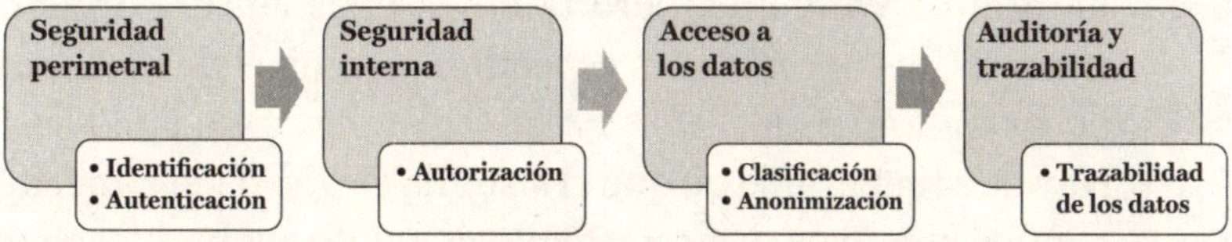

Fuente: Elaboración propia.

Al implementar sistemas avanzados de análisis, las organizaciones pueden detectar patrones anómalos o comportamientos sospechosos en tiempo real, previniendo posibles brechas o intrusiones. Además, una gestión *data-driven* permite a las empresas mantener una trazabilidad detallada de cómo, cuándo y quién accede a los datos, para así garantizar su integridad y asegurar que sólo las partes autorizadas tengan acceso a la información relevante. Esta proactividad en la protección de datos cumple con las regulaciones y normativas actuales y también refuerza la confianza de clientes y *stakeholders* al demostrar un compromiso con la privacidad y seguridad de su información.

El conocimiento de los datos, hoy en día, representa «la punta del iceberg» de lo que se prevé que será la gestión de éstos en los próximos años. Información que, continuamente, aumentará en relevancia y detalle, y abarcará desde las preferencias y los gustos de los clientes hasta los procedimientos internos de la compañía y los criterios de servicio.

9.3. El imperativo de un modelo de datos para generar una dinámica de valor

Ordenar el mundo de los datos exige el desarrollo de un modelo para su gestión y gobierno, en el que es relevante considerar algunos aspectos:

- El modelo es imprescindible con independencia del tamaño o actividad de la organización.
- La elección del modelo más adecuado dependerá de su naturaleza y tamaño, pero también de la cultura organizacional, las necesidades específicas y el nivel de madurez en su tratamiento.
- Hay que asegurarse de que el sistema elegido está alineado con los objetivos y la estrategia global de la organización.
- Se deberá evaluar periódicamente su eficacia para ajustarlo según las necesidades cambiantes del negocio, la organización y la tecnología.

A partir de estas consideraciones existen distintos modelos:

Modelo centralizado

En este modelo, la gestión de datos se realiza desde un único punto central. Esto significa que una sola entidad o departamento, como un equipo de TI central, controla todos los recursos y procesos de datos de la organización. Las ventajas incluyen una mayor coherencia y calidad de los datos, así como una gobernanza y seguridad más fuertes, dado que hay un control centralizado sobre los estándares y las políticas.

Sin embargo, puede dar como resultado cuellos de botella, ya que todos los requerimientos de datos deben pasar por un único punto, y puede no ser tan ágil para responder a las necesidades específicas de diferentes departamentos o unidades de negocio.

Modelo descentralizado

Aquí la gestión de datos se distribuye entre varios departamentos o unidades dentro de la organización, y cada uno gestiona sus propios sistemas y recursos de datos. Este modelo permite una mayor flexibilidad y agilidad, ya que cada unidad puede adaptar su enfoque de gestión de datos a sus necesidades específicas. Además, puede fomentar la innovación y una respuesta más rápida a los cambios del mercado o de la organización.

La principal desventaja es el riesgo de silos de datos, donde la información se queda aislada en diferentes áreas de la empresa, lo que dificulta una visión unificada y coherente de los datos a nivel organizacional.

Modelo híbrido

Combina elementos de los modelos centralizado y descentralizado. Busca equilibrar los beneficios de ambos, manteniendo un cierto nivel de control y coherencia a través de una gestión centralizada mientras permite cierta autonomía a las diferentes unidades o departamentos. Este modelo es particularmente útil en organizaciones grandes y complejas, donde algunas necesidades de datos pueden ser mejor atendidas a través de un enfoque descentralizado, mientras que otras áreas requieren una gobernanza y estandarización centralizadas.

La principal complejidad del modelo híbrido radica en encontrar el equilibrio adecuado entre autonomía y control centralizado, y en garantizar una comunicación y coordinación efectivas entre las distintas entidades involucradas.

Como vemos, cada modelo tiene sus ventajas y desafíos, y la elección depende de las necesidades específicas, la estructura y la cultura de la organización.

9.4. Un decálogo para desarrollar un modelo efectivo de datos

El presente decálogo está inspirado tanto en el trabajo *El valor del dato: La brújula para gestionar tus datos como un activo*, de Rafael Fernández Campos y Javier Martínez Rodríguez, como en mi propia experiencia en el desarrollo de este tipo de proyectos en grandes empresas y pymes.

Gráfico 9.3. Dinámica centrada en la gestión inteligente y ética de los datos

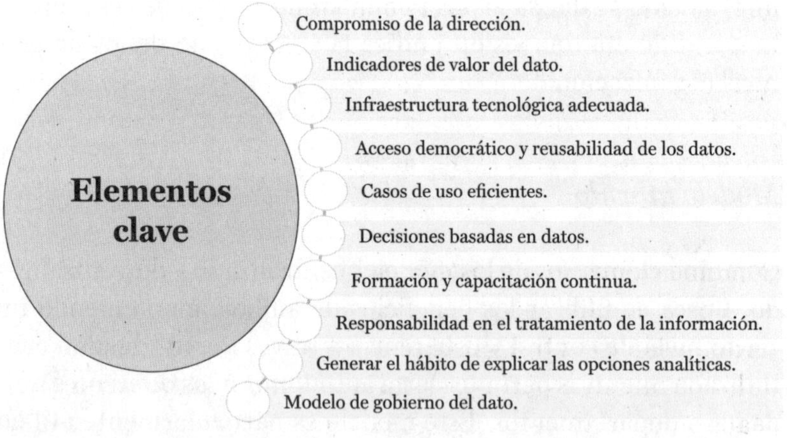

Fuente: Elaboración propia.

Su objetivo es trasladar de una forma sencilla las pautas básicas para definir, desarrollar e implantar una dinámica de gestión de los datos en la organización.

1. Compromiso de la dirección

La cultura basada en datos comienza desde (muy) arriba. En las empresas con este tipo de cultura fuertemente arraigada, los equipos directivos establecen la expectativa de que las decisiones basadas en datos son la normalidad, no algo novedoso o excepcional. Por lo tanto, el primer paso no es simplemente que la dirección entienda la importancia de los datos, sino su compromiso de promover activamente una estrategia basada en ellos que trascienda las áreas funcionales y rompa los silos estructurales.

2. Indicadores del valor del dato

En este punto la primera idea es la necesidad de establecer indicadores que permitan conocer la salud y evolución de los datos en la organización. La dirección puede ejercer un poderoso efecto sobre el comportamiento de los equipos eligiendo ingeniosamente qué dimensiones medir y, una vez decididos y concretados los distintos indicadores, asegurarse de que son conocidos y considerados por toda la compañía.

3. Infraestructura tecnológica apropiada

La adopción de una dinámica centrada en la gestión inteligente de los datos exige una infraestructura tecnológica robusta y adecuada, que incluye herramientas avanzadas para la recopilación, almacenamiento, procesamiento, análisis y visualización de los datos. Éste es un aspecto clave para soportar las necesidades de gestión de datos de la empresa, tanto actuales como futuras, y requiere una inversión cuidadosa y estratégica de la dirección.

4. Acceso democrático y reusabilidad de los datos

Con independencia del modelo de gestión elegido, la dinámica tiene que garantizar que el acceso a los datos es amplio y ágil y que todos los usuarios que lo precisen pueden acceder a la información de manera rápida y segura.

Las mejores prácticas son las que desarrollan plataformas o foros donde los equipos pueden compartir y acceder a conjuntos de datos y casos de uso, lo que genera una dinámica muy positiva en términos de cambio cultural.

Por ejemplo, en el Santander se creó un centro de excelencia, en el que los equipos de las distintas áreas (Marketing, Comercial, Financiera, Riesgos...) compartían sus casos y exponían sus resultados tanto positivos como negativos, lo que generó un proceso de aprendizaje continuo.

5. Casos de uso eficientes

Progresar hacia una cultura de compañías *data-driven* implica evolucionar hacia organizaciones donde los profesionales de todos los departamentos, sin importar su área específica de trabajo, están no sólo motivados sino también capacitados para identificar y desarrollar casos de uso eficientes. Esto significa que los miembros del equipo comprenden cómo aprovechar los datos para mejorar la toma de decisiones y alcanzar los objetivos de la manera más efectiva.

6. Decisiones basadas en datos

La toma de decisiones fundamentada sistemáticamente en análisis de datos y evidencias, en lugar de en intuiciones o suposiciones, es fundamental en una organización *data-driven*. Este enfoque garantiza que las decisiones se realicen con una base sólida y objetiva, reduciendo el riesgo y mejorando la precisión. Al adquirir este hábito, las empresas pueden responder de manera más eficaz a los cambios del mercado, identificar nuevas oportunidades y optimizar continuamente sus operaciones y estrategias.

7. Formación y capacitación continua

Para lograr estos casos de uso eficientes y promover una cultura de calidad y responsabilidad es fundamental proporcionar la formación y las herramientas necesarias para que los empleados puedan extraer *insights* valiosos de los datos disponibles. Además, se debe fomentar un ambiente de innovación y experimentación, donde la generación de ideas para nuevos casos de uso sea una práctica común y estimulada.

8. Responsabilidad en el tratamiento

Aunque se fomente el acceso democrático a la información, los usuarios tienen que estar bien informados y capacitados sobre sus responsabilidades y procedimientos para garantizar la calidad, la integridad, la seguridad y su uso adecuado en términos de ética y privacidad.

9. Generar el hábito de explicar las opciones analíticas

Para abordar la variedad de problemas analíticos que pueden presentarse, es crucial reconocer que rara vez existe un enfoque único. Los profesionales, al enfrentar estos desafíos, deben tomar decisiones considerando diferentes criterios. Por ello, resulta altamente beneficioso sistematizar desde el principio la explicación y documentación de cómo se han abordado los problemas. Esto implica detallar qué alternativas se consideraron, cuáles fueron los criterios elegidos y por qué se prefirieron ésos en lugar de otros.

Esta práctica no sólo mejora la transparencia y la comprensión dentro de la organización, sino que también enriquece el proceso de aprendizaje colectivo. Al documentar las decisiones y sus fundamentos, se crea un valioso repositorio de conocimientos que puede ser utilizado para la formación de nuevos empleados, para la revisión de estrategias pasadas y para la mejora continua de los procesos de toma de decisiones. Además, al tener una clara justificación de las decisiones tomadas, se facilita la evaluación de su eficacia y se establecen bases sólidas para futuros análisis y tomas de decisiones. En última instancia, conduce a una mayor responsabilidad, mejor colaboración y decisiones más informadas y eficientes en toda la organización.

10. Modelo de gobierno del dato

Aunque está mencionado al final de este decálogo, el modelo de gobierno del dato es un elemento esencial en el engranaje de cualquier organización orientada a la toma de decisiones basada en datos.

Las mejores prácticas centran el modelo de gobierno del dato en tres ejes: datos, flujos operativos y personas, a partir de los cuales se definen las políticas, roles y perfiles, así como los mecanismos para poder llevarlo a cabo. Los consideran como un activo que cuenta con todas las características de cualquier otro, por lo que tienen que ser administrados, asegurados y contabilizados como el resto, como se muestra en el gráfico 9.4.

Gráfico 9.4. Dinámica centrada en la gestión inteligente y ética de los datos

Fuente: Telefónica.

Las organizaciones eficaces en la gestión de datos cuentan con políticas bien articuladas y mecanismos robustos para garantizar que los datos no sólo se utilicen de manera efectiva y eficiente, sino también éticamente. Esto incluye un firme cumplimiento de las normativas vigentes sobre privacidad y protección de datos para asegurar que la información se maneje de manera responsable y segura.

Este modelo tiene que ser necesariamente dinámico, capaz de adaptarse a los cambios en el entorno tecnológico y regulatorio e integrado en la cultura organizacional. Al establecer un marco sólido para la gestión de datos, las organizaciones pueden maximizar su valor, minimizar los riesgos asociados y, sobre todo, construir una base confiable para una toma de decisiones informada y transparente.

9.5. La alquimia de los datos y el talento

En la Edad Media los alquimistas buscaban fervientemente la piedra filosofal, aquella sustancia legendaria capaz de transformar metales comunes en oro. En el mundo empresarial contemporáneo las organizaciones se enfrentan a un desafío semejante: cómo combinar la creciente avalancha de datos con el talento humano para generar valor real y tangible.

No es un cliché afirmar que los datos se han convertido en el «oro» de la era moderna. La capacidad de recopilar, analizar y actuar basándose en datos permite a las empresas anticiparse a tendencias, personalizar experiencias para los clientes y optimizar operaciones internas. Sin embargo, este precioso recurso, por sí solo, no es suficiente para garantizar el éxito. Es más, un manejo inadecuado puede llevar a desastres, tanto en términos financieros como reputacionales.

En este contexto, el talento es el catalizador que permite que esta transformación se produzca. Son las personas las que plantean las preguntas correctas, interpretan los resultados y toman decisiones basadas en ellos. Sin el talento adecuado, los datos son simplemente números en una hoja de cálculo o puntos en un gráfico.

Entender o no entender este «juego» se ha convertido en un

factor determinante para el éxito en la gestión no sólo de los datos por parte de las empresas y, consecuentemente, para su competitividad y futuro.

La actual obsesión por los datos es encomiable, pero lo que realmente importa es cómo los equipos los analizan y explotan. Para ello, las organizaciones deben proporcionar las herramientas, la formación y el entorno adecuados para que sus profesionales puedan utilizarlos eficientemente. Esto incluye invertir en tecnologías avanzadas de análisis de datos y asegurar un acceso fácil y seguro a éstos. La formación continua y específica es esencial para desarrollar las habilidades analíticas y críticas del personal, permitiéndoles interpretar correctamente los datos y tomar decisiones informadas.

Además, las empresas deben fomentar una cultura que valore y estimule la curiosidad, la experimentación y la innovación basada en datos. La creación de equipos multidisciplinarios que combinan diferentes habilidades y perspectivas puede enriquecer el análisis y la generación de *insights*. La colaboración y el intercambio de conocimientos entre departamentos aseguran que la toma de decisiones basada en datos no sea del dominio exclusivo de los analistas de datos o de áreas concretas, sino una competencia compartida en toda la organización.

Finalmente, es vital mantener una comunicación transparente que asegure que los objetivos y beneficios de esta cultura centrada en los datos sean entendidos por toda la organización.

Incorporar una dinámica de gestión inteligente y ética del dato en una organización es un proceso que requiere tiempo, esfuerzo y dedicación, pero los beneficios en términos de eficiencia, innovación y competitividad son invaluables.

La alquimia, en su esencia, era un proceso místico de transformación y creación. Del mismo modo (aunque sin esa mística), la combinación de datos y talento en el mundo empresarial tiene el potencial de transformar la realidad de las organizaciones. Aquellas empresas que logren dominar este arte estarán mejor posicionadas para prosperar en el dinámico y complejo entorno del siglo XXI.

9.6. La dinámica de gestión de datos y sus desafíos

Seguramente el reto más importante para que una compañía se convierta en *data-driven* es de naturaleza cultural. Generalmente las empresas están acostumbradas a tomar decisiones basadas en la intuición o experiencia de sus directivos, por lo que cambiar hacia un enfoque que priorice el análisis de datos para la toma de decisiones se convierte en un proceso que requiere tiempo y una adaptación profunda tanto en la mentalidad como en las prácticas operativas. Además, un obstáculo común es la existencia de silos de datos dentro de las propias empresas. Es habitual encontrar los datos entre diferentes departamentos y sistemas, lo cual no sólo dificulta su recopilación y análisis, sino que también impide una visión unificada y coherente que pueda guiar las decisiones de forma efectiva.

Mientras que tener acceso a los datos es fundamental para tomar decisiones informadas, la sobrecarga de información puede tener el efecto contrario, paralizando la toma de decisiones y oscureciendo las percepciones clave. En muchos casos el desafío radica en discernir qué datos son verdaderamente relevantes y cuáles no. La tentación de recolectar y analizar todo puede desviar la atención de las métricas que realmente importan, llevando a análisis innecesarios y distracciones contraproducentes.

Gráfico 9.5. El desafío de la sobrecarga de información

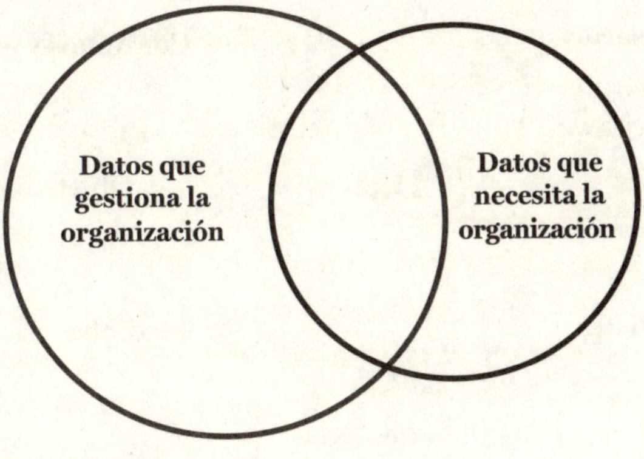

Fuente: Elaboración propia.

Por otro lado, las capacidades y habilidades de los empleados juegan un papel primordial. Muchas organizaciones no cuentan con el talento adecuado para analizar y comprender eficazmente los datos. Esto puede significar que, aunque éstos estén disponibles, la organización no está equipada para utilizarlos de manera efectiva. Esto se vincula con otro reto, como es la resistencia al cambio. En muchas empresas, los empleados y, en ocasiones, los mismos directivos pueden ser reacios a adaptarse a nuevas formas de operar, especialmente si sienten que sus métodos actuales siguen siendo efectivos o si lo perciben como una amenaza a su autonomía o experiencia. Los equipos necesitan entender que su experiencia sigue siendo vital y que los datos están ahí para ayudarles en sus decisiones.

Un último conjunto de desafíos está relacionado con la infraestructura tecnológica, la seguridad y la calidad de los datos. Por un lado, incluso la información más valiosa puede quedar subutilizada si la empresa carece de plataformas y herramientas adecuadas. Por otro lado, el incremento de la información hace que las organizaciones sean más susceptibles a ciberataques y filtraciones. Además, sin garantizar su calidad (véase gráfico 9.6) el resto de los esfuerzos resultarán infructuosos.

Gráfico 9.6. Características y calidad de los datos

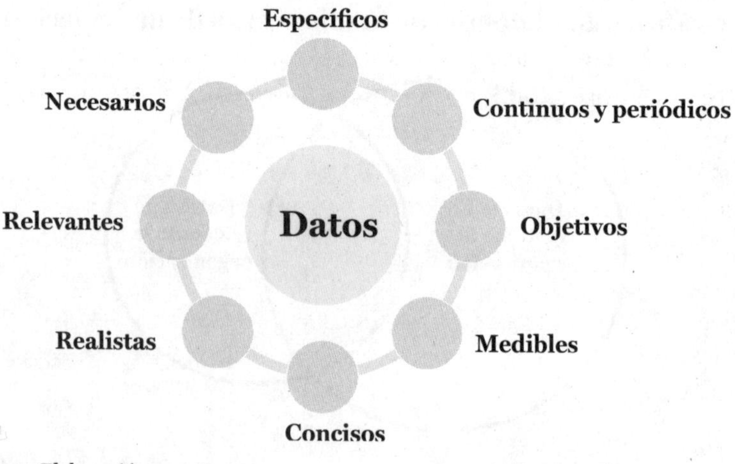

Fuente: Elaboración propia.

9.7. La dinámica de gestión inteligente y ética de los datos, de un vistazo

La gestión de datos en el mundo empresarial actual ha trascendido las tradicionales esferas de marketing y tecnología, convirtiéndose en un elemento clave que impacta directamente en la estrategia, la toma de decisiones y la reputación de las compañías. En esta era de información, los datos no son sólo un recurso valioso, sino el motor principal de innovación y transformación.

La manera en que una empresa gestiona sus datos puede ser determinante en su posición en el mercado o en su exposición a riesgos significativos. La habilidad para recopilar, analizar y utilizar información se ha convertido en un factor diferencial. Sin embargo, este poder conlleva una responsabilidad considerable: usar los datos para superar a la competencia, a la vez que se hacer con un enfoque ético e íntegro.

En la era digital los consumidores están más informados y son conscientes del valor de sus datos. Por eso, además de demandar calidad en productos y servicios, reclaman también transparencia y respeto por su privacidad. Además, en una situación de crecientes amenazas cibernéticas, asegurar la seguridad de los datos es un requisito fundamental para el éxito empresarial.

Los datos se han convertido en el combustible esencial para alimentar la estrategia y actividad de las empresas del siglo XXI, pero sin el talento adecuado esta energía resultará inútil. Por lo tanto, es imprescindible invertir en formación y promover una cultura de gestión de datos tanto inteligente y como ética.

Por lo tanto, las organizaciones modernas deben adoptar una gestión de datos inteligente y ética, que sea operativamente eficiente y que también equilibre el crecimiento comercial con la responsabilidad hacia los *stakeholders* y la sociedad. En este equilibrio entre ambición (sana) y ética, una empresa puede alcanzar una autenticidad y sostenibilidad genuinas a largo plazo.

9.8. La visión de Antonio Rodríguez Bes, CEO de Berocam Consulting

Dirigir una empresa de consultoría dedicada a llevar a cabo proyectos y análisis de datos me da la oportunidad de trabajar con organizaciones de diferentes sectores y tamaños que buscan aprovechar el potencial de los datos para transformar sus negocios. En este capítulo hemos visto la fuerza de esta información como dinámica transformadora de los negocios y el impacto que tiene en sus procesos, en sus clientes y en las personas que integran la organización. Los datos bien utilizados permiten conocer mejor a los clientes y, por tanto, generar más ingresos; optimizar los procesos haciéndolos más eficientes y reduciendo los costes; innovar en los productos y servicios, incluso creando nuevos modelos de negocio basados en datos, y tomar decisiones más informadas y estratégicas.

Desde hace años estamos viviendo una revolución de los datos que está cambiando la forma en que entendemos el mundo, tomamos decisiones y creamos valor. Hace tiempo que se acuñó la expresión «los datos son el nuevo petróleo», pero yo voy más allá. Los datos son el nuevo oxígeno. Es indiscutible que son un recurso estratégico que nos permite innovar, diferenciarnos y competir, pero también un elemento vital que nos conecta, nos informa y nos empodera. Los datos son la base de la inteligencia artificial, el internet de las cosas, el metaverso, la realidad mixta y aumentada, la nube, la ciberseguridad, la economía circular, la sostenibilidad y muchos otros ámbitos que están marcando el presente y determinarán el futuro.

Hace justo un año que la inteligencia artificial generativa ha destapado el valor que tiene como una de las tecnologías más disruptivas y transformadoras de la actualidad, ya que ofrece enormes oportunidades para mejorar la eficiencia, la innovación y la competitividad de las organizaciones. Esto está permitiendo que los datos no sean un privilegio de unos pocos expertos, sino que estén al alcance de todos los usuarios dentro de las empresas, desde los directivos hasta los empleados de primera línea. Ésta es la visión de la democratización de la IA, que consiste en facilitar el acceso, el uso y el entendimiento de esta tecnología a través de herramientas, plataformas y servicios que simplifican su desarrollo, implementación y gestión. La universalización de la IA tiene un impacto positivo tanto en el negocio como en las personas, ya que permite crear soluciones personalizadas y adaptadas a las necesidades específicas de cada sector, función o proceso, así como empoderar a los usuarios para que puedan tomar mejores decisiones basadas en datos y conocimiento. Además, la democratización de la IA fomenta la cultura de datos y la colaboración entre los diferentes roles y equipos dentro de las organizaciones, lo que contribuye a generar valor y ventajas competitivas sostenibles. En el futuro, su uso generalizado será un factor clave para impulsar la transformación digital y la innovación abierta, así como para generar un impacto social positivo alineado con los principios éticos y responsables de la IA.

Pero los datos también son un desafío en diversos ámbitos. Un desafío técnico, porque requieren de infraestructura, herramientas y metodologías adecuadas para su captura, almacenamiento, procesamiento, análisis y visualización. Un desafío organizativo, porque implican un cambio cultural, una nueva forma de trabajar en equipo, una nueva gobernanza y una nueva gestión del cambio. Y un desafío ético, porque plantean cuestiones sobre la privacidad, la seguridad, la calidad, la veracidad, la responsabilidad y el impacto social de los datos.

Como en cualquier dinámica transformadora, uno de los elementos clave son las personas. No basta con tener datos, hay que saber cómo usarlos, cómo extraer valor de ellos, cómo convertirlos en conocimiento y acción. La alquimia de los datos y el talento es el arte de combinar personas y recursos tecnológicos adecuados para crear soluciones innovadoras y disruptivas basadas en datos. Es la capacidad de generar *insights*, de encontrar patrones, de anticipar tendencias, de optimizar procesos, de personalizar productos y servicios, de crear experiencias únicas para los clientes. Es la diferencia entre ser un simple recolector de datos y ser un creador de valor.

Las dinámicas transformadoras basadas en datos requieren una visión clara y compartida de lo que se quiere lograr, de cuál es el propósito y la estrategia de la organización en relación con ellos. Requieren también una cultura que fomente la colaboración, la experimentación, el aprendizaje continuo y la adaptación al cambio. Requieren, en definitiva, una alineación entre los datos y el talento.

Este aspecto es fundamental para el éxito de las organizaciones en el presente y en el futuro. Los datos son un recurso abundante y accesible, pero el talento es escaso y competitivo. Las empresas que sepan atraer, desarrollar y retener el talento adecuado para trabajar con los datos tendrán una ventaja competitiva frente a las que no lo hagan. Las empresas que sepan crear una alquimia entre los datos y el talento podrán liderar la transformación de sus negocios y del mercado.

Por eso, creo que las organizaciones que quieran aprovechar el poder de los datos deben adoptar una visión holística e integrada de éstos. Una visión que no se limite a ver los datos como un activo o un producto, sino como la materia prima para esta dinámica transformadora del negocio. Una dinámica que implica a todas las áreas y niveles de la organización, que se basa en una cultura de datos que fomenta el aprendizaje continuo, la colaboración y la innovación, y que se orienta a generar valor para los clientes y para la sociedad.

Creo que ésta es la forma de hacer frente al futuro de las organizaciones enfocadas en los datos. Un futuro que se presenta lleno de oportunidades y retos. Un futuro que nos exige estar preparados y ser responsables. Un futuro que depende de nosotros.

10

Dinámica de innovación

> La creatividad y la innovación requieren tener el valor de desprenderse de las certezas.
>
> ERICH FROMM, psicoanalista

10.1. Innovación. Una dinámica para construir el futuro

La innovación sigue siendo un desafío complejo para muchas empresas y pymes, a pesar de los esfuerzos significativos para establecerla como una prioridad estratégica, incluyendo la inversión en tiempo y recursos en su implementación. Sin embargo, su desarrollo es ahora más crucial que nunca para asegurar el éxito y la sostenibilidad de los negocios en el presente y el futuro. ¿Por qué resulta tan complicado generar y sostener una capacidad de innovación efectiva en las organizaciones? Las causas son más profundas y variadas que la habitualmente señalada falta de ejecución. Para Gary P. Pisano, autor de *Creative Construction*, el problema tiene su origen en la **falta de una estrategia de innovación**.

Explica Pisano que una estrategia no es más que un compromiso con un conjunto de políticas o comportamientos coherentes y que se refuerzan mutuamente, destinados a lograr un objetivo competitivo específico. Las buenas estrategias promueven la alineación entre diversos grupos dentro de una organización, aclaran objetivos y prioridades y ayudan a centrar los esfuerzos en torno a ellos.

En esta línea de pensamiento, con la que coincido, vemos cómo las empresas definen periódicamente su estrategia comercial y especifican cómo diversas funciones (como marketing, operaciones, finanzas o tecnología) la respaldarán. Pero lo que raramente articulan, más allá de bonitas palabras en su misión, son estrategias para alinear sus esfuerzos de innovación con sus planes de negocio.

Sin esta estrategia de innovación los esfuerzos pueden dispersarse en prácticas populares como equipos de I+D autónomos o alianzas externas. Pero la innovación efectiva proviene de un **sistema integral de procesos y estructuras** que guían la generación y selección de ideas. Si carecen de él, las empresas no pueden equilibrar prácticas individuales ni ajustar su sistema de innovación globalmente. Adicionalmente, las diferentes áreas pueden perseguir distintos objetivos. Y aunque la diversidad de perspectivas es un valor para la innovación, sin una estrategia unificadora esta diversidad puede debilitarse o ser contraproducente.

Para superar estos desafíos es fundamental generar una dinámica que no sólo persiga «hacer innovación», sino que tenga como objetivo «ser innovadores». Esto implica infundir la innovación en el ADN de la organización, donde la acción y la decisión se orienten a la búsqueda y aplicación de ideas creativas e incluso de soluciones disruptivas. Un enfoque en el que la innovación se convierte en una práctica incrustada en la cultura y los procesos de la empresa, y no en una actividad aislada o esporádica. Una mentalidad que no se limita a momentos específicos o a proyectos aislados, sino que se manifiesta en la forma en que los empleados abordan sus tareas rutinarias, resuelven problemas y colaboran entre sí. En definitiva, una dinámica que fomenta la curiosidad y la exploración, permitiendo que la innovación surja de manera orgánica desde cualquier nivel de la organización.

10.2. Impacto de la innovación en los clientes

Las innovaciones demuestran a los clientes que las empresas con las que se relacionan son compañías dinámicas que pueden crear experiencias nuevas y relevantes de manera continua.

En general, cuando hablamos de innovación, ponemos el foco en las ventajas que le reporta a la empresa, como el aumento de la lealtad del cliente, la mejora en la percepción de la marca, la optimización de la rentabilidad, etcétera. En cambio, se presta menos atención a lo que realmente les debería interesar más, como son los beneficios que les aporta a los clientes.

Relacionarse con una compañía innovadora debería significar entrar en una dinámica de propuestas y experiencias que evolucionan de manera continua y aprovechan las oportunidades de las nuevas tendencias.

Éste es el objetivo central del siguiente contenido, adoptar la perspectiva del cliente para entender plenamente el impacto que genera interactuar con una empresa innovadora. Esta visión nos brindará una apreciación más profunda, permitiéndonos reconocer no sólo el valor significativo que la innovación aporta a las empresas, sino también cómo ésta enriquece y eleva la experiencia y la satisfacción del cliente de manera considerable. El cliente, en primer lugar, se beneficiará de productos y servicios que suelen **estar a la vanguardia** en términos de calidad, eficiencia y funcionalidad. Esto puede significar acceso a tecnologías más avanzadas, soluciones más personalizadas y una mejor experiencia de usuario.

Además, las empresas innovadoras tienden a ser **más receptivas y ágiles** en su respuesta a las necesidades y la retroalimentación de los clientes. Esto se manifiesta en una mayor satisfacción del cliente, ya que se sienten escuchados y valorados, y sus opiniones contribuyen directamente a la mejora de los productos y servicios.

La cocreación, o participación activa en los procesos de innovación, es una ventaja distintiva ofrecida por las marcas más vanguardistas a sus clientes. Estas marcas invitan a sus consumidores a colaborar en el desarrollo y mejora de productos, fomentando así un fuerte sentido de pertenencia y lealtad. Entre las diversas iniciativas implementadas en distintos sectores se encuentran: la innovación digital abierta, cocreación en el ámbito financiero, diseña tu coche, implementación de «la voz del cliente», proyectos de energía colaborativa, decisiones orientadas por el cliente, moda creada en colaboración, catas participativas e innovaciones en logística de entrega, entre otros. Estas iniciativas reflejan cómo la colaboración directa con los clientes puede enriquecer y revolucionar el proceso de innovación.

Además, estar asociado con una marca innovadora puede ser un reflejo de los valores y la **imagen que el cliente desea proyectar**.

Una pyme que he tenido la oportunidad de conocer en esta nueva etapa y que ejemplifica la idea de «ser innovador» es Aranco.

Como dice su director general, Gaizka Lara, la innovación surge en la compañía de manera no estructurada y como respuesta al peligro de desaparecer. En 1997 Aranco era una empresa comercial con un modelo de negocio tradicional de distribución. Luis Lara, su fundador, veía que era el eslabón más débil de la cadena de valor de un sector maduro, con oferta superior a la demanda y que, inevitablemente, iba a estrechar sus márgenes.

Ante esta situación, plantea la idea de convertirse en una empresa de servicios e inventa un nuevo servicio de pago por uso inexistente en el sector, que denominó SIE (Servicio Integral de Enfardado). Ese año Aranco vendía sólo en la Comunidad Valenciana, su cifra de negocio era de 2 millones de euros y su equipo de siete personas.

Durante los siguientes diez años Aranco creció gracias al SIE. En esa época no tenía tecnología propia, pero en 2008 decidió invertir en proyectos de I+D y desarrollar sus propias máquinas, tecnología de mantenimiento en remoto y su propio plástico alimentario. En 2017 descubrieron el valor que aportaban a sus clientes los datos que se generaban en sus máquinas y desarrollaron una web privada para compartirlos con ellos.

Aranco hoy es una empresa de ciento cincuenta personas, que está presente en cuatro países, con dos mil máquinas de embalaje instaladas y con una facturación de 28 millones de euros. Como nos dice Gaizka, «además de tener sello de pyme innovadora, tenemos doce patentes nacionales e internacionales y hemos invertido más de 3 millones de euros en I+D en los últimos cuatro años».

Tras más de veinticinco años innovando, todo el crecimiento de Aranco está relacionado con el valor que la innovación ha aportado a su propuesta de servicio.

Como vemos, el disparador de la innovación es versátil y puede surgir de necesidades internas, aprovechamiento de tendencias emergentes o del deseo de brindar más valor a los clientes.

10.3. Bases para generar una dinámica de innovación

Seguramente modelos de innovación haya tantos como consultoras, que los ofrecen en su oferta de valor, e incluso me atrevería a decir que tantos como empresas.

A modo de introducción e inspirado en un trabajo de Alberto Díaz García para *HBR*, la tabla 10.1 muestra de forma resumida los conceptos clave para diferenciar los **tres tipos fundamentales de innovación**: disruptiva, orgánica y de productividad, que potencialmente se pueden desarrollar en las organizaciones y que servirán de fundamentos para sus modelos futuros.

Conceptualizar y desarrollar el modelo de gestión más adecuado para cada organización es un reto complejo. Cada empresa debe seleccionar el enfoque que mejor se adapte a sus circunstancias únicas y objetivos específicos. Aunque no existe una sola fórmula, es posible identificar ciertas características fundamentales que suelen ser esenciales en cualquier modelo de innovación efectivo.

A lo largo de mi carrera he participado en la implementación de distintos modelos de innovación, lo que me ha permitido distinguir entre prácticas eficaces y aquellas menos exitosas. Basándome en estas observaciones, he delineado siete elementos clave que, en mi experiencia, han resultado efectivos en casi todas las situaciones. Estos elementos pueden servir como una hoja de

Tabla 10.1. Conceptos clave para diferenciar los tres tipos de innovación

	Innovación disruptiva	Innovación en negocio	Innovación de productividad
Objetivos	• Generar ***cash flow*** a tres años. • Crear una nueva propuesta de valor diferencial al cliente y agresiva al ***statu quo***.	• Optimizar el valor a clientes actuales. • Incrementar la base de clientes. • Mantener la posición financiera.	• Generar eficiencias.
KPI	• Creación propuesta de valor / negocio. • NPS. • Nuevos ingresos.	• Cuota de mercado. • Ventas. • Margen.	• *Cash flow*. • *ROI*. • Coste marginal decreciente.
Organización para abordarla	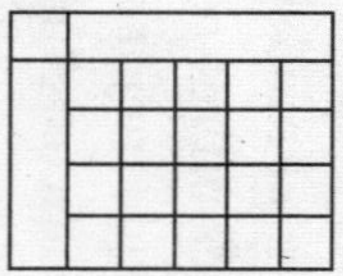	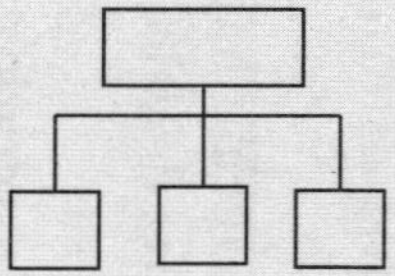	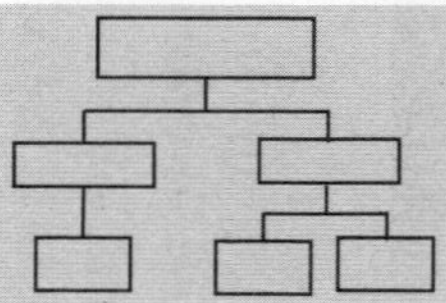
Gobierno	• Fuera del BAU. Autonomía. Reporte al CEO. • Proyectos de innovación creados por equipos ***agile*** e híbridos.	• Dentro del BAU, en I+D y marketing. • Estructura por ejes de innovación estratégica.	• Dentro del BAU. • Cada función es responsable.
Riesgo	• Falta de alineamiento con el propósito. Falta de sentido de urgencia.	• Incorporar la innovación disruptiva demasiado tarde o pronto al BAU.	• Falta de liderazgo de los mandos y de los empleados.
Ejemplo	• Evolución de vender productos a servicios. • Diversificación nuevos negocios. • Ecosistemas.	• Nuevo modelo, nueva versión, mejora de funcionalidad. • Personalización de la oferta.	• Ahorro de costes. • Optimización de tiempos. • Hiperautomatización.
Reto	• Vencer el *statu quo*. • Orquestar las fases, formas de trabajo, captación del talento y métricas.	• Situar la innovación en la estrategia de negocio. • Adaptar el BAU a las nuevas capacidades.	• Luchar contra el conformismo.

Fuente: Alberto Díaz.

ruta valiosa para las organizaciones que buscan iniciar o perfeccionar su dinámica de innovación. Estos principios no sólo potencian la creatividad, sino que también fomentan un entorno en el que la innovación puede prosperar y ser sostenible a largo plazo.

Gráfico 10.1. Siete elementos esenciales para implantar una dinámica de innovación

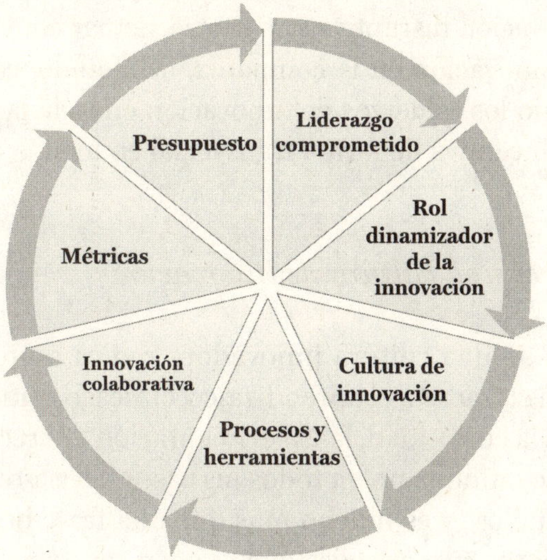

Fuente: Elaboración propia.

1. Liderazgo comprometido

Los líderes de la organización juegan, como en el resto de las dinámicas, un papel fundamental en la promoción de la innovación. No sólo a través de palabras, sino mediante sus acciones, decisiones de inversión y asignación de recursos. Hablamos de un liderazgo que aprueba presupuestos y crea departamentos, pero también se involucra activamente, promueve la cultura deseada y sirve como un modelo a seguir en la curiosidad y el deseo de experimentar y aprender.

2. *Rol dinamizador de la innovación*

Tener un área dedicada es uno de los debates permanentes en las estrategias de innovación. La experiencia demuestra que la función es necesaria y que otra cuestión es valorar, en función de la dimensión de la empresa y de su madurez, si se concreta en un área o una competencia de la dirección general. No obstante, juega un rol que no debe operar aisladamente y que tiene una doble misión: por un lado, identificar tendencias, proponiendo y desarrollando proyectos de innovación disruptiva y, por otro, actuar como un catalizador de la innovación en la compañía, facilitando, coordinando y amplificando los esfuerzos de innovación en toda la empresa a la vez que se incentiva de forma transversal en toda la organización.

3. *Promover una cultura de innovación*

La esencia de una cultura innovadora radica tanto en cómo la empresa ve el fracaso, el aprendizaje y el riesgo como en su aproximación a la curiosidad, la experimentación y el reconocimiento del esfuerzo, aunque no en todos los casos lleve a resultados exitosos. Los fallos (y es mucho más que una frase hecha) proporcionan valiosos aprendizajes que pueden ser esenciales para futuros éxitos.

El Newton de Apple es un buen ejemplo de esto. En 1993, Apple introdujo el Newton MessagePad, un precursor de los, en aquellos años, modernos asistentes digitales personales (PDA). A pesar de ser revolucionario, se enfrentó a problemas significativos por su inexactitud en el reconocimiento de escritura a mano, su excesivo tamaño y su precio elevado, que lo hacía menos atractivo para el público general. Tras estos desafíos, Apple discontinuó el Newton en 1998.

Sin embargo, las lecciones aprendidas de Newton fueron cruciales. Apple tomó nota de la importancia de la usabilidad, la precisión y el diseño adecuado, en el precio no tanto. Seguro que estos aprendizajes contribuyeron en gran medida al diseño y éxito de sus siguientes dispositivos, como el iPhone, que, aunque diferente en función, heredó la visión de Newton de la informática personal móvil y la perfeccionó para las masas. Tal vez sin el fracaso del Newton hoy nuestra vida sería distinta.

4. Proceso y herramientas

La innovación puede surgir de momentos «eureka», lo cual está muy bien, pero para que realmente se convierta en un motor sostenible de crecimiento y mejora necesita un modelo con unos procesos claros y bien definidos que permita que las ideas se evalúen, desarrollen y escalen de manera efectiva.

Metodologías como el *design thinking* o *lean start-up*, el uso de plataformas online o sistemas integrados de comunicación se han convertido en herramientas de uso generalizado que son importantes considerar en el desarrollo de la dinámica.

5. Innovación colaborativa

La innovación abierta se ha establecido como una metodología clave para explorar nuevos horizontes en el desarrollo de la innovación, adoptando un enfoque más colaborativo y trascendiendo las barreras internas de las organizaciones. Según un informe de 101 Innovación, un 78 por ciento de las empresas reconoce el valor que las *start-ups* aportan para impulsar la agilidad y el desarrollo de soluciones innovadoras, lo cual está muy bien, pero más allá de estas iniciativas, las mejores prácticas de innovación también se dan con proveedores, clientes, sector público e incluso con competidores.

Un ejemplo de innovación con competidores en el que participé desde su inicio es Bizum. Este proyecto, apoyado por las principales entidades bancarias de España, buscaba ofrecer una solución unificada para pagos móviles y transferencias instantáneas entre particulares. Los elementos clave que impulsaron el éxito de Bizum fueron la necesidad de responder a la amenaza de las plataformas digitales, la disponibilidad de tecnologías facilitadoras para su desarrollo ágil y la formación de un equipo de trabajo con un espíritu colaborativo y un objetivo común. Desde su lanzamiento en 2016, Bizum ha logrado atraer a más de veinticuatro millones de usuarios y realizar más de mil novecientos millones de operaciones, demostrando el poder y el éxito de una estrategia bien ejecutada de innovación abierta. En el capítulo 17, Ángel Nigorra, CEO de Bizum, nos explica con mayor profundidad las claves del modelo.

Las ventajas de adoptar la innovación abierta son claras y múltiples: reduce el tiempo y los costos asociados al desarrollo de nuevos productos o servicios, facilita la incorporación de innovaciones que serían difíciles o incluso imposibles de generar internamente, cataliza un cambio cultural dentro de la empresa y atrae talento y nuevas habilidades.

En paralelo, el **intraemprendimiento** emerge como el otro pilar de la estrategia de innovación. Mientras que la innovación abierta se enfoca en las colaboraciones y recursos externos, el intraemprendimiento se centra en fomentar una cultura de emprendimiento dentro de la propia organización. Esta aproximación implica identificar, desarrollar y aprovechar las ideas innovadoras de los empleados, animándolos a actuar como emprendedores internos. Este enfoque no sólo aprovecha el conocimiento y la creatividad existentes dentro de la empresa, sino que también promueve un entorno laboral dinámico, donde el talento se siente más comprometido y motivado para impulsar el cambio y la innovación.

Esta combinación de innovación abierta e intraemprendimiento proporciona a las empresas una ventaja competitiva más robusta. Al integrar ambas estrategias, las organizaciones pueden equilibrar la exploración de ideas externas con la potencia del talento y las capacidades internas, creando un ecosistema de innovación más diverso y efectivo.

6. Medición

Medir la innovación es una dimensión crítica en la gestión empresarial. No sólo se trata de evaluar la cantidad y calidad de las innovaciones, sino también de alinear estos esfuerzos con la estrategia y los objetivos generales de la organización. Esta medición actúa como una brújula, orientando y refinando el proceso innovador, lo que asegura que cada paso contribuye efectivamente al progreso y éxito global de la empresa.

Incluso podemos afirmar que su ausencia suele ser el detonante de más de un fracaso de este tipo de iniciativa.

Sin tratar de desarrollar un modelo de métricas, lo cual resulta incompatible con el alcance del presente trabajo, sí me parece importante exponer de forma sencilla algunas ideas que pueden guiar en la creación de un sistema de medición de la innovación.

Para ello, he utilizado la clasificación de las tipologías de innovación compartidas en el punto 2, a través del cual podemos generar una primera aproximación a las métricas.

Tabla 10.2. Dinámica de innovación. Indicadores clave

Tipo de métrica	Disruptiva	Negocio	De productividad
	Evolución del embudo de innovación		
Actividad	• Propuesta de nuevos modelos • Propuesta de nuevas ofertas de valor • *Start-up* / ideas exploradas	• Número de ideas generadas • Número de proyectos iniciados / finalizados (tasa de éxito)	
Resultados	• NPS • Ingresos por nuevos negocios • Ingresos por nueva propuesta de valor • *ROI* generado	• NPS • Cuota de mercado • Ventas de nuevo producto o servicio • Margen de nuevo producto o servicio	• *Cash flow* generado • *ROI* generado • Impacto en costes

Fuente: Elaboración propia.

En el ámbito de actividad, nos permite visualizar el ritmo de adopción de la cultura de innovación a partir del análisis del embudo de la innovación.

Por su lado, el bloque de resultados permite hacer un seguimiento del impacto de las distintas iniciativas tanto en los ingresos y costes como en el retorno de la inversión.

7. Presupuesto

Para ser innovador no es suficiente con adoptar una mentalidad y una cultura abiertas a la innovación; es igualmente necesario destinar recursos financieros específicos para apoyar las distintas iniciativas, pues la innovación implica explorar espacios desconocidos que necesitan dedicación explícita.

La práctica (la mala práctica) que he vivido en más de una ocasión de «sácalo del presupuesto de tecnología» es un camino que, puedo asegurar, nunca ha dado ningún resultado.

Un error generalizado es tratar la innovación como un elemento central de la estrategia de la empresa, pero sólo hasta que llega la etapa de presupuestación. Al dar una vuelta a los costes es la tercera partida en decrecer, después de las suscripciones y la consultoría. ¿Por qué? Porque no genera resultados en el próximo ejercicio. Una mala decisión que demuestra, entre otras cuestiones, una falta de entendimiento por parte de los directivos de lo que significa ser un líder efectivo.

Como dice Scott Anthony, socio sénior de Innosight, los directivos en general y los consejeros en particular suelen estar ciegos a las amenazas de disrupción, porque tienen un marco mental basado en algunas (falsas) asunciones:

- Consideran que sus clientes más grandes y rentables son la mejor fuente de información.
- Confían en que la tendencia de los datos históricos revele las cifras futuras.
- Ante la incertidumbre, piensan que tiene menos riesgo no actuar y esperar que actuar.
- Creen que los accionistas no invertirán en algo nuevo de futuro si pone en riesgo la rentabilidad actual.

Consideran, confían, piensa, creen... y no actúan. Pero la disrupción continua es imparable.

Una experiencia reveladora fue mi visita a 3M en España, una empresa que encarna la creación de un entorno favorable para la innovación. 3M no se limita a fomentar la creatividad y el desarrollo de ideas dentro de su equipo de I+D, sino que extiende esta filosofía a toda su estructura organizativa. Su lema «Resolver problemas sin solución de forma innovadora» es más que una simple declaración; es el núcleo de su identidad corporativa.

El impulso innovador de 3M se centra en ofrecer soluciones creativas a problemas reales de clientes y consumidores, abarcando diversas industrias y mercados. Esta estrategia ha permitido a la compañía mantener un portafolio impresionante de cincuenta mil productos y dos mil marcas en el mercado, todos derivados de tan sólo treinta y ocho tecnologías fundamentales. Muchos de estos productos son considerados hoy en día indispensables en diversos ámbitos.

La cultura de 3M se caracteriza por su énfasis en la innovación, la colaboración y la interacción. Esto se manifiesta a través de tres acciones clave: promover una cultura de cooperación y colaboración, alentar a todos los empleados a compartir sus ideas y aplicar la regla del 15 por ciento. Esta última implica que cada empleado dedica el 15 por ciento de su tiempo laboral a proyectos personales que tienen el potencial de convertirse en innovaciones significativas para la empresa.

Además, 3M realiza inversiones significativas en innovación, lo cual es fundamental para su éxito continuo. Un hecho curioso que ilustra la magnitud de su impacto innovador es que, si todos sus inventos llevaran la etiqueta «Made in 3M», nos la encontraríamos entre sesenta y setenta veces al día. Esto demuestra no sólo la extensión de su influencia en nuestra vida cotidiana, sino también su compromiso inquebrantable con la innovación constante.

10.4. El valor de la inteligencia colectiva y los ecosistemas de innovación

En el ámbito empresarial, la innovación ha evolucionado más allá de la imagen de genios solitarios o equipos de I+D aislados en busca de grandes descubrimientos. La innovación abierta, un tema tratado brevemente con anterioridad, merece un desarrollo más profundo en este capítulo por su relevancia creciente. En el contexto actual, marcado por la globalización y la digitalización, la inteligencia colectiva se ha convertido en un componente esencial de las estrategias de innovación de las empresas. Algunas organizaciones lo aprovechan y otras no, pero la realidad es que ahí está.

La diversidad de pensamiento es un gran activo en la inteligencia colectiva. Equipos formados por profesionales de distintas disciplinas y con variados antecedentes culturales y experiencias tienden a abordar los problemas desde múltiples ángulos, y eso conduce a soluciones más innovadoras.

Pero para que la inteligencia colectiva prospere en una organización, es crucial, además de disponer de herramientas adecuadas para la comunicación y el trabajo en equipo, crear un ambiente que promueva una participación efectiva y una colaboración que valore las contribuciones de todos sus miembros.

En la era digital, la tecnología es fundamental para apoyar y fomentar esta inteligencia colectiva. Las plataformas de colaboración en línea, las redes sociales corporativas y las herramientas de gestión del conocimiento facilitan el intercambio de ideas y experiencias más allá de las barreras geográficas y departamentales, ampliando el alcance y la profundidad de la innovación colectiva.

Sin embargo, implementar una estrategia efectiva de inteligencia colectiva en innovación conlleva desafíos, como garantizar que todas las voces sean escuchadas y valoradas por igual con el objetivo de evitar el predominio de unas pocas opiniones o el silenciamiento de perspectivas minoritarias. Para superar estos retos, las organizaciones deben establecer procesos claros y equitativos para la generación y evaluación de ideas y capacitar a los líderes para gestionar la diversidad de manera exitosa. La capacitación en nuevas habilidades (ahora denominadas blandas), como la gestión de la diversidad o del cambio, son sistemáticamente olvidadas en los programas de desarrollo de directivos.

Dentro de este panorama, los **ecosistemas de innovación** emergen como catalizadores clave para potenciar la inteligencia colectiva, al integrar de manera sinérgica a empresas, instituciones educativas, centros de investigación y la sociedad civil. Estos ecosistemas, fundamentados en la colaboración y el intercambio de conocimiento, no sólo amplifican el alcance de la innovación abierta, sino que también aceleran el desarrollo de soluciones disruptivas.

Al fomentar una cultura de cooperación interdisciplinaria y transectorial, facilitan la creación de redes de valor que trascienden las fronteras organizativas, promoviendo un flujo constante de ideas y talento. Esta interconexión entre diferentes actores permite una comprensión más profunda de las necesidades del mercado y los desafíos sociales, orientando los esfuerzos de innovación hacia la creación de valor compartido.

Osmotic Network Learning es un claro ejemplo de modelo de innovación o transformación disruptivo que pone en valor la inteligencia colectiva y que, animado por su inventor, Luis Mateos Keim, he tenido la oportunidad de experimentar en distintos proyectos.

Se trata de un enfoque muy sistémico de conexión del futuro con el presente para involucrar al ecosistema en el diseño de la estrategia que establece las bases para la generación de un motor de hábito para la transformación.

Osmotic parte siempre del trabajo sobre el diseño de la visión de futuro y el objetivo final común para asegurar que el trabajo posterior, comenzando desde de la situación actual, tenga una gran compatibilidad entre los caminos propuestos por los diferentes equipos que propondrán en paralelo su versión de ¿cómo lo haríamos nosotros si fuésemos «los jefes»?

El proceso de transformación es convertir a la empresa y a sus integrantes en «la empresa objetivo». Osmotic lo resuelve estableciendo un proceso en el que los retos estratégicos son sometidos al método del caso en tiempo real, mediante equipos que trabajan en paralelo diseñando su propuesta. Estos grupos incorporan a *stakeholders* que aportan su conocimiento y experiencia a la empresa y al proceso de transformación o innovación.

Todo esto produce un hábito que alinea, coordina e involucra a cada vez más elementos de la empresa (*stakeholders* internos y externos), que generan la «nueva empresa» y facilitan el proceso de cambio, al haberse generado, con potentes apoyos, pero desde la propia organización.

10.5. La dinámica de innovación, de un vistazo

La trayectoria hacia una verdadera cultura de innovación no es simplemente un desafío; es una necesidad vital para el crecimiento y la supervivencia de cualquier empresa en el mercado actual. Como hemos visto, la innovación trasciende la mera generación de ideas y es un proceso integrado y holístico que involucra la alineación de estrategias, la colaboración efectiva y la adopción de una mentalidad que fomenta la experimentación y el aprendizaje.

La innovación no es un destino, sino un viaje continuo de evolución y adaptación. Es una dinámica que debe estar profundamente arraigada en todos los aspectos de la organización, desde la alta dirección hasta el nivel operativo. Esto implica ir más allá de los esfuerzos aislados y considerarla como una parte integral y constante de la actividad empresarial. Una organización verdaderamente innovadora no sólo implementa nuevas ideas, sino que las vive y respira a diario.

Para prosperar en un entorno empresarial en constante cambio es imprescindible que las empresas se comprometan con prácticas que promuevan la diversidad de pensamiento, la colaboración abierta y una cultura que valore tanto el éxito como el aprendizaje que se deriva del fracaso. Las organizaciones deben fomentar un ambiente donde la curiosidad y la exploración sean la norma y donde cada profesional, independientemente de su rol, se sienta empoderado para contribuir al proceso innovador.

En consecuencia, la innovación requiere una combinación de estrategia, cultura, procesos y herramientas adecuadas. Es un equilibrio entre la libertad creativa y la estructura organizada, entre la exploración de nuevas ideas y la eficiencia operativa. El futuro pertenece a aquellos que, además de adaptarse al cambio, lo impulsan. Por lo tanto, el reto es hacer de la innovación un elemento central de nuestra forma de trabajar, creando más empresas dinámicas, resilientes y preparadas para el futuro. La dinámica de innovación no es sólo una teoría, sino una práctica esencial y continua.

10.6. La visión de Salvador Aragón, director general de Innovación de IE Business School

Mi visión sobre la innovación es en realidad una visión doble donde intento alinear una aproximación «fundamental» a la innovación con otra visión más práctica y operativa. La primera es la innovación como «el arte y la ciencia de las apuestas inteligentes» y la segunda es la innovación como «proceso organizativo».

La primera visión responde a un desafío evolutivo. En un entorno y condiciones competitivas en permanente cambio es imposible afrontar el futuro con la aproximación tradicional de la planificación estratégica. En vez de ello, las empresas deben construir una cartera de apuestas decisivas que les permitan capturar las oportunidades que sin duda van a aparecer en su futuro. Muchas de éstas tendrán muy poco éxito, pero otras construirán el núcleo de sus modelos de negocio en el futuro. La clave no va a ser tanto el éxito de cada apuesta estratégica de forma aislada, sino el rendimiento de la cartera de todas ellas. Una aproximación que conocen muy bien todos aquellos que invierten en mercados de valores.

La segunda visión es que la innovación es un proceso organizativo y que, por tanto, puede ser gestionado. Como todo proceso, tiene claramente definidas sus entradas: retos e ideas; los recursos que demanda: talento, financiación, tecnología; y sus resultados esperables que de forma muy personal creo que deben permitir la diferenciación competitiva presente y futura. Esta aproximación sin duda resultará familiar a mentes más «ingenieriles».

A modo de resumen de ambas aproximaciones podríamos llegar a una visión de consenso: la innovación es el arte y la ciencia de generar y gestionar apuestas inteligentes dentro de un proceso organizativo de forma que podamos garantizar la diferenciación competitiva de nuestra empresa, es decir, su supervivencia en el futuro.

La dinámica de la innovación: ¿cómo iniciarla?

Sobre el disparador de la innovación existe una visión un tanto romántica que afirma que su punto de partida son las ideas. Personalmente estoy convencido de que el punto de partida de la innovación son los retos organizativos que somos capaces de identificar.

Observando su relevancia, los retos más importantes son los de naturaleza estratégica que implican la necesidad de crear, mejorar o abandonar nuestros modelos de negocio actuales. Es decir, los desafíos que van a definir nuestra cartera de apuestas estratégicas.

A la hora de identificar estos retos estratégicos, mi experiencia me hace dotar de cada vez mayor importancia a los «rinocerontes grises», que son aquellas tendencias, eventos o transformaciones que no me puedo permitir el lujo de ignorar. Dentro de esta categoría de rinocerontes grises encontramos cambios económicos y sociales, nuevos actores con modelos de negocio novedosos, nuevas tecnologías e incluso cambios regulatorios. En todo caso, fuentes naturales de retos estratégicos que deben guiar nuestras apuestas.

En un nivel más táctico o incluso operativo nuestro proceso de innovación debe ser capaz de identificar retos de menor dimensión, pero también muy relevantes a corto y medio plazo. Dos preguntas ayudan en esta tarea: ¿cómo puedo mejorar mi modelo de negocio actual? y ¿cómo puedo expandir o extender dicho modelo de negocio?

Esta segunda pregunta requiere una cierta explicación. Por expandir se entiende el llevar nuestra propuesta de valor actual a nuevos clientes. Extender supone, por su parte, incorporar nuevos productos, servicios o experiencias a los clientes que ya tenemos.

La dinámica de la innovación: ¿cómo sostenerla?

Si los retos proporcionan la chispa que prende el fuego de la innovación, el mantener vivo dicho fuego demanda ingredientes muy distintos. Si tuviera que resumirlos en dos palabras, éstas serían capacidades y voluntad.

En relación con las capacidades destaca especialmente una: el talento. La investigación en los últimos años ha destacado que las organizaciones más innovadoras son aquellas que disponen de un talento más diverso. En este sentido, un talento con diversidad cognitiva, un término que cada vez va a ser más relevante en innovación, es capaz de comprender los cambios, generar ideas y ejecutar soluciones de forma mucho más ágil y eficiente que un talento muy homogéneo en su dimensión cognitiva.

En relación con la voluntad para innovar, deben resaltarse dos elementos que a menudo se olvidan: legitimidad y deseabilidad. Legitimidad implica que la alta dirección de la organización haga ver con su propio comportamiento y ejemplo que la innovación es algo imprescindible para la supervivencia organizativa. En este sentido, si la alta dirección es capaz de crear una adecuada cartera de apuestas estratégicas, el resto de la organización verá como legítimo crear sus propias apuestas tácticas y operativas.

Finalmente, terminemos con la deseabilidad de la innovación. Más de tres décadas de experiencia en la gestión de la innovación nos han mostrado que el comportamiento innovador es deseable cuando hacemos uso de dos mecanismos aparentemente muy simples: reconocimiento y recompensa. Y es con dos preguntas vinculadas a estos términos con los que me gustaría terminar: ¿cómo tu empresa reconoce la innovación? Y... ¿cómo se premia?

11

Dinámica de colaboración

> El talento gana partidos, pero el trabajo en equipo y la inteligencia ganan campeonatos.
>
> Michael Jordan, jugador de baloncesto

11.1. El poder (y valor) de la colaboración

Los directivos de Dynamics Seven (nombre ficticio), una compañía especializada en componentes electrónicos de rápido crecimiento, se encontraron ante un dilema inesperado: aunque los equipos de ventas, distribución y operaciones cumplían con sus metas, muchos clientes mostraban un profundo descontento en sus encuestas de satisfacción. Tras el correspondiente análisis, la dirección identificó que, aunque cada área evaluaba exitosamente el rendimiento de su personal en funciones específicas, no existían motivaciones ni procesos para garantizar una colaboración adecuada, como sincronizar la actuación de los distintos canales o tramitar los pedidos de forma coordinada para garantizar la fecha de entrega comprometida. Esto condujo a continuas reclamaciones, incluso pérdida de clientes.[3]

3. Contenido inspirado en Heidi K. Gardner e Ivan Matviak para *HBR*.

No es extraño identificar empresas con clientes insatisfechos e incluso con resultados mediocres que en cambio tienen buenas evaluaciones de sus profesionales. Normalmente se trata de compañías organizadas en silos muy arraigados en los que la colaboración no forma parte de su cultura, y que a pesar de sus discretos resultados siguen atrapadas en un *statu quo* que las puede llevar a la desaparición.

En el otro extremo nos encontramos con empresas con una sólida cultura colaborativa que poseen una ventaja competitiva distintiva en el mercado, pues al fomentar la integración y la sinergia entre equipos, se promueve la innovación, se optimizan recursos y se acelera la toma de decisiones. Esta dinámica potencia la adaptabilidad frente a desafíos cambiantes, atrae y retiene al mejor talento y fortalece relaciones tanto internas como externas.

En Quirónsalud, una compañía líder en el sector sanitario español, con la que he tenido la oportunidad trabajar, se desarrolla una eficaz dinámica de colaboración. Los equipos de tecnología, atención al paciente y gestión de procesos trabajan estrechamente con profesionales del sector para generar mejoras sistemáticas. Éstas se reflejan tanto en el ámbito asistencial como en el apoyo diagnóstico, aportando un valor significativo a los pacientes y al sector sanitario en general. Por ejemplo, partiendo del análisis de los datos de pacientes y revisando los procesos asistenciales con equipos mixtos de facultativos y enfermeros, así como con ingenieros de procesos, se consiguen mejoras en resultados de salud (reducción de reingresos, tasa de complicaciones...) que en ocasiones mejoran, incluso, los conseguidos con la incorporación de nuevos fármacos.

El valor de la colaboración con terceros lo podemos constatar en aspectos como:

- **Innovación y creatividad.** La colaboración fomenta la diversidad de pensamiento, lo que lleva a soluciones creativas y enfoques innovadores que difícilmente surgirían en un entorno de trabajo aislado.
- **Acceso a nuevos mercados y recursos.** Colaborar con

otras empresas puede abrir puertas a mercados y recursos inaccesibles individualmente, expandiendo las oportunidades de negocio.

- **Riesgo compartido.** Al colaborar, las empresas pueden distribuir y manejar mejor los riesgos, especialmente en proyectos grandes y complejos.
- **Oportunidades de aprendizaje.** La colaboración ofrece oportunidades únicas de aprendizaje y desarrollo profesional, al interactuar con diferentes personas, culturas y organizaciones.
- **Fortalecimiento de relaciones y redes.** Trabajar juntos fortalece las conexiones empresariales y crea redes de contactos valiosas para futuras iniciativas o apoyo mutuo.
- **Eficiencia y productividad.** La colaboración permite compartir recursos y habilidades, mejorando la eficiencia operativa y la productividad general.
- **Adaptabilidad.** En un mercado cambiante, las empresas que colaboran pueden adaptarse más rápidamente a nuevos entornos y demandas, gracias a la movilización de diversos recursos y competencias.

En cualquier caso, estamos en un contexto en el que la colaboración sólo puede tener éxito si el esfuerzo conjunto produce ventajas mutuas para todas las partes implicadas.

Aunque sean evidentes sus beneficios, a menudo nos encontramos con directivos que no impulsan la colaboración al no entender su efecto transformador. La perciben como una simple interacción entre equipos, en lugar de reconocerla como una útil herramienta de gestión que puede desbloquear la innovación, mejorar la eficiencia operativa, fortalecer la cultura organizacional o, en el caso de las pymes, permitirles competir con los grandes.

Los fundamentos de la colaboración efectiva en la gestión del siglo XXI se pueden condensar en cinco elementos clave, conocidos como «las cinco C de la colaboración»: **complementariedad**, que subraya la importancia de unir habilidades y conocimientos diversos para obtener resultados más robustos; **coordinación**, que busca la ejecución fluida y cohesiva de los esfuerzos conjuntos; **comunicación**, vital para mantener la transparencia y el entendimiento mutuo; **compromiso**, que implica una dedicación compartida hacia objetivos comunes, y **confianza**, el fundamento sobre el cual se construyen y se sostienen todas las relaciones colaborativas exitosas.

Como hemos visto, hoy los **ecosistemas** representan la extensión natural de la colaboración tradicional que, facilitada por las nuevas herramientas digitales, amplifica su potencial. Estos modelos no sólo mejoran la comunicación y la cooperación entre individuos y organizaciones, sino que también permiten una integración más profunda de conocimientos y recursos. En este entorno interconectado, la innovación y la creatividad se disparan, ya que las ideas pueden fluir libremente y ser mejoradas colectivamente.

Además, los ecosistemas digitales están democratizando el acceso a la información y aumentando las oportunidades, ya que eliminan barreras geográficas y económicas. Esto se traduce en una mayor equidad y diversidad en el proceso de toma de decisiones, donde las voces de diferentes culturas y antecedentes pueden ser escuchadas y valoradas.

No es osado decir que, de alguna forma, están redefiniendo la manera en que trabajamos, aprendemos y colaboramos.

En cualquier caso, y para terminar esta breve introducción, es importante recordar que, aunque el imperativo de la colaboración es un sello distintivo del entorno empresarial actual, el desafío no es cultivar más colaboración, sino fomentarla de forma adecuada, para que se puedan lograr grandes cosas que no son posibles cuando trabajamos solos.

11.2. El efecto de la colaboración en la experiencia del cliente

En nuestra perspectiva de situar al cliente en el centro de la estrategia, surgen interesantes preguntas relacionadas con el nivel de colaboración en la organización y su impacto en el negocio: ¿cómo mejora la cultura de colaboración la experiencia de los clientes?, ¿de qué manera la colaboración entre equipos mejora la oferta de valor?, ¿cómo impacta en la rapidez y eficacia de las respuestas a sus problemas o necesidades?, etcétera.

El efecto de la colaboración empresarial en el cliente es multifacético y, a menudo, sutil pero profundamente significativo. Al adoptar una cultura de colaboración, las empresas no sólo mejoran sus procesos internos y fomentan un ambiente de trabajo más saludable y productivo, sino que también extienden estos beneficios a sus clientes de varias maneras.

La **mejora en la calidad de productos y servicios** es uno de los primeros impactos visibles. Este avance se da gracias a la unión de esfuerzos y conocimientos de distintos equipos, lo que conduce a innovaciones y soluciones más efectivas. Como resultado, los clientes disfrutan de productos y servicios que satisfacen sus necesidades de manera más completa y eficiente.

Además, esta sinergia interna se traduce en una **experiencia del cliente más personalizada** y enriquecedora. La integración de datos y percepciones de diferentes áreas permite a las empresas obtener un entendimiento más profundo de sus clientes, lo que a su vez posibilita la personalización de ofertas y servicios, que da lugar a un mayor nivel de satisfacción y fidelidad del cliente.

En términos de **agilidad**, las empresas que fomentan esta sinergia interna suelen responder con mayor rapidez a las necesidades y retroalimentaciones de sus clientes. Esta capacidad de adaptación rápida asegura que los clientes se beneficien de soluciones eficaces y oportunas a sus demandas o problemas.

La **transparencia y la confianza** también se ven fortalecidas en este ambiente. La forma en que una empresa se comunica y se relaciona con sus clientes refleja su cultura interna. La apertura y la honestidad en estas interacciones construyen una base sólida de confianza, esencial para relaciones duraderas y fructíferas.

Por último, la **atención al cliente se ve optimizada** en este tipo de entornos. La comunicación fluida entre diferentes áreas de la empresa garantiza que los problemas y las consultas de los clientes sean atendidos con mayor eficacia, mejorando su experiencia general y su percepción de la empresa.

Como vemos, aunque muchas veces parezca invisible para el

cliente, la adopción de una cultura que promueve la unión de esfuerzos y habilidades dentro de una empresa no sólo mejora sus operaciones internas, sino también significativamente la relación y la experiencia del cliente, lo que lleva a una mayor satisfacción y lealtad.

Al interactuar con empresas colaborativas que, además, forman parte de un ecosistema más amplio, los clientes obtienen **beneficios adicionales** que no siempre son evidentes en organizaciones más aisladas, como soluciones integrales y más adaptadas a sus necesidades.

Además, estas compañías tienden a tener una visión integral del cliente. Esto significa que, en lugar de interactuar con él desde perspectivas aisladas, consideran todos los contactos y el *feedback* previos, lo que garantiza una **experiencia de cliente más coherente** y holística. Esta cohesión deriva en servicios y productos que están mejor alineados con las expectativas y deseos de sus compradores y evita, además, el caos que se produce como consecuencia de organizaciones fragmentadas en las que cada negocio aborda al cliente en función de sus intereses. Pensemos en la experiencia con un banco en el que cada canal (oficina, online, app o centralitas) o cada producto o servicio (tarjetas, seguros, pasivo o activo) hace la guerra por su cuenta.

Por último, podríamos decir que la esencia misma de la colaboración se basa en la escucha y el intercambio. Esto puede generar en el cliente una sensación de estar verdaderamente valorado, lo que fortalece la relación y la fidelidad hacia la empresa. Esto no sólo permite, como veíamos anteriormente, que el cliente tenga una **voz activa en la creación de soluciones** que se adapten a sus necesidades, sino que también les brinda un sentido de propiedad y compromiso con el resultado final.

11.3. El reto de generar una dinámica de colaboración

La colaboración no se produce de forma natural en todas las organizaciones. Las personas estamos acostumbradas a trabajar de forma individual para proteger nuestras ideas y a menudo competimos con nuestros compañeros en lugar de colaborar con ellos. Incluso no es difícil encontrar organizaciones que fomenten esta competencia, lo que, lógicamente, complica aún más el desarrollo de una cultura de este tipo.

Gráfico 11.1. Dinámica de colaboración

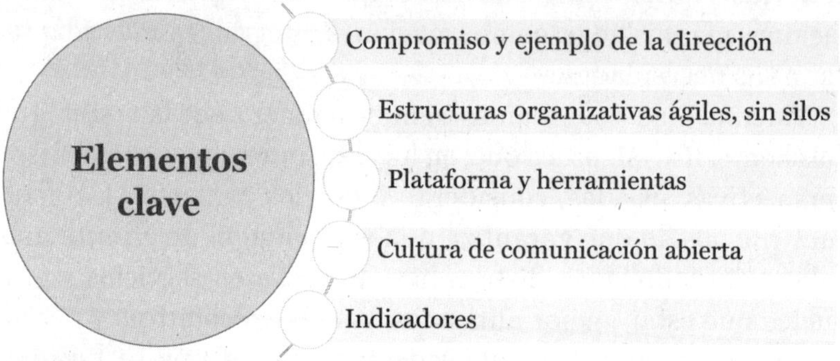

Fuente: Elaboración propia.

Para generar una dinámica de colaboración, además del **compromiso de la dirección**, se precisa de un cambio cultural, que puede facilitarse con acciones concretas, como definirla con claridad y adoptar **estructuras organizativas ágiles** que eliminen los silos y faciliten que los líderes de los equipos la promuevan y sean un ejemplo en sus relaciones con sus pares y subordinados.

Asimismo, y aunque suene un poco raro en este ámbito, es aconsejable realizar un **diagnóstico de la situación**, que ayude a evaluar el estado actual de la empresa en términos de cultura colaborativa: ¿qué prácticas colaborativas existen?, ¿cuáles son las barreras que impiden la colaboración?, o ¿dónde están las oportunidades? Una evaluación honesta y rigurosa nos proporcionará la base sobre la que tenemos que construir.

En este sentido, el gráfico 11.2 puede ayudar a situar la compañía en su nivel de madurez y ayudar a tomar medidas para su adopción.

Gráfico 11.2. Nivel de madurez de la colaboración en las organizaciones

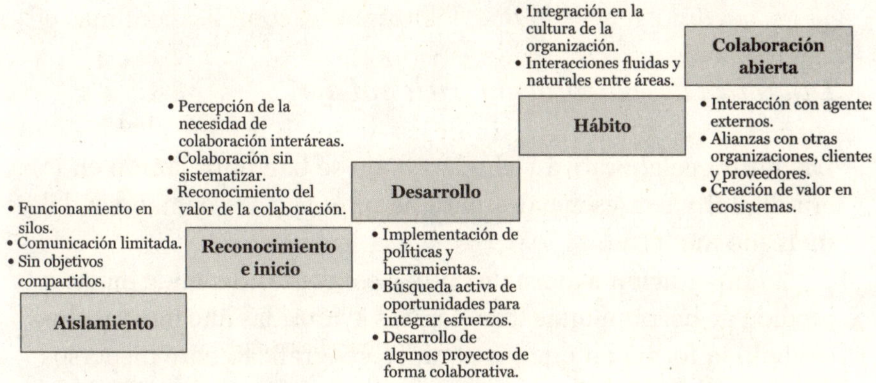

Fuente: Elaboración propia.

Una de las grandes ventajas de la era digital es la disponibilidad de gran número de **plataformas y herramientas** que facilitan el trabajo en equipo y la colaboración. A todos se nos vienen a la cabeza nombres que durante la pandemia de la COVID-19 han formado parte de nuestra vida. No obstante, esa diversidad puede convertirse en un problema si proliferan sin sentido ni orden en el seno de la compañía.

Asimismo, aunque para muchos pueda parecer una medida extrema y de difícil aplicación, identificar unos **indicadores** que nos permitan analizar su evolución y optimización se presenta también como una práctica necesaria. Sin duda, la información disponible es muy extensa y el desafío será elegir los más idóneos en cada caso. Se trata de elegir tres o cuatro que den información de valor sobre la adopción de la colaboración en la empresa, como el nivel de participación de los empleados en las iniciativas de la organización, el nivel de uso de las herramientas, los tiempos de respuesta entre áreas y equipos y proyectos colaborativos en curso.

Como vemos, conseguir que la actividad de la empresa sea más colaborativa necesita algo más, mucho más, que una campaña de marketing interno y colgar unos cuantos carteles de trabajo en equipo por las paredes. La dirección tiene que impulsarlo con su ejemplo, compromiso, generando una organización adecuada y unos espacios físicos y virtuales que lo faciliten.

Dinámica de colaboración y teletrabajo

La cultura colaborativa y el teletrabajo se han entrelazado en la era digital y son esenciales para adaptarse a las demandas del mercado moderno.

La integración exitosa de ambos conceptos depende en gran medida de herramientas tecnológicas avanzadas que han revolucionado la forma en que los equipos geográficamente dispersos pueden colaborar en tiempo real. Sin embargo, más allá de la tecnología, una cultura colaborativa en un entorno de teletrabajo requiere una confianza mutua sin precedentes entre directivos y empleados. Se espera que los empleados trabajen con autonomía y eficiencia, mientras que los líderes deben proporcionar dirección y apoyo y evitar la microgestión.

La comunicación, una vez más, juega un papel fundamental en este escenario. Asegurar que sea clara y abierta es esencial para mantener a todos en la misma página, especialmente cuando no se comparte un espacio físico. Esta necesidad de comunicación se combina con una creciente demanda de flexibilidad en el lugar de trabajo. Los empleados, ahora más que nunca, valoran la capacidad de adaptar sus horarios y entornos laborales según sus circunstancias personales.

A medida que las empresas continúan navegando por los desafíos del teletrabajo, la formación y el desarrollo continuo se vuelven cruciales. Ya no es suficiente conocer las herramientas básicas; se requiere una comprensión más profunda de cómo colaborar y comunicarse eficazmente en un entorno digital. Además, para contrarrestar el potencial aislamiento que algunos pueden sentir al trabajar desde casa, las empresas deben hacer un esfuerzo adicional para fomentar la interacción social, ya sea a través de reuniones virtuales informales o eventos de construcción de equipos.

Con el cambio hacia el teletrabajo, las métricas de éxito también están evolucionando. Las empresas están comenzando a valorar y evaluar más a los empleados por sus resultados y logros concretos que por las horas que pasan «en la oficina». A medida que más empresas adoptan modelos de trabajo remoto o híbrido, también se está produciendo un cambio en la manera en que se mide el éxito y la productividad de los empleados. Algo que a todas luces no tendría que necesitar el teletrabajo para producirse.

La intersección de la cultura colaborativa y el teletrabajo está redefiniendo la forma en que las empresas operan, enfocándose en la eficiencia, la innovación, los resultados y, sobre todo, en las nuevas relaciones con los empleados. Es una evolución que, si se gestiona correctamente, tiene el potencial de beneficiar tanto a las empresas como a sus profesionales y por lo tanto a los clientes en innumerables formas.

Colaboración abierta

La colaboración abierta, tanto internamente entre equipos como externamente con terceros, se establece como un pilar fundamental en el ámbito de la colaboración efectiva. Este enfoque, centrado en un flujo de información sin barreras, permite que ideas, pensamientos y opiniones se intercambien libremente y sin prejuicios, con lo que se fomenta un ambiente de confianza, respeto mutuo y transparencia.

Me parece un concepto poco desarrollado y que tiene un potencial increíble. Me estoy refiriendo, más allá de la innovación abierta tratada en otros capítulos, a foros de debate para compartir buenas prácticas, problemas, desarrollo del rol, comunidades de prácticas internas y externas, proyectos colaborativos con otras organizaciones o plataformas de aprendizaje y conocimiento.

En mi etapa tanto en Banesto como en el Santander fui un impulsor de estas dinámicas, que generaron foros de calidad, ciberseguridad, transformación..., unos del sector y otros abiertos a todas las industrias. Estas reuniones y debates de gran valor no sólo fomentan la innovación y el intercambio de conocimientos, sino que también fortalecen las relaciones empresariales y promueven una cultura de aprendizaje y mejora continua.

En tiempos de continuos cambios como los actuales, en los que nuevas tendencias aparecen a gran velocidad, compartir conocimiento y sobre todo experiencias os aseguro que evita más de un disgusto y bastante pérdida dc tiempo. En este contexto, hablar de colaboración es hablar especialmente de generosidad.

Para Aurora Fernández, socia de Impulsando Equipos, tener una cultura de colaboración supone que todas las personas de la organización cuentan con la certeza de tener un lugar claro y seguro desde el que contribuir a que la compañía sea más que la suma de las partes. Conseguirla dependerá de lo asentados que estén estos seis pilares:

1. Implicación de la alta dirección, para facilitar, impulsar y actuar con su ejemplo.
2. Fuerte sentido de pertenencia en toda la organización, comenzando en cada uno de los equipos.
3. Contar con un propósito, objetivos y prioridades colectivas claros y bien definidos, tanto a nivel corporativo como en cada uno de los equipos, que están completamente alineados.
4. Todas las funciones y puestos están descritos claramente, evitando la ambigüedad o duplicidades, son útiles para contribuir a los objetivos colectivos y están siendo ocupados con el nivel de influencia que les corresponde.
5. Autonomía y flexibilidad en los equipos para poder atender tanto sus necesidades individuales como colectivas.
6. Equilibrio entre lo que se da y se recibe de forma continua: reconocimiento y políticas retributivas adecuadas a la responsabilidad tanto individual como a la contribución a los éxitos colectivos.

11.4. Del conocimiento y la experiencia individual a la sabiduría colectiva

Ya la hemos tratado en el capítulo anterior en el contexto de la innovación, pero es evidente que la inteligencia colectiva tiene un alcance mucho mayor. A continuación lo vamos a desarrollar de forma complementaria, intentando no repetir ningún concepto en el marco general de la colaboración empresarial.

Numerosos estudios demuestran que el éxito en la colaboración humana se atribuye a la combinación de tres elementos: diversidad, confianza y facilitación. La **diversidad** aporta un abanico de habilidades, experiencias y perspectivas que generan soluciones creativas y efectivas. La **confianza** es esencial para que los miembros del equipo compartan libremente sus ideas, puesto que fomenta un entorno seguro donde se valoran todas las voces. La **facilitación** ayuda a manejar la complejidad de grupos diversos para que mantengan el enfoque y puedan gestionarse los conflictos. Al integrar estos elementos, se crea un ecosistema que permite que florezca la inteligencia colectiva, mejora la eficacia del equipo en la resolución de problemas y enriquece la experiencia individual. Este enfoque holístico permite a los grupos alcanzar un éxito que supera las capacidades individuales, fomentando la innovación, la creatividad y el logro compartido.

La transición del conocimiento y la experiencia individual a la inteligencia colectiva representa un paso clave en el desarrollo de la colaboración. Una evolución que va más allá de la mera compartición de información y experiencias entre colegas; se trata de crear un ambiente donde el aprendizaje y el crecimiento se realizan de forma conjunta.

Para activar esta inteligencia colectiva tienen que aplicarse al menos cuatro principios básicos:

1. **Diversidad de opinión.** Inclusión de múltiples perspectivas y experiencias para enriquecer el análisis y fomentar soluciones innovadoras.
2. **Independencia.** Fomentar que los individuos aporten

ideas sin influencias externas o presiones grupales, asegurando autenticidad y creatividad.

3. **Descentralización.** Distribuir la toma de decisiones a través de varios niveles o grupos, evitando la concentración de poder y fomentando la autonomía.
4. **Capacidad de agregación.** Habilidad de combinar eficazmente diversas opiniones y datos para llegar a conclusiones coherentes y efectivas.

Por su parte, la tecnología desempeña un papel cada vez más importante en el mundo empresarial, y las compañías que implementan las herramientas digitales adecuadas para potenciar la inteligencia colectiva están impulsando significativamente la colaboración y la creatividad entre sus empleados. Esta inteligencia colectiva es clave para desarrollar espacios de trabajo colaborativos, lo que a su vez facilita una solución de problemas más ágil y eficiente. Además, al sentirse valorados, los empleados experimentan un aumento en su productividad y motivación, lo que contribuye a una toma de decisiones grupales más efectiva y bien fundada. De acuerdo con un estudio de Deloitte y Gartner (véase gráfico 11.3), la productividad total de las empresas mejora significativamente con el uso efectivo de herramientas colaborativas.

Gráfico 11.3. Las ventajas de la inteligencia colectiva

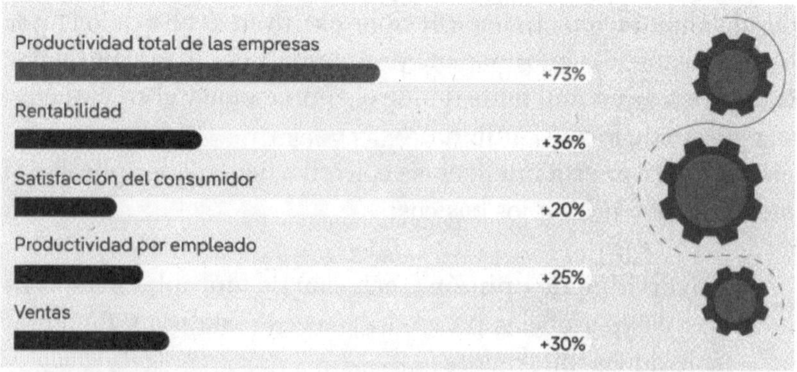

Fuente: Deloitte y Gartner.

Trabajar en una organización colaborativa presenta ventajas claras para sus empleados, como oportunidades adicionales de **aprendizaje y desarrollo profesional**, al permitirles interactuar con colegas de diferentes áreas y habilidades, lo que enriquece sus conocimientos y les proporciona una visión más amplia y diversa del negocio. Además, fomenta una **mayor creatividad**, ya que la exposición a distintas perspectivas y experiencias desafía el pensamiento convencional y nos invita a salir de nuestra zona de confort.

La colaboración, además, es clave para **mejorar las relaciones laborales**, fortaleciendo los lazos y el entendimiento mutuo entre los empleados, lo que reduce el estrés y conflictos internos. Este ambiente colaborativo promueve un clima de trabajo más armonioso y constructivo, donde los empleados se sienten apoyados y entendidos.

Pero para que la colaboración se arraigue en la cultura empresarial, los profesionales, por su parte, deben adoptar una **actitud proactiva y abierta**, que fomente la confianza, la empatía y un interés por el aprendizaje constante. La responsabilidad compartida es crucial, porque impulsa a cada miembro a sentirse parte integral del equipo, elimina la mentalidad de «no es mi trabajo» y promueve un compromiso más fuerte hacia los objetivos comunes.

Según un informe de IDC y Ricoh, el 81 por ciento de las organizaciones considera que la gestión de las personas es el aspecto más relevante en el contexto de la colaboración empresarial, por delante de la tecnología (18 por ciento) o del espacio (1 por ciento). Un dato en absoluto sorprendente, pues el capital humano es el núcleo de cualquier empresa y desempeña un papel central, especialmente en el éxito de las iniciativas colaborativas.

11.5. La colaboración y sus desafíos

Sara, del equipo de marketing, ha estado trabajando arduamente en la estrategia de lanzamiento de una nueva línea de productos. Ha planificado una campaña publicitaria integral y ha invertido una cantidad considerable del presupuesto en promoción y publicidad para el lanzamiento.

Pedro, responsable de la producción, descubre problemas de calidad en los productos. Algunos lotes de cereales tienen un sabor inusual y las barras energéticas presentan una textura no deseada. Pedro está preocupado por la calidad y ve peligrar la fecha de lanzamiento.

Aparentemente los equipos están coordinados, pero según avanza la fecha de lanzamiento, cada uno ha priorizado (sin tiempo que «perder») su actividad y sus objetivos. Ahora la decisión es: salimos con problemas de calidad y por lo tanto de perjuicio de imagen, o se retrasa y se tira la inversión en marketing a la basura. ¿Os suena este tipo de situaciones?

Se trata de un ejemplo que nos ilustra la falta de diálogo en muchas compañías y la necesidad de impulsar una colaboración efectiva, en la que el primer desafío que nos encontramos es la necesidad de mejorar **la comunicación**, cuyas deficiencias pueden llevar a malentendidos, falta de alineación en los objetivos y retrasos en la toma de decisiones. Una comunicación efectiva es básica para asegurar un trabajo en equipo armónico y productivo.

Otro punto importante lo representa el **fortalecimiento de la confianza** entre los miembros del equipo y sus líderes, así como la **gestión de los egos**. A veces, la tendencia de algunos miembros a dominar con sus ideas puede obstaculizar la integración de diferentes personas y puntos de vista. Crear un ambiente donde todas las opiniones sean consideradas es esencial para una colaboración equitativa.

La **microgestión** se presenta como otra dificultad añadida que superar, ya que este estilo de liderazgo restrictivo puede sofocar la participación y la autonomía de los empleados.

Y por supuesto, en su camino se encontrará con otras dos barreras clásicas: la **desincronización de sistemas y datos** y los **silos estructurales**, que a estas alturas precisan de poca explicación.

Finalmente, las organizaciones que promueven, que las hay, una **competencia interna «salvaje»** minan no sólo la colaboración, sino también el desarrollo de la empresa en su conjunto.

Esta mala práctica genera un ambiente contraproducente, socava la moral del equipo y obstaculiza el crecimiento y la innovación organizacional.

11.6. La dinámica de colaboración, de un vistazo

La transformación que está viviendo el mundo empresarial subraya la obsolescencia de modelos jerárquicos rígidos y centralizados. En tales estructuras, el conocimiento y la toma de decisiones se concentran en unos pocos, a menudo desconectados de las realidades diarias tanto del negocio como de los empleados. Esta situación resalta la necesidad de adoptar enfoques más colaborativos, que permitan una mayor participación y fluidez en la comunicación a todos los niveles de la organización.

En este entorno, la colaboración emerge como una estrategia clave, no sólo para mejorar la eficiencia y la innovación, sino también para incrementar la satisfacción y el compromiso de los empleados.

La colaboración efectiva trasciende la mera interacción entre equipos y se convierte en un catalizador de cambio y crecimiento. Permite a las empresas adaptarse más rápidamente a las demandas del mercado, innovar y responder eficazmente a los desafíos.

No obstante, la implementación de una cultura de colaboración no es una tarea sencilla, ya que requiere un cambio significativo en la mentalidad de los líderes y los empleados, que deberán enfocarse en la construcción de confianza y en la eliminación de barreras comunicativas. Es importante reconocer que una colaboración exitosa no sólo depende de la disposición a compartir y trabajar juntos, sino también de la capacidad de integrar y valorar diversas perspectivas y habilidades.

En resumen, la colaboración es mucho más que una mera herramienta para mejorar los procesos y la productividad: es un elemento esencial para el desarrollo de una cultura organizacional más dinámica, inclusiva y adaptativa. En un mundo empresarial en constante cambio, la capacidad de colaborar efectivamente se está convirtiendo en un diferenciador clave para las empresas que buscan mantenerse relevantes y competitivas.

El famoso refrán africano resume con sabiduría la esencia de la colaboración: «si quieres ir rápido, ve solo. Si quieres llegar lejos, ve acompañado».

11.7. La visión de Sofía Medem, CEO y cofundadora de Connecting Visions

En la humanidad, siempre hemos colaborado, para lo bueno, y para lo malo. Hemos cazado, construido puentes y catedrales, hemos hecho guerras, grandes políticas, ido a la Luna y, en general, resuelto juntos los retos más impensables que se nos han puesto por delante. Sin duda, la manera que tenemos de colaborar nos hace únicos como especie. La pregunta interesante es, ¿ha cambiado la forma de colaborar en las empresas?, ¿estamos ante un nuevo paradigma de colaboración?, ¿cómo se puede saber si el estilo colaborativo de una persona va a encajar o no con nuestra organización?

Para responder a estas preguntas, voy a empezar por separar dos conceptos dentro de la colaboración:

- **La emoción de colaborar.** Sentir que formas parte de un grupo, sentirse valorado y sentirse útil. No creo que la emoción de colaborar haya cambiado ni creo que cambie nunca. La colaboración fluye fácil con algunas personas y en algunos entornos, y en otros no tanto. La colaboración la aprendemos en las familias y en los colegios, y ese lado emocional tiene absolutamente todo que ver con cómo nos comportamos como individuos en todas nuestras relaciones.
- **El tipo de trabajo inherente a la colaboración.** Esto ¡ha cambiado muchísimo! Por un lado, los entornos son cada vez más cambiantes y necesitan estructuras ágiles que primen la adaptabilidad. Por otro lado, la sociedad valora as-

pectos como la libertad frente a otros que han imperado en otros momentos, como la seguridad.

La manera de organizar la colaboración se ha vuelto mucho más retadora y exigente para los líderes. Ya no vale con «pagar» a la gente y «explicarles» qué hacer para que lo hagan. No vale con saber mandar. Hay que inspirar.

Realmente, y aunque sea curioso, se ha vuelto más al modelo de colaboración de la «tribu», donde si imaginamos cinco cazadores matando un bisonte, lo que está claro es que nadie duda que «había que matar el bisonte» y cada uno entendía cuál era su rol y que éste era absolutamente crítico para los demás. También podemos imaginar una satisfacción bastante inmediata de haber «matado al bisonte» y una recompensa muy clara al comérselo entre todos, mientras se cuentan relatos que ensalzan las virtudes de los cazadores.

Con la Revolución Industrial, y todavía más en la posterior revolución del conocimiento, todo esto se complicó en exceso. Había personas muy orientadas a la ejecución y otras muy orientadas a mandar. Se optó por sistemáticas y procesos, y también por ir protegiendo los derechos de los trabajadores. En muchas compañías se han conseguido estados de bienestar realmente admirables, que, sin embargo, no están resultando suficientes para atraer al talento más exigente y demandado, como son los perfiles digitales, que buscan experiencias, libertad, aprendizaje o sentir que construyen algo propio.

En la consultoría, por ejemplo, los jóvenes estaban dispuestos a no tener voz ni voto cuando eran jóvenes e ir asignados al proyecto que les tocaba. A cambio tenían el prestigio de una gran marca, un sueldo y el sueño de llegar a socios. Ser *freelancer* o estar en una *start-up* son, cada vez más, opciones seleccionadas.

Hoy en día se habla de la colaboración en modo ecosistema. Se puede ser una gran empresa y funcionar como un ecosistema, o, como es el caso de Connecting Visions, compañía que fundé hace cinco años, ser, por definición, un ecosistema. Tenemos muy poca gente en nómina, pero trabajamos y colaboramos con un montón de *freelancers* y empresas *boutique* para resolver los retos de negocio de nuestros clientes.

Las claves, a mi modo de ver, para conseguir colaborar en un ecosistema donde no hay jerarquías claras, no hay «jefes» ni «empleados» como tal, son estos ocho aspectos:

1. **Tener un propósito claro.** Todos los que colaboran contigo tienen que entender cuál es el fin que se persigue, y éste tiene que ser relevante para todos ellos. Es decir, dar forma «al bisonte». Normalmente hay un propósito a largo plazo y otro más concreto (el reto o proyecto), aunque siempre se tiene que entender el alineamiento entre ambos.
2. **Compartir unos valores.** Sólo se puede colaborar cuando hay una base de confianza. En la tribu esto era fácil porque se conocían todos. Cuando hablamos de modelos, como en nuestro caso y muchos otros, donde se crean equipos gracias a la tecnología entre gente que igual ni se conocen presencialmente, esto es más difícil. Por eso son clave las recomendaciones de gente a la que sí conoces, o tener un modelo que profundice y ahonde en valores como la profesionalidad, la honestidad o la generosidad, más allá del currículo.
3. **Hacer muy fácil la colaboración con unas reglas definidas y justas.** Tiene que ser muy sencillo, claro y transparente el definir el entorno de colaboración para fijar unas expectativas comprensibles.
4. **Clarificar los roles.** Una colaboración en ecosistema no significa, ni mucho menos, la ausencia de jerarquía. Todos los equipos deben tener un líder definido con precisión y los roles del resto de los integrantes deben estar claros.
5. **Tener un lenguaje y una metodología común.** En este sentido, es útil tener un método de trabajo, como puede ser *agile* o *scrum*, para definir cómo el equipo va a organizar las tareas, el *governance*, establecer rituales y medir los avances.
6. **Transparencia en el reparto del valor.** Es importantísi-

mo que todas las personas del equipo estén conformes y entiendan cómo se reparte el valor. Para ello, la labor didáctica y la concienciación para resaltar todos los roles es clave.

7. **Retribución lo más inmediata posible.** Es primordial que, aunque no se produzca una «liquidación» de manera inmediata, al menos la «puntuación» o el «avance» en función de cómo el equipo progresa sí sea visible e inmediato.
8. **Considerar a las personas por su contribución, no por si están en nómina o son externos.** A las personas se les debe reconocer su talento y aportación. Salvando temas menores que son más logísticos e impiden tratar a los *freelancers* igual (*i. e.* no tener ordenador ni plaza de aparcamiento), a efectos del equipo y de la organización del trabajo es importante mostrar que impera la meritocracia y perseguir juntos un objetivo.

Me parece apasionante como de manera emocional y antropológica estamos tratando de recuperar nuestras raíces, las emociones primarias de la colaboración en la tribu. Al mismo tiempo, vivimos en un entorno lleno de enormes retos, donde la tecnología nos permite elegir a nuestros compañeros cazadores en función de la pieza que cazar. La dificultad se encuentra en que, en la tribu, eran siempre los mismos quienes practicaban una tarea hasta ser un equipo de alto rendimiento. En las compañías actuales, se colabora con cantidad de gente y es importante ser ágil en que esos nuevos compañeros se conviertan en tu equipo de alto rendimiento. Para ello, tener unos valores, unas metodologías o rituales de trabajo compartidos, tener una clara autoconsciencia de tu contribución al equipo y saber reconocer a los demás son algunas de las claves del éxito. Nunca antes había sido tan fácil la colaboración, y a la vez, nunca antes había dependido tanto de cada uno adónde puede llegar.

12

Dinámica de sostenibilidad

> Si realmente crees que el medioambiente es menos importante que la economía, intenta aguantar la respiración mientras cuentas tu dinero.
>
> GUY R. MCPHERSON, científico

12.1. No existe un plan B

Un negocio sin desperdicio. Es uno de los principios de Ecoalf, una empresa española que nace en 2009 con la vocación de ser una marca de moda realmente sostenible.

Una empresa concebida desde la idea de su fundador, Javier Goyeneche, de crear tejidos a partir del reciclaje de distinto tipo de basura. Su eslogan nos empieza a resultar familiar, «Because there is no planet B», no existe un planeta B.

La web comparte su propósito: «Nacimos para proteger los recursos naturales del planeta y crear una marca de estilo de vida sostenible, liderando el cambio con cada producto que creamos». Han conseguido el 74 por ciento de materiales reciclados en sus productos y están trabajando «en la circularidad del algodón» y su «la primera colección cien por cien reciclada».

Algunas de sus señas de identidad los hacen diferentes:

- Sus empleados comprometidos: «Ecoalf es la suma de cada una de las personas que forman el equipo, unidas en su misión de hacer del mundo un lugar mejor para las futuras generaciones».
- Sus proveedores certificados: «todos nuestros proveedores aceptan, comparten y cumplen con nuestro compromiso sostenible».
- Sus prácticas medidas, con un cuadro de mando que resume sus principales indicadores.

Para ponernos en contexto en este reto de la sostenibilidad, me parece muy acertado el artículo «How Sustainability Efforts Fall Apart» que podemos leer en la *Harvard Business Review*:

> La combinación de un cambio climático acelerado, una creciente desigualdad de ingresos, la pandemia de la COVID-19 y los conflictos geopolíticos han creado una tormenta perfecta de desafíos a la forma en que se gestionan las empresas y las economías.
>
> En respuesta, presionadas por inversores, empleados, activistas y consumidores, las empresas están lanzando iniciativas de desarrollo sostenible a un ritmo sin precedentes.
>
> Éstas son buenas noticias. Después de muchos años de escepticismo y falta de compromiso, las empresas finalmente han comenzado a tomar en serio la sostenibilidad, estableciendo metas y objetivos ambiciosos. La mala noticia es que todavía existe una enorme brecha entre la ambición y la acción.

Una brecha que sólo es posible reducir con la involucración de todos, empezando por cada uno de nosotros y continuando con empresas y administraciones.

El supuesto de que la resolución del cambio climático recae únicamente en las manos de potencias como China, Estados Unidos, la India o Rusia y en sectores clave como el energético, industria, transporte o agricultura podría ser engañosamente simplista. Tal perspectiva tiene el riesgo de generar una sensibilización insuficiente, sin la cual será imposible revertir la situación actual.

Además, pensemos que la sostenibilidad va mucho más allá de los retos del medioambiente e incluye los sociales (inclusión y diversificación, condiciones de trabajo justas y seguras o educación y concienciación) y los económicos (crecimiento sostenible, innovación y tecnología o las prácticas empresariales responsables y éticas).

Incorporar esta dinámica entre las siete dinámicas de valor de las organizaciones tiene precisamente el objetivo de tratar de contribuir modestamente en la sensibilización de los profesionales y empresas, en la necesidad de situar la sostenibilidad como un valor esencial para el crecimiento y, por consiguiente, en la necesidad inaplazable de convertirlo en un hábito, tanto en la toma de decisiones, como en la actividad diaria.

Siendo sincero, la sostenibilidad es una materia en la que tengo poco que desaprender y, sin embargo, mucho que aprender. Reconocer esta carencia no significa, en absoluto, falta de sensibilidad a nivel personal, sino sencillamente que es un ámbito en que no he desarrollado proyectos concretos ni obtenido conocimientos especiales, más allá de los adquiridos en comités de dirección o proyectos de transformación, en los que la sostenibilidad aparece (o debería) como una de sus dimensiones.

El desafío era importante, pero también estaba seguro de que el esfuerzo merecía la pena. Así que me lancé a investigar, leer, escuchar, preguntar, debatir y lo más importante: intentar entender.

El resultado de este trabajo es el contenido de este capítulo que busca animar e inspirar a los profesionales de las organizaciones, independientemente de su nivel jerárquico, aunque con especial énfasis en los directivos, a adoptar políticas e iniciativas enfocadas en la sostenibilidad.

En este ejercicio de entendimiento, tengo que realizar una mención y un agradecimiento especial a mis amigos del Club Excelencia en Gestión, que desde el primer momento pusieron a mi disposición su Foro de Sostenibilidad, compuesto por empresas líderes de la economía española y con el que tuve una sesión especial y comunicación abierta para centrar reflexiones, inquietudes e ideas sobre la situación de la sostenibilidad en las organizaciones.

Algunas reflexiones iniciales

En primer lugar, enlazando con un comentario anterior, creemos que nuestra aportación a nivel individual para resolver los problemas relacionados con la sostenibilidad es insignificante, lo que nos lleva a no incluirlos en nuestras prioridades de actuación, aunque sí los consideramos relevantes en nuestro pensamiento y a nivel global. Es una incoherencia que a medida que vaya solucionándose irá llevando más presión a las organizaciones, tanto públicas, para acelerar medidas, como privadas, para mejorar estrategias y comportamientos.

En segundo lugar, para muchas compañías y profesionales, la sostenibilidad se percibe más como un complemento deseable («*nice to have*») que como un elemento esencial en el núcleo de su estrategia. Esto lleva a una falta de compromiso y acción efectiva que dan como resultado una implementación superficial o desarticulada de prácticas sostenibles.

En tercer lugar, existe una notable falta de comprensión corporativa sobre cómo abordar estratégicamente la sostenibilidad, lo que conduce a que muchas organizaciones, en el mejor de los casos, se limiten a cumplir estrictamente con las regulaciones existentes, las cuales suelen ser insuficientes en muchos sectores. Además, tienden a realizar inversiones y desarrollar acciones que tienen un alto componente publicitario, pero son de baja efectividad real en términos de impacto sostenible. Esto refleja una aproximación más orientada a la imagen que a la sustancia en la implementación de prácticas de sostenibilidad.

Finalmente, debido a modelos organizativos obsoletos, existe un limitado diálogo con los *stakeholders*. Esta falta de comunicación efectiva obstaculiza la colaboración necesaria para desarrollar e implementar medidas efectivas. Este enfoque restringido limita significativamente la capacidad de la organización para adaptarse y responder de manera proactiva a los desafíos actuales de sostenibilidad.

Adoptar una cultura de sostenibilidad ofrece **múltiples beneficios** para las empresas, como el **incremento de la competitividad** a través de la adopción de prácticas innovadoras y el acceso a una mayor cuota de mercado. Además, al conectar con un público más informado y preocupado por temas ambientales y sociales, las empresas no sólo refuerzan la lealtad de sus clientes, sino que también establecen con ellos relaciones más profundas y duraderas.

Por otro lado, la creación de **sinergias** con otras organizaciones representa una estrategia inteligente en la era de la colaboración, donde las alianzas y asociaciones pueden potenciar los recursos, compartir conocimientos y abrir puertas a nuevos mercados, y, al trabajar juntos, las empresas pueden superar obstáculos que individualmente serían difíciles de afrontar.

La **atracción de talento** también es clave, ya que los profesionales de hoy, especialmente las generaciones más jóvenes, buscan empleadores que ofrezcan no sólo un salario competitivo, sino también una cultura organizacional atractiva, oportunidades de crecimiento y un propósito claro.

Además, el **cumplimiento de la normativa**, más allá de ser una obligación legal, ofrece ventajas significativas, pues las empresas que se adelantan en cumplir o incluso superar los estándares regulatorios se posicionan como líderes en su sector y evitan sanciones o problemas legales asociados a la no conformidad.

Por último, pero no menos importante, está el **acceso a la financiación**, ya que las empresas que adoptan estas dinámicas y demuestran su compromiso con la sostenibilidad, la innovación y la responsabilidad social son más atractivas para inversores, lo que se traduce en oportunidades de financiamiento más favorables y permite así el crecimiento y la expansión de la empresa.

Para Alicia Muñoz Lombardía, vicesecretaria del Consejo de Santander España:

> Es primordial mantener el sentido de urgencia en gobiernos, empresas y entidades financieras para movilizar de manera efectiva

todos los recursos necesarios que permitan alcanzar los compromisos asumidos en materia medioambiental y social. Nos encontramos en una coyuntura crítica, con tan sólo seis años para cumplir la Agenda 2030, mientras que ya experimentamos los efectos disruptivos del cambio climático en la economía.

Sin embargo, una transición desordenada puede generar efectos negativos y agravar las desigualdades entre diferentes regiones, sectores y empresas. Es clave, pues, promover un marco regulatorio estable y no fragmentado, que incentive las inversiones en un futuro más sostenible evitando el riesgo de fragmentación y un entorno propicio para que los bancos puedan canalizar la financiación hacia el desarrollo de fuentes de energía limpias y el progreso de las comunidades.

Pero, sobre todo, las empresas deben tomar conciencia de su impacto en la economía verde, de modo que una adecuada cultura organizativa, capacidades tecnológicas y una plantilla alineada con su propósito y la estrategia constituyen superpoderes para transformar su modelo de negocio hacia uno más sostenible y rentable.

La naturaleza es sabia, pero tenemos que ayudarla.

12.2. Consumidor y sostenibilidad. Experiencia y mucho más

A todos nos gustaría que la sostenibilidad hubiera traspasado la idea de moda o tendencia y fuera una expectativa en la mente de los consumidores, pero sinceramente creo que la situación actual todavía no es ésa.

Los avances tecnológicos y la era digital han brindado a los clientes un fácil acceso a la información, lo que les permite investigar y conocer en profundidad las prácticas y políticas de las empresas antes de comprometerse con ellas.

Una información que poco a poco va generando una mayor concienciación sobre los problemas medioambientales y sociales y esta toma de conciencia empieza a reflejarse, aunque de manera muy lenta, en nuestras decisiones de compra y en la lealtad que mostramos hacia las marcas. Ciertas prácticas que antes eran habituales hoy generan rechazo y serán completamente inaceptables en el futuro. Éstas incluyen la explotación laboral, el uso excesivo de plásticos y otros materiales no biodegradables o la contaminación ambiental a gran escala. Además, el consumismo desenfrenado y la falta de transparencia corporativa se están convirtiendo en actitudes que deberían ser rechazadas por una sociedad cada vez más informada y deseablemente comprometida.

A medida que avanzamos es de esperar que veamos un cambio aún más pronunciado hacia prácticas sostenibles y éticas en todos los sectores. Las empresas que no se adapten a estos cambios corren el riesgo de perder relevancia y apoyo público. Por otro lado, aquellas que adopten estrategias respetuosas con el medioambiente, justas desde el punto de vista social y económicamente sostenibles, no sólo contribuirán positivamente a la sociedad y al planeta, sino que también construirán una base de clientes y *stakeholders* leales y comprometidos.

Pero más allá de las decisiones inmediatas de compra, la sostenibilidad tiene un profundo impacto en la lealtad hacia una marca. En un mercado saturado, donde los consumidores tienen innumerables opciones, las empresas que operan con una conciencia social y medioambiental logran destacarse y construir una base sólida de clientes que no sólo regresarán, sino que también se convertirán en defensores de la marca, recomendándola a través de sus redes personales y sociales.

Comunicar eficazmente las iniciativas y los logros en materia de sostenibilidad es no sólo legítimo, sino también recomendable. Sin embargo, es esencial que esta comunicación sea auténtica y veraz. La aparición de tácticas de *greenwashing*, donde las empresas exageran o tergiversan sus esfuerzos ecológicos, resulta en última instancia contraproducente.

La transparencia y la honestidad son primordiales en la comunicación de las prácticas sostenibles. La promoción de acciones de sostenibilidad que no se corresponden con la realidad socava la confianza del consumidor y daña la reputación a largo plazo de la empresa.

Ribawood, grupo empresarial familiar aragonés creado en 1975, es ejemplo de pymes que tienen el desarrollo sostenible en el centro de su propósito Su actividad se centra en el reciclado de plástico, que utiliza para fabricar palés, cajas y contenedores de plástico cien por cien reciclables.

En la actualidad, la fábrica de Ribawood cuenta con doce grandes líneas de inyección, con una capacidad productiva de 2,5 millones de palés al año, lo que la convierte en el mayor fabricante del sur de Europa.

La totalidad de la materia prima que utiliza la compañía es reciclada y por lo tanto todos sus productos son cien por cien sostenibles; la actividad de la compañía se encuadra dentro de la economía circular. Sus clientes son parte de sus proveedores, la abastecen de productos deteriorados tanto propios como de terceros, con lo que dan una solución a los residuos. El residuo se convierte en recurso. La colaboración con su cliente-proveedor conlleva una mayor vinculación y genera nuevas oportunidades.

De la mano de la economía circular se encuentra la eficiencia energética y para ello la compañía ha realizado fuertes inversiones, por un lado, en maquinaria de última tecnología que conlleva un menor consumo y, por otro, en la instalación de techos solares, lo cual les permite un autoconsumo energético del 25 por ciento.

Tanto la economía circular como la eficiencia energética son herramientas que ayudan a la compañía a cumplir con gran parte de los Objetivos de Desarrollo Sostenible (ODS) y por lo tanto ser elegibles por sus clientes, que son grandes multinacionales comprometidas con la sostenibilidad.

Un estudio de la Comisión Europea que evaluó empresas de diversos sectores reveló que el 42 por ciento de ellas incurre en prácticas de *greenwashing*. Esta tendencia se ve reflejada en una encuesta realizada por Google Cloud, en la que el 72 por ciento de los directivos españoles reconoció la existencia de «hipocresía verde» y admitió que sus empresas exageran sus esfuerzos de sostenibilidad.

Asimismo, en otra encuesta, en este caso de The Harris Poll, el 86 por ciento de los directivos españoles encuestados considera que la sostenibilidad medioambiental es más un concepto teórico que un objetivo prioritario para la mayoría de las empresas. A pesar de este panorama algo desalentador, aparece un dato positivo: el 92 por ciento de estos directivos afirmaron que ahora hay una mayor preocupación por la sostenibilidad ambiental en comparación con el año anterior. ¡Menos mal!

En esta línea de esperanza las ventas de productos sostenibles están experimentando un incremento muy significativo. Según datos de la consultora Nielsen, estas operaciones han crecido un 20 por ciento en los últimos cinco años, lo que evidencia un cambio significativo en las preferencias de los consumidores hacia opciones más respetuosas con el medioambiente.

A partir de esta variedad de datos se pueden extraer algunas conclusiones relevantes. Primero, parece que la sostenibilidad ocupa un lugar importante en las agendas teóricas de los directivos, pero este hecho aún no se traduce en acciones prácticas. Esto sugiere una falta de percepción de urgencia o necesidad en sus prioridades. Por otro lado, aunque gradualmente, los consumidores están comenzando a sensibilizarse más sobre estos temas, y la propensión empieza a reflejarse en sus prioridades de compra. Por último, el cambio de paradigma en las empresas probablemente se dará, como suele suceder, a través de una combinación de nuevas regulaciones y el cambio en el comportamiento y las expectativas de los consumidores.

12.3. El reto de construir una dinámica de sostenibilidad en las organizaciones

Sin duda, mi investigación me ha dejado una cosa clara: incorporar variables de sostenibilidad en los modelos de negocio o planteamientos estratégicos y además aplicarlos en el día a día de la compañía se presenta como una de las grandes encrucijadas empresariales del siglo XXI.

Gráfico 12.1. Sostenibilidad y valor financiero

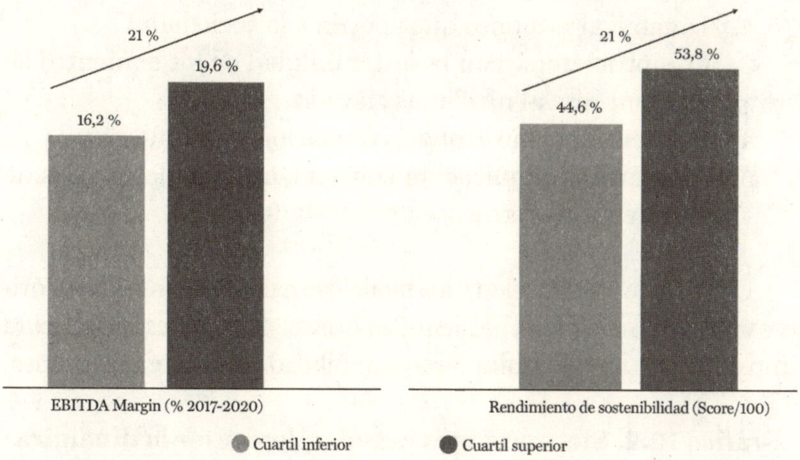

Fuente: Accenture.

Un interesante estudio de Accenture[4] sugiere que el ADN de la sostenibilidad impulsa tres cambios de comportamiento: **fomenta las conexiones humanas**, al detectar y defender los valores y las necesidades de partes interesadas diversas y a menudo no escuchadas en todo el ecosistema empresarial; **impulsa la inteligencia colectiva**, al desarrollar procesos de toma de decisiones centrados en diferentes *stakeholders*, y, por último, **ayuda a generar rendición de cuentas en todos los niveles**, de modo que ofrecer valor a las partes interesadas de base amplia (incluidas las sociales) se convierta en responsabilidad de todos los empleados.

En el citado informe se comparte que las empresas con un ADN sostenible más fuerte tienen más probabilidades de ofrecer valor financiero y un impacto positivo duradero para la sociedad y para el medioambiente.

La propia ONU precisa en su *Guía para la sostenibilidad corporativa* del programa Global Compact que una empresa debe asegurar cinco aspectos para ser sostenible:

4. Disponible en: <https://www.accenture.com/content/dam/accenture/final/a-com-migration/thought-leadership-assets/accenture-shaping-the-sustainable-organization-report-v2.pdf>.

1. Actuar de manera responsable, conforme a los principios universales
2. Dinamizar acciones que apoyen a la sociedad
3. Comprometerse con la sostenibilidad de los cimientos de una empresa al nivel más elevado
4. Publicar informes anuales de sus logros y esfuerzos
5. Alentar una implicación con las comunidades locales de las que forma parte

Con toda la información y los modelos analizados, unos más teóricos y otros más prácticos, he identificado las siete acciones básicas para implementar una dinámica de sostenibilidad en las organizaciones:

Gráfico 12.2. Siete acciones para implementar la dinámica de sostenibilidad

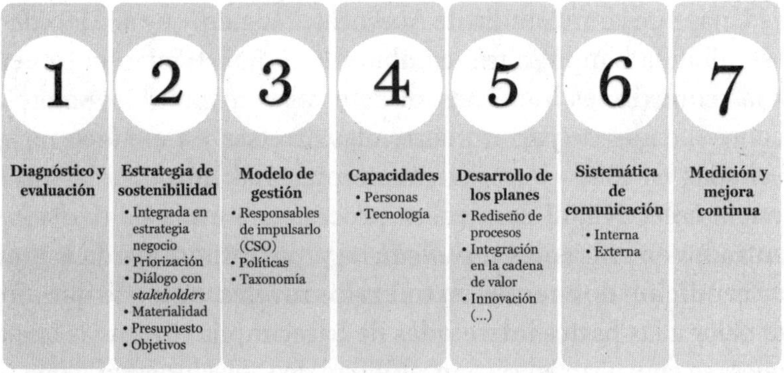

Fuente: Elaboración propia.

1. Diagnóstico y evaluación

El primer paso será realizar un diagnóstico y una evaluación de la situación. Este proceso implica examinar la cultura y las prácticas actuales de la empresa, que abarcará no sólo aspectos ambientales, como el uso de recursos, la gestión de residuos o la eficiencia energética, sino también elementos sociales y económicos, como las prácticas laborales, la equidad en el lugar de trabajo, el impacto social en la comunidad o la sostenibilidad económica de las operaciones. Lógicamente en su alcance incluirá, también, el cumplimiento en términos de regulación y normativa.

El diagnóstico tiene que permitir identificar tanto fortalezas y debilidades como amenazas y oportunidades y se realizará involucrando a las distintas áreas de la organización y a terceros interesados.

2. Estrategia de sostenibilidad

Empezar la casa por el tejado, lanzando iniciativas desordenadas y comunicaciones impactantes pero vacías, es la mejor forma de no conseguir resultados, desperdiciar la inversión y correr un riesgo reputacional en el mercado.

Las buenas prácticas observadas inician su proceso estratégico a partir de las necesidades y expectativas de los *stakeholders* en sentido amplio (empleados, clientes y consumidores, inversores, accionistas, proveedores, instituciones...). En gran parte, la idea de la sostenibilidad consiste en comprender lo que esperan de la compañía todas las partes interesadas e intentar responder como empresa. El diálogo proporcionará conocimientos clave y resolverá muchos de los problemas.

En ese momento, entra en juego el **análisis de materialidad** que permite a las organizaciones identificar, priorizar y enfocarse en los asuntos más relevantes o «materiales» para su negocio y sus partes interesadas.

Estas cuestiones materiales representan los impactos económicos, ambientales y sociales que pueden influir significativamente en la capacidad de una organización para crear, preservar o erosionar el valor económico, ambiental y social para sí misma y para sus *stakeholders*.

Entre los aspectos clave del análisis de materialidad se encuentran la identificación y priorización de temas como directrices de sostenibilidad, expectativas de las partes interesadas, tendencias del sector, riesgos, etcétera.

El análisis de materialidad es una herramienta valiosa que

permite a las organizaciones definir sus **objetivos**, enfocarse en los temas más relevantes, optimizar la asignación de recursos y comunicarse eficazmente con terceros.

3. Modelo de gestión

La correcta estructura de **gobierno** y el desarrollo de **políticas** adecuadas son esenciales para que la sostenibilidad esté firmemente integrada en la estrategia y operación diaria de las empresas.

El compromiso del equipo directivo con la cultura y los objetivos de sostenibilidad establecerá el tono y la dirección para el resto de la organización. La creación de comités o núcleos dedicados a la sostenibilidad puede ayudar a coordinar y supervisar estos esfuerzos.

En este ámbito, aflora la idea de contar con un perfil dinamizador de la sostenibilidad, que según la dimensión de la organización puede evolucionar a un director de sostenibilidad. Un rol con funciones como: garantizar el cumplimento de la normativa, impulsar la formación y el cambio cultural, emitir y supervisar informes ESG, estudios de *benchmark*, comunicación, identificar e impulsar proyectos de sostenibilidad, gestionar las relaciones con las partes interesadas, desarrollar las capacidades organizativas identificando brechas y proponiendo soluciones, promover la experimentación y participación en ecosistemas e integrar la sostenibilidad en la toma de decisiones.

Algunos estaréis pensando ¡otra caja más!, pero el problema no es crear nuevas funciones y responsabilidades que son imprescindibles para la evolución de las empresas, el problema es mantener las estructuras obsoletas que no van desapareciendo a medida que la organización se va haciendo más ágil y eficiente.

Lógicamente la **regulación** se está convirtiendo en un pilar esencial para establecer límites y proporcionar directrices que ayuden (y obliguen) a las empresas a operar de manera sostenible. Europa, en su búsqueda de posición de liderazgo mundial en sostenibilidad, está llevando a cabo numerosas iniciativas reguladoras en este ámbito con el propósito de transformar el modelo productivo actual, dirigiendo la inversión tanto pública como privada hacia la consecución de objetivos ambientales, sociales y de gobernanza.

En cualquier caso, la clave se encuentra en la responsabilidad y la ética de las empresas, que pueden avanzar en medidas de apoyo a la sostenibilidad más allá de los requisitos regulatorios e incluso no realizar prácticas poco saludables, aunque todavía permitidas por la ley, por muy rentables que sean.

Por su parte la **taxonomía**, en un ámbito tan diverso como éste, juega un papel trascendental en proporcionar claridad y estructura. Sin un sistema de clasificación coherente y aceptado, es imposible establecer una comprensión compartida de qué constituye una práctica sostenible y qué no.

4. Capacidades. Personas y tecnología

Para que un enfoque de sostenibilidad sea efectivo es fundamental que las **personas** en la organización no sólo entiendan qué es la sostenibilidad y su importancia, sino que también estén motivadas y capacitadas para actuar de acuerdo con ella.

La sensibilización constituye el primer paso: antes de actuar de manera sostenible es esencial ser consciente de las implicaciones de nuestras acciones, los desafíos globales actuales y el impacto significativo que pueden tener las decisiones individuales y organizacionales. En este sentido, la actuación de las empresas juega un papel clave en el futuro de la sostenibilidad a nivel global, pues se convierten en las catalizadoras en su educación y concienciación. No hay ningún agente económico que pueda sustituirlas en esta misión.

En este caso la formación va un paso más allá, porque se trata de entender qué es la sostenibilidad y además aprender cómo aplicarla en el día a día. Esto puede abarcar desde formación técnica sobre prácticas específicas hasta habilidades de comunicación para interactuar con los *stakeholders* y defender las iniciativas sostenibles.

Por su parte, la **tecnología** actúa como un facilitador y un acelerador de la transición hacia la sostenibilidad. Las capacidades tecnológicas permiten a las empresas obtener un entendimiento detallado y preciso de sus operaciones para identificar áreas donde mejorar en eficiencia y sostenibilidad. Con herramientas tecnológicas avanzadas, las empresas pueden monitorizar su consumo de recursos en tiempo real, minimizar residuos y optimizar las cadenas de suministro para reducir su impacto ambiental.

5. Desarrollo de los planes

Un error habitual es abordar los cambios culturales exclusivamente con mensajes e incluso incentivos, pero sin analizar realmente el impacto que tienen en los procesos de la empresa.

Cambiar comportamientos implica en la mayoría de las ocasiones modificar la forma en la que realizamos nuestra actividad. Muchas veces la resistencia al cambio se produce desde una mentalidad tradicional que no entiende los beneficios de la transformación, pero en otras, es consecuencia de la falta de **rediseño de los procesos** para alinearlos con la nueva cultura.

Un rediseño que, en el caso que nos ocupa, adquiere una relevancia especial pues implica la redefinición de procesos claves para el negocio como los relacionados con la adquisición de materia primas, la producción en la industria textil, la evaluación de riesgos para créditos, la logística y distribución, la gestión de envases y embalajes o la producción agrícola.

Por otro lado, el trabajo conjunto y coordinado de los diferentes actores de las **cadenas de suministro** puede traer reducciones de coste y de consumo de recursos naturales.

La **innovación** empieza a ser un valor asociado a la sostenibilidad, al haber encontrado un espacio idóneo para la experimentación. ¿Quizá podemos encontrar algún océano azul? En cualquier caso, se nos presenta un interesante trabajo para identificar y aprovechar oportunidades inexploradas que la sostenibilidad nos puede presentar.

6. Sistemática de comunicación

La sostenibilidad y la comunicación están íntimamente ligadas en el contexto contemporáneo, especialmente cuando consideramos la creciente demanda de transparencia, autenticidad y responsabilidad por parte de los consumidores, inversionistas y otras partes interesadas. La manera en que una organización comunica, tanto interna como externamente, sus esfuerzos, logros y desafíos en materia de sostenibilidad puede influir significativamente en su reputación, confianza y, en última instancia, en su éxito comercial.

En este contexto la transparencia y la autenticidad adquieren un significado muy especial.

7. Métricas y mejora continua

Nunca las empresas habían puesto tanto empeño en gestionar sus impactos en el medioambiente y en la sociedad. Comunicarlos de manera clara y precisa a través de informes de sostenibilidad proporciona información valiosa para todas las partes interesadas, que les permite comprender el desempeño de las empresas en diversas materias y poder tomar las decisiones adecuadas. Asimismo, la legislación sobre información no financiera es cada vez más rigurosa en la manera de divulgar estos impactos.

Como hemos visto, la clave para determinar los objetivos de sostenibilidad de una empresa es abrir un diálogo con los *stakeholders*. «Se trata de averiguar qué demandan realmente las partes interesadas.»

Por su parte, la Unión Europea marca el camino hacia la obligatoriedad de desglosar la información no financiera con métricas fiables, auditables y continuadas en el tiempo.

Si la sostenibilidad se entiende como la combinación de fundamentos ambientales, sociales y económicos que sostienen el desarrollo de cualquier actividad, en materia de operaciones e inversión, estos conceptos se traducen en los **criterios ESG** (ambiental, social y gobernanza).

La *E* de *Environmental* engloba el efecto que la actividad de las empresas tiene en el medioambiente, de forma directa o indirecta.

La *S* de *Social* incluye el impacto que una determinada empresa tiene en su entorno social, en la comunidad.

La *G* de *Governance* alude al gobierno corporativo de la empresa, por ejemplo, a la composición y la diversidad del consejo de administración, las políticas de transparencia en su información pública o sus códigos de conducta.

En la tabla 12.1 vemos algunos indicadores usuales para los distintos ámbitos.

Tabla 12.1. Métricas de sostenibilidad. Criterios ESG

Ambientales	Sociales	Gobierno
• Energías renovables. • Minimizar el impacto ambiental. • Promover el reciclaje. Cantidad de materiales usados, reutilizados y reciclados. • Huella de carbono. • Ciclo de vida del producto. • Reducción consumo de recursos. • Eliminación de residuos.	• Cumplimiento de la legislación laboral y ambiental. • Gestión de la diversidad e inclusión. • Políticas de igualdad de oportunidades. • Transparencia en la gestión. • Donaciones y participación en proyectos de responsabilidad social. • Gestión de la salud y seguridad laboral. • Apoyo a la conciliación de la vida laboral y familiar.	• Equidad retributiva entre mujeres y hombres o entre puestos de igual valor. • Remuneración ejecutiva. • Calidad y frecuencia de informes financieros y no financieros. • Protección de datos y privacidad. • Derechos de los accionistas. • Incidencias relacionadas con prácticas no éticas. • Transparencia y divulgación.

Fuente: Elaboración propia.

A partir del análisis de materialidad y de la identificación de los indicadores más relevantes para la organización se construirá la matriz de materialidad comentada, desde la cual se definirán las métricas y objetivos clave para avanzar hacia el propósito y la estrategia definida.

La sostenibilidad hay que entenderla como un viaje y no como un destino. Por ello, es fundamental tener mecanismos para revisar regularmente el progreso, identificar áreas de mejora y adaptar las políticas y los procesos en consecuencia.

12.4. Desafíos de la dinámica de sostenibilidad

Todos estamos de acuerdo en su importancia, pero llevarlo a la práctica no está resultando tan sencillo y se pueden identificar algunos retos a los que las organizaciones se deben enfrentar para que se conviertan en realidad:

- **Un compromiso débil en la cima**, que deriva en escasa concienciación en la organización en la necesidad de funcionar de forma sostenible. Los ejecutivos de empresas reconocidas por su liderazgo en sostenibilidad hablan a menudo con sus empleados sobre la agenda a seguir. Difunden un mensaje coherente que destaca los vínculos entre los objetivos de sostenibilidad de la empresa y su misión, visión y estrategia.
- **Preocupación sobre sus costes.** Una concepción errónea muy común es que las iniciativas de sostenibilidad son muy costosas. Si bien puede haber inversiones iniciales, las prácticas sostenibles habituales conducen a ahorros a largo plazo mediante la eficiencia energética, la reducción de residuos y la optimización del uso de recursos. Es importante considerar el retorno de la inversión a medio y largo plazo y sus beneficios más amplios.
- **No comprender las necesidades de las partes interesadas**, con lo que la definición de objetivos es incompleta y deja entrever en muchas ocasiones a ejecutivos muy desorientados. No son pocas las ocasiones en las que, a pesar de lo que demuestran consumidores y otras partes interesadas, los directivos creen que ser sostenible cuesta demasiado y tienen poco interés en entenderlo.
- **Compromisos sin rendición de cuentas.** Si la gestión del rendimiento, incluida la compensación salarial, no está vinculada a los resultados en sostenibilidad de la empresa, la sostenibilidad se quedará en nada y se diluirá con la tensión del corto plazo.
- **Falta de integración de la sostenibilidad en el negocio.** Las empresas fallan cuando no incorporan la cuestión de

la sostenibilidad en los procesos de negocio y la toma de decisiones del día a día. Esto puede reforzar la percepción de que es responsabilidad exclusiva de un departamento concreto y obstaculizar, por tanto, su capacidad operativa.

12.5. La dinámica de sostenibilidad, de un vistazo

La implementación de una dinámica de sostenibilidad en las organizaciones conlleva el desafío de convertir pensamientos y comportamientos sostenibles en un hábito arraigado. Esto requiere un cambio significativo de mentalidad, comenzando por los equipos directivos, que deben adoptar un enfoque más abierto y colaborativo. La creación de un ecosistema que involucre a empleados, clientes y otras partes interesadas es esencial para cocrear soluciones a problemas complejos y promover el desarrollo sostenible.

La confianza, la transparencia y la innovación son factores clave para conectar auténticamente con los *stakeholders* y descubrir nuevas oportunidades de negocio. El equilibrio entre rentabilidad e impacto positivo es vital; las empresas deben ser impulsadas no sólo por la rentabilidad, sino también por la presión para encontrar nuevas oportunidades sostenibles.

El paso de hablar de valores abstractos a ejecutar acciones concretas es un elemento clave para el cambio. Incluir a partes interesadas externas en la toma de decisiones y renunciar a proyectos no sostenibles, por rentables que sean, puede tener un impacto significativo en la adopción de la sostenibilidad en todos los niveles de la organización.

Las empresas están lanzando iniciativas de sostenibilidad a un ritmo sin precedentes, impulsadas por la regulación, los inversores y los consumidores, aunque todavía existe una brecha considerable entre las intenciones y las acciones concretas. La sostenibilidad es un elemento esencial y transversal en las empresas y no puede separarse de su actividad diaria.

En este contexto, la famosa frase de Gandhi «Sé el cambio que quieres ver en el mundo» cobra un nuevo significado. A pesar de que algunos puedan pensar que su impacto es mínimo, la realidad es que la solución a los problemas globales requiere el compromiso de cada individuo y de la sociedad en su conjunto.

En resumen, las empresas deben adoptar prácticas sostenibles, además de por convicción, por necesidad de supervivencia para mantener su relevancia en una sociedad que está evolucionando rápidamente hacia una mayor conciencia y exigencia en términos de sostenibilidad.

12.6. La visión de Adolfo Fernández-Valmayor, director de Relaciones con Pacientes de Quirónsalud

Todavía hay muchas empresas que hoy en día piensan en la sostenibilidad como una moda que, empujada por muchos, refleja la tradicional filantropía del ser humano de «hacer el bien... con lo que nos sobra». Una moda pasajera que nos lleva hoy a tener políticas de igualdad, inclusión, medioambiente..., que nos obliga a tener un responsable de sostenibilidad al máximo nivel, a revisarlas en comité y consejo y a tener que reportar lo que hacemos en estas materias en nuestras memorias.

Pero esta moda no pasará. Al igual que internet y la digitalización, la sostenibilidad está destinada a cambiar nuestras empresas porque sólo a través de ellas podemos cambiar el mundo y convertirlo en un mejor espacio para vivir y convivir. Y, más aún, aquellas organizaciones que no asuman esta transformación social no serán sostenibles, es decir, no sobrevivirán y morirán. Porque la sostenibilidad debe ser entendida como una herramienta de competitividad y probablemente una de las más potentes que tenemos en nuestras manos. Aquellas compañías que trabajan desde el impacto social y la sostenibilidad tienen ventajas con inversores (a igualdad de riesgo y rentabilidad, nadie duda en elegir una empresa con impacto social), con empleados (cada vez más los jóvenes candidatos preguntan por el propósito de la empresa para decidir incorporarse a compañías con un propósito con el que se sientan identificados), pacientes y clientes (existen estudios que demuestran una mayor intención de compra sobre marcas comprometidas con la sostenibilidad) y con todos los demás grupos de interés. Además, son empresas con mejor control de sus riesgos regulatorios, ya que son capaces de anticiparse a la legislación cada vez más exigente en materia de sostenibilidad.

En conclusión, las empresas debemos comprometernos activamente en este proceso de transformación. Y debemos hacerlo no sólo porque es bueno para la sociedad y es bueno para el planeta, debemos hacerlo porque nos hará más competitivos. Y esto pasa en todos los sectores, pero aquí vamos a hablar del sector sanitario.

El sistema sanitario español se enfrenta a una serie de retos que cuestionan seriamente su sostenibilidad como sector, entendida en términos de resultados en salud o de equidad y justicia social, y también y fundamentalmente en el aspecto financiero. El envejecimiento de la población, la cronificación de las enfermedades, el aumento del coste de la tecnología diagnóstica y de los nuevos medicamentos y la aparición de pandemias como la COVID-19 amenazan seriamente la continuidad de las empresas y organizaciones sanitarias tal y como hoy son gestionadas.

Pero hacer el sistema sostenible no es sólo una cuestión de supervivencia financiera. Según el artículo «The three numbers you need to know about healthcare: the 60-30-10 Challenge»,[5] la asistencia sanitaria representa una clara contradicción: a pesar de los numerosos cambios que están transformando el sector, los resultados de la actividad sanitaria llevan tres décadas estancados y se cumple que el 60 por ciento de los actos que hacemos están alineados con la evidencia o el consenso científico, un 30 por ciento son innecesarios o no aportan ningún valor al paciente y un 10 por ciento le generan un daño directo o impacto negativo. Es decir, el 40 por ciento de lo que hacemos NO deberíamos hacerlo.

La crisis global nos ha llevado a darnos cuenta de la fragilidad del ser humano, de la sociedad y de la importancia que tiene

5. Braithwaite, Jeffrey; Glasziou, Paul; y Westbrook, Johanna, «The three numbers you need to know about healthcare: the 60-30-10 Challenge», *BMC Medicine*, 18 (2020).

mantener el equilibrio de nuestro entorno y del planeta. Ya no basta con hacer una transformación digital si a ésta no le incorporamos también la sostenibilidad para conseguir una cambio social y medioambiental. Hoy, la única transformación posible en sanidad, y probablemente en cualquier sector, es aquella que persiga en simultáneo generar impacto económico, mejorar la satisfacción de los pacientes y de su salud en términos objetivos y contribuir al cuidado del planeta. Además, es mucho más difícil mantenernos sanos en un mundo que no esté sano.

Cada empresa debe buscar la sostenibilidad en función de su propia naturaleza. Algunas tienen un modelo de negocio de impacto interno (directamente la propia empresa es social), otras son capaces de generar impacto a través de su cadena de valor, y por último las hay que son capaces de hacerlo por sus productos o servicios (como es el caso de la mayoría de las empresas del sector sanitario). Lo importante es que nos demos cuenta de la importancia de esta transformación social y el propósito sirva de faro para guiar las decisiones difíciles.

Por lo tanto, si queremos, y sin duda debemos, contribuir a la mejora y sostenibilidad de la sociedad y el planeta, empecemos por definir un propósito, un para qué de nuestra existencia que trascienda más allá de fabricar productos o prestar servicios para ganar dinero. Y si desarrollamos nuestra estrategia como compañía a partir de este propósito estaremos en condiciones de competir mejor en el mercado y, por lo tanto, sobrevivir, ser sostenibles en el tiempo.

Como dice Michael Porter, «Las empresas deben reconectar su éxito con el progreso social. El valor compartido no es responsabilidad social, filantropía o incluso sostenibilidad, sino una nueva forma de lograr el éxito económico. No está al margen de lo que hacen las empresas, sino en el centro. Creemos que puede dar lugar a la próxima gran transformación del pensamiento empresarial».

Tercera parte

La adopción de las dinámicas de valor

13

Barreras a superar por las dinámicas de valor

> Los obstáculos son esas cosas espantosas que ves cuando apartas los ojos de tu meta.
>
> HENRY FORD, empresario

Mi idea inicial era incorporar los obstáculos que nos encontraremos en la implementación de las dinámicas en cada uno de los capítulos dedicadas a ellas, pero en la práctica, tanto por su aparición repetida como por simplificar y realizar un enfoque integral de las dinámicas y sus problemas, he considerado más conveniente desarrollarlos todos en un capítulo específico.

En *Switch*, uno de los mejores libros sobre gestión del cambio que he leído, Chip Heath y Dan Heath recomiendan facilitar el camino de su «jinete» reduciendo el número de decisiones que tomar (con procesos sencillos) y las barreras que superar (eliminándolas previamente).

En esta idea, el presente capítulo trata de ayudar en la identificación de estas potenciales barreras para superarlas con rapidez y facilitar el camino a las dinámicas.

Siempre me ha llamado la atención, y es algo que no termino de entender, por qué en los procesos de cambio esperamos a encontrarnos con las dificultades para buscarles solución, cuando muchas de ellas son conocidas y una actuación preventiva agilizaría considerablemente los procesos de adopción.

En alguna ocasión me han comentado la famosa frase de Julio César «Cuando lleguemos a ese río, cruzaremos ese puente». Sólo hay una pequeña diferencia: el político y militar romano seguramente no sabía lo que se iba a encontrar, y nosotros sí.

Barreras lógicamente hay muchas, pero sin pretender ser exhaustivo, a continuación desarrollo las siete que, en mi opinión, representan los mayores desafíos para la implementación efectiva de las dinámicas de valor en las organizaciones.

Con esta idea he querido incluir distintos tipos de liderazgo que impactan de forma negativa en el buen funcionamiento de las organizaciones y por lo tanto se convierten en una barrera para el desarrollo de las dinámicas de valor.

Me refiero en primer lugar a lo que podríamos denominar un **liderazgo débil**, que se caracteriza por una falta de decisión, claridad y dirección. Líderes que evitan tomar decisiones difíciles no establecen expectativas claras y carecen de la firmeza necesaria para guiar a los equipos de forma efectiva.

En el otro extremo, nos encontramos con el **liderazgo autoritario**, que se caracteriza por la arrogancia, la falta de empatía y una tendencia a imponer su autoridad. Líderes prepotentes que no escuchan las opiniones o preocupaciones de sus empleados y toman decisiones sin considerar el impacto en su equipo, con lo que crean un ambiente de trabajo tóxico donde el miedo y la desconfianza socavan la moral y la colaboración.

En otro nivel, pero igual de dañino, aparece el **liderazgo sin compromiso**, que se corresponde con los directivos que no muestran un interés genuino ni se involucran en los objetivos y valores de la organización. Líderes que pueden cumplir con sus deberes de manera superficial, pero que carecen de la pasión y el compromiso necesarios para inspirar y motivar a sus equipos.

Sin un **liderazgo efectivo** resultará imposible desarrollar con éxito un modelo de dinámicas de valor (en realidad el desarrollo de cualquier modelo o estrategia). Sin extenderme, pues es algo que se trata con amplitud en el último capítulo del libro, sí creo necesario comentar brevemente sus rasgos característicos que, a la vez, se convierten en la forma de superar esta primera barrera:

- **Integridad.** La integridad es un pilar central del liderazgo efectivo. Estos líderes actúan con honestidad y transparencia, mantienen altos estándares éticos y son coherentes en sus principios y acciones, ganándose así el respeto y la confianza de sus equipos y colegas.
- **Visión.** Este tipo de líder tiene una clara visión del futuro y de los objetivos a largo plazo. Capaz de inspirar y motivar a otros, guía a su equipo hacia la realización de metas significativas y beneficiosas para la organización.
- **Empatía.** La capacidad de comprender y compartir los sentimientos de los demás es fundamental. Un líder empático puede conectarse con su equipo, entender sus necesidades y preocupaciones y fomentar un ambiente de trabajo colaborativo y de apoyo.
- **Capacidad de comunicación.** Una comunicación efectiva es fundamental. Estos líderes saben cómo transmitir sus ideas de manera clara y persuasiva, además de ser excelentes oyentes. Facilitan un diálogo abierto y honesto, fomentando un entorno de trabajo transparente y colaborativo.
- **Flexibilidad y adaptabilidad.** El mundo empresarial está en constante cambio, por lo que ser adaptable y flexible es esencial para un liderazgo efectivo. Estos líderes están dispuestos a ajustar sus estrategias y enfoques en respuesta a nuevas informaciones o cambios en el entorno.

13.1. *Statu quo* y resistencia al cambio

Para la segunda barrera traigo dos clásicos en los procesos de cambio que tienen puntos en común y que de alguna manera se van retroalimentando hasta convertirse en numerosas ocasiones en el enemigo a batir.

El *statu quo* y la resistencia al cambio son fenómenos profundamente arraigados en muchas organizaciones. Estos desafíos se manifiestan cuando empleados o incluso directivos se aferran a prácticas y procesos tradicionales, mostrando su rechazo a adoptar nuevas metodologías o enfoques. Este apego al *statu quo* se ve frecuentemente alimentado por el miedo a lo desconocido, una falta de comprensión de los beneficios del cambio, o simplemente por la comodidad de las rutinas establecidas.

La resistencia puede ser aún más fuerte cuando los individuos sienten que el cambio les afecta negativamente o no ven cómo se alinea con sus intereses personales o profesionales. Esto puede llevar a una falta de compromiso o incluso a la oposición activa a las iniciativas de cambio. En muchos casos, esta resistencia se convierte en un círculo vicioso, donde el inmovilismo refuerza el *statu quo*, y el *statu quo* a su vez alimenta más resistencia al cambio.

Para superar estos obstáculos, las organizaciones deben crear una cultura que no sólo acepte el cambio, sino que lo fomente y lo respalde. Esto implica comunicar claramente los beneficios de la transformación, en este caso de las dinámicas de valor, involucrar a los empleados en el proceso de toma de decisiones, ofrecer formación y apoyos adecuados y, sobre todo, liderar con el ejemplo.

Al abordar directamente las preocupaciones y miedos de los empleados, eliminar incertidumbres y demostrar cómo el cambio puede resultar beneficioso para todos, las organizaciones pueden comenzar a desmantelar estas barreras y avanzar hacia una transformación exitosa.

13.2. Mandos intermedios

Aunque generalizar siempre resulta injusto, es innegable que los mandos intermedios desempeñan un papel trascendental en los procesos de cambio y en la implantación de nuevos modelos de trabajo o gestión debido a su posición en las organizaciones. Sin su compromiso y comprensión clara de los objetivos de las nuevas iniciativas pueden convertirse en un obstáculo para la adopción efectiva de las dinámicas de valor. Convertirlos desde el principio (la anticipación de la que hablábamos) en agentes de cambio tendría que convertirse en una de las primeras acciones del plan de implementación de las dinámicas.

13.3. Estructuras organizativas rígidas

Este tipo de estructuras jerárquicas y burocráticas extendidas de forma generalizada en las empresas desde la Revolución Industrial limitan la flexibilidad y agilidad necesarias para adaptarse a nuevas ideas o prácticas.

En un entorno rígido, los procesos y protocolos establecidos pueden estar tan arraigados que dificultan la implementación de cambios innovadores o la adopción de nuevos enfoques.

Son estructuras que conducen a la formación de silos departamentales, donde la comunicación y colaboración entre diferentes áreas de la organización son limitadas, lo que tiene un efecto negativo directo en la experiencia del cliente, en la rapidez en la toma de decisiones o en la eficiencia.

Este modelo no sólo frena la fluidez de la información y la capacidad para responder rápidamente a los cambios, sino que también puede crear un entorno donde prevalece la mentalidad de «esto no es mi trabajo» y la resistencia a compartir conocimientos y recursos.

Sin duda, una auténtica barrera que superar por las dinámicas de valor que impulsan la colaboración (inviable con los silos), el éxito del cliente (imposible sin su visión integral), la innovación (irrealizable sin un modelo transversal) o la gestión inteligente de los datos (inconcebible con información desintegrada).

Para superar esta barrera, las organizaciones deben esforzarse por ser más dinámicas y adaptativas. Esto puede implicar reestructurar la empresa para que sea más plana y menos jerárquica, fomentando así una mayor colaboración y comunicación.

Recurrir a la implantación de metodologías *agiles* e incentivar la innovación suele ayudar a romper las barreras de este tipo de estructuras al facilitar en la práctica la adopción de las nuevas ideas.

Una opción que siempre recomiendo, como mínimo como ejercicio de contraste con la situación actual, es dibujar una **organización «base cero»**, que consiste, como podéis imaginar, en definir la estructura organizativa con las necesidades básicas de la empresa o institución en la era digital, eliminando su legado organizativo (roles, cajas o funciones innecesarias) y aprovechando las oportunidades de las nuevas tecnologías y la transformación.

13.4. Sistemas y datos desintegrados

La desintegración de sistemas y datos en las organizaciones se erige como la gran barrera operativa para implementar efectivamente las dinámicas de valor. Esta fragmentación trae consigo una serie de desafíos que comienzan por la inconsistencia en la información, ya que, sin una integración adecuada, la información disponible se torna incompleta y fragmentada, lo que complica la toma de decisiones informadas.

Esta descoordinación también conduce a ineficiencias operativas, ya que los empleados deben emplear tiempo y esfuerzos adicionales para recopilar y consolidar datos de múltiples fuentes, disminuyendo su eficiencia y agilidad en responder a cambios y oportunidades.

Además, la falta de integración fomenta la formación de silos dentro de la organización, lo que obstaculiza la colaboración efectiva entre diferentes departamentos y puede llevar a una desalineación en los objetivos y estrategias organizacionales. Es un problema que se extiende al ámbito del análisis de datos, pues al restarle la capacidad de realizar análisis profundos y generar *insights* valiosos, el potencial queda seriamente limitado.

Uno de los ejes claves de los procesos de transformación tiene que ver con la sustitución del «*legacy*» de sistemas por plataformas más modernas que integren los nuevos componentes (*cloud*, *big data*, inteligencia artificial...) de manera más eficiente y efectiva. Con esta modernización tecnológica no sólo se trata de actualizar el hardware o el software, sino de reimaginar cómo la tecnología puede impulsar la eficiencia operativa y la innovación. Las nuevas plataformas deben ser capaces de integrar datos y sistemas dispares, facilitando una visión unificada y coherente que apoye la toma de decisiones y la estrategia empresarial.

Seguramente uno de los impactos más significativos de esta doble barrera es cómo afecta a la experiencia del cliente, pues la falta de su visión unificada impide proporcionarle un servicio personalizado y coherente.

13.5. Comunicación deficiente

Una comunicación ineficaz puede originar malentendidos y confusiones, lo que lleva a una mala interpretación de objetivos y estrategias.

Sin una comunicación clara los empleados pueden sentirse desorientados y desconectados de los objetivos de la empresa, lo que afecta negativamente en su motivación y compromiso.

Hablar de una comunicación eficiente significa situarse en el plano del receptor, entenderlo y adaptar el mensaje a sus necesidades y su contexto. Es fundamental asegurar que la información, además de enviarse, también se recibe y se comprende adecuadamente.

Esta perspectiva centrada en el receptor exige un enfoque más empático y considerado en la comunicación. Implica evaluar y entender las barreras que pueden impedir la comprensión efectiva, como jergas técnicas, suposiciones no clarificadas o canales de comunicación inadecuados.

Esta barrera se extiende más allá de los límites internos de la organización. Una comunicación deficiente con los clientes, proveedores y otros *stakeholders* puede dañar la reputación de la empresa y disminuir la confianza en su marca. En el contexto de la implementación de nuevas dinámicas y estrategias, la comunicación efectiva es vital para asegurar la alineación y el entendimiento a todos los niveles de la organización. Una comunicación clara y coherente es fundamental para transmitir el valor y la importancia de los nuevos cambios, así como para fomentar una cultura de colaboración y participación.

13.6. Métricas inexistentes o inadecuadas

Estamos hablando de dinámicas y valores y su medición no siempre resulta ni obvia y ni sencilla. Sin embargo, lo que sí resulta es imprescindible, pues en muchas ocasiones su ausencia es la barrera o excusa para su desarrollo efectivo en las organizaciones.

Es imprescindible establecer métodos efectivos para evaluar estas dinámicas, ya que proporcionan una comprensión profunda del clima y la cultura organizacionales y de su impacto en el rendimiento general de la empresa.

La medición permite identificar áreas de mejora y orientar estrategias específicas para fortalecer la cultura organizacional, a la vez que proporciona una base sólida para tomar decisiones estratégicas y justificar inversiones en el desarrollo organizacional y la formación del personal.

En la tabla 13.1 se muestran algunos ejemplos de métricas que permitirán ver la evolución de las distintas dinámicas y, lo que considero más importante, analizarlas en su conjunto.

Tabla 13.1. Métricas de las dinámicas de valor

DINÁMICA	MÉTRICA	DESARROLLO
Integridad	Índice de cumplimiento ético. Evaluaciones de clima ético.	Medir la frecuencia y gravedad de las violaciones éticas y de cumplimiento. Encuestas regulares para medir la percepción del personal sobre la integridad de la empresa.
Compromiso con el cliente	Pérdida de clientes. NPS (*Net Promoter Score*).	Tasa y análisis de clientes perdidos. Probabilidad de que los clientes recomienden la marca a otros.
Desarrollo de personas	Fuga de talento de valor. Planes de desarrollo individual.	Tasa y análisis de talento de valor perdido. Cantidad y calidad de planes de desarrollo de personal implementados.
Gestión de los datos	Calidad de los datos. Uso de los datos en la toma de decisiones. Seguridad de los datos.	Medir la precisión, integridad y fiabilidad de los datos. Frecuencia y efectividad del uso de datos en la toma de decisiones. Incidencia de violaciones de seguridad y eficacia en la gestión.

Innovación	Número de innovaciones implementadas. Inversión en innovación. Impacto de las innovaciones.	Cantidad de nuevas ideas o proyectos implementados. Porcentaje de presupuesto destinado a I+D (p. ej. porcentaje de la facturación). Medir el éxito y el ROI de las innovaciones.
Colaboración	Encuesta de clima laboral. Eficiencia de procesos colaborativos.	Medir la percepción del personal sobre la efectividad de la colaboración. Evaluación de la eficiencia y productividad en proyectos colaborativos.
Sostenibilidad	Ambientales (E). Sociales (S). Gobierno (G).	Reducción del consumo de recursos. Gestión de la inclusión y la diversidad. Calidad y frecuencia de informes financieros y no financieros.

Fuente: Elaboración propia.

Esta información, adaptada a las necesidades de cada organización, completada con los indicadores de nivel de autenticidad que se exponen en el capítulo 15, configura un cuadro de mando de las dinámicas o del nivel de autenticidad de la organización muy valioso para sus líderes.

14

La inteligencia artificial y otras tecnologías como facilitadoras del cambio

> Podemos ver que las máquinas pensarán, y lo harán de formas que potenciarán nuestra cultura, no la reemplazarán.
>
> ALAN TURING, matemático

14.1. Una gran aliada

Unas veces en áreas de negocio, otras en funciones organizativas y en más de una ocasión con responsabilidades en las unidades de tecnología, mi postura siempre ha sido ver la tecnología como una aliada que mejora nuestras capacidades, nos ayuda a crecer y facilita la innovación y el cambio, tanto a nivel profesional como empresarial.

La tecnología, históricamente, ha tenido dominios de actuación preferentes como el marketing, la eficiencia operativa, la producción y la gestión. No obstante, en la era contemporánea, su alcance ha sobrepasado estos ámbitos tradicionales, permeando casi todas las facetas de nuestras vidas y el mundo empresarial. Un área donde vislumbro un potencial significativo y oportunidades sustanciales es en su rol como facilitadora del cambio cultural dentro de las organizaciones. La tecnología no sólo es un pilar fundamental en la transformación digital, sino que ahora también debe desempeñar un papel importante en la transformación cultural. Esto es esencial para asegurar que tanto la inversión realizada como los cambios implementados alcancen el impacto deseado y contribuyan significativamente al éxito y la evolución de las organizaciones.

A medida que las empresas buscan adaptarse a un mundo en constante evolución, la tecnología juega un doble papel en sus procesos de transformación. Por un lado, es el desencadenante de los cambios (modelos de negocio, formas de trabajar, relacionarnos o de comprar...) y, por otro, se convierte en el catalizador de esos cambios aportando información y plataformas de colaboración y aprendizaje.

Pero, en mi opinión, ese papel de facilitador está aún lejos de ser aprovechado en el mundo empresarial, unas veces por falta de priorización y otras por desconocimiento de su poderoso impacto.

14.2. La tecnología como facilitadora del cambio de hábitos: un caso práctico

Nos situamos en el año 2011, en el contexto del proyecto Banesto 2.0, primer programa de transformación digital del banco. Lanzamos la iniciativa «la tecnología como facilitadora del cambio de hábitos», que fue reconocida por Microsoft como una de las mejores prácticas de adopción de sus soluciones, aunque el proyecto incorporaba soluciones de otros proveedores. Un proyecto que tuvo su continuidad en el Santander cuando en 2013 se integró Banesto.

La idea tenía y tiene todo el sentido y partía de dos elementos esenciales; por un lado, el conocimiento de las posibilidades tecnológicas y, por otro, la necesidad de acelerar el cambio cultural del banco para adoptar las nuevas tendencias digitales que empezaban a emerger.

El planteamiento supuso un cambio muy significativo sobre la forma tradicional de abordar estos proyectos (que normalmente se hacen desde las nuevas tecnologías y sus beneficios), pues se partió de los valores culturales que se querían impulsar en ese momento: orientación al cliente, innovación, colaboración y eficiencia. Como vemos, algunos principios son inalterables en el tiempo.

A partir de esos valores, trabajamos en identificar los hábitos concretos que habría que cambiar en los procesos y la actividad diaria de los empleados del banco. Por ejemplo, si queremos ser más eficientes, tendríamos que actuar sobre la dinámica (mala dinámica) de los e-mails, las reuniones y la impresión o, en el caso de la innovación, crear programas de intraemprendimiento, compartir un observatorio de tendencias o generar tiempo para innovar.

A partir de la identificación de los nuevos hábitos entraba en juego la tecnología como facilitadora de éstos.

Os comparto el gráfico 14.1, que he rescatado de aquel proyecto y que he utilizado en numerosos cursos y presentaciones.

Gráfico 14.1. La tecnología como facilitadora del cambio

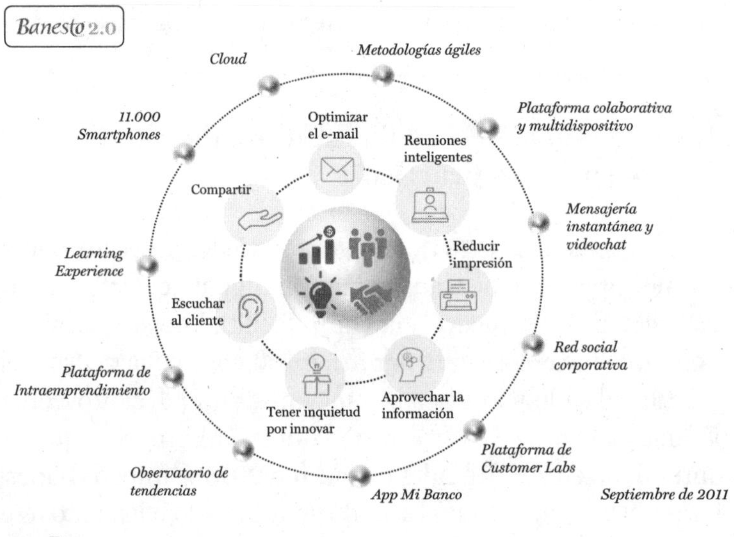

Fuente: Banesto.

Lógicamente las soluciones tecnológicas iban acompañadas de otras herramientas, de algunas medidas de gestión (cambio de las impresoras individuales por departamentales, límites en los correos, reuniones por videoconferencia con territorios —en aquellos momentos Link, lo que ha evolucionado a Teams...) y un cuadro de mando con indicadores que permitía hacer el seguimiento de cada hábito.

A modo ilustrativo comparto un par de cuadros que seguíamos en los comités.

Gráfico 14.2. Cambio de hábitos – Seguimiento de indicadores (1)

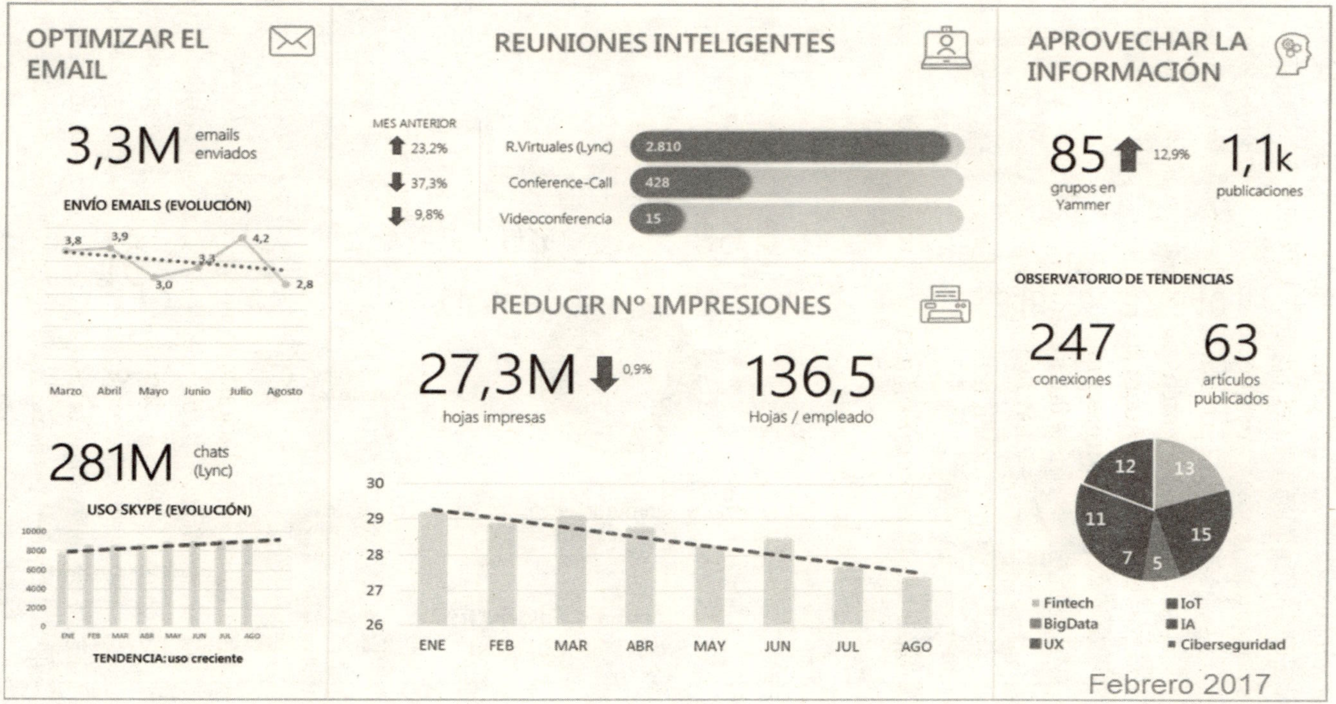

Fuente: Santander.

Gráfico 14.3. Cambio de hábitos – Seguimiento de indicadores (2)

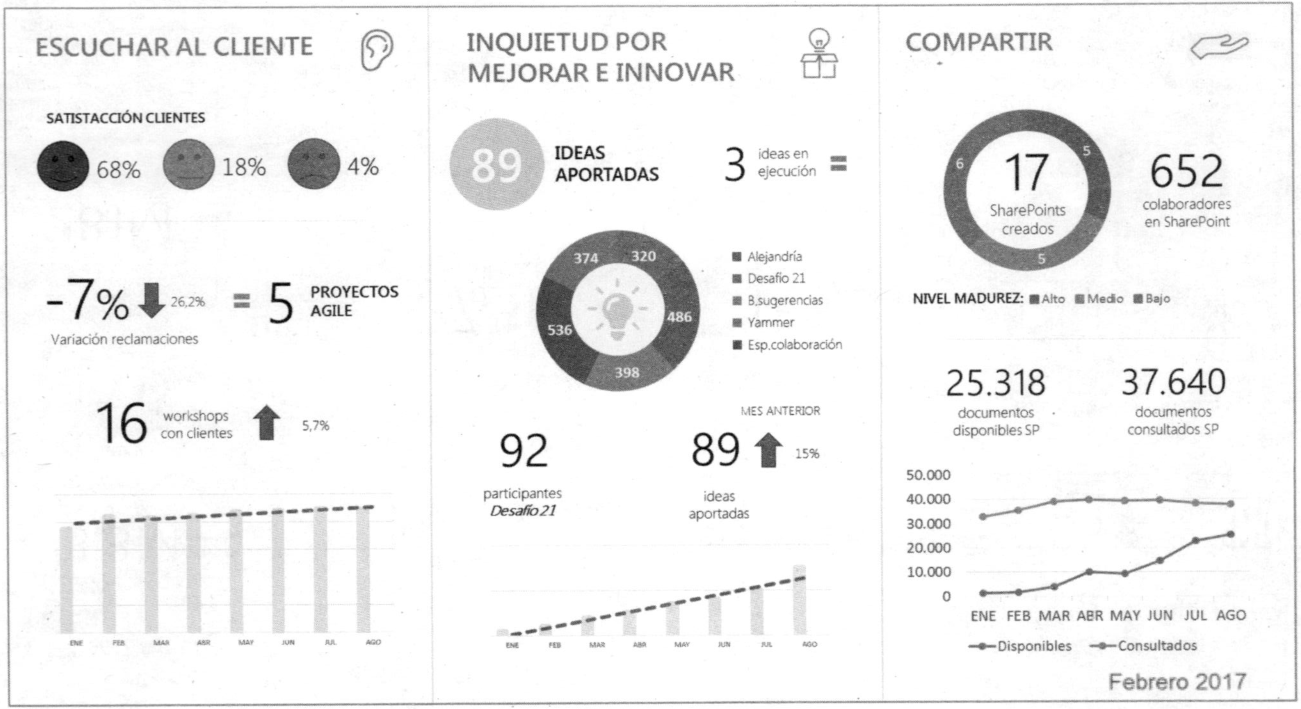

Fuente: Santander.

Esta iniciativa supuso un claro impulso al cambio cultural del banco y se ha ido integrando en sus distintos ciclos de transformación, donde la tecnología era la tercera capa.

El cuadro de mando del cambio me parece una herramienta imprescindible que lleva al mundo de los números algunas dimensiones consideradas como intangibles.

Valores → Hábitos → Tecnología

14.3. Herramientas facilitadoras de la implementación de las dinámicas

En el desarrollo de cada una de las dinámicas de valor hemos identificado su impacto en las relaciones con los clientes, los hábitos que tienen que desarrollar los empleados y los procesos y cambios que tiene que desplegar la organización para promover e impulsar su adopción.

Inicialmente, al igual que en el caso de las potenciales barreras, mi idea era identificar las herramientas asociadas a cada dinámica, pero el trabajo me ha llevado a ver que su impacto, en muchos casos, afecta a varias de ellas y por lo tanto es más sencillo verlas en su conjunto con un enfoque transversal.

Sin entrar en detalle (pues ya forman parte de nuestras rutinas), sí creo que merece la pena su enumeración como un ejercicio de sensibilización hacia su potencial efecto como facilitador de los cambios.

Aunque la lista podría ser muy extensa, vamos a ver algunas de aplicación en todas las dinámicas y un par de ellas específicas para cada una.

En el primer grupo, nos encontramos con soluciones compartidas como:

- **Plataformas de comunicación, colaboración y trabajo remoto** que proporcionan espacios para chat, videollamadas y reuniones, facilitan la comunicación en tiempo real e impulsan una cultura de trabajo más flexible y autónomo, como Teams, Slack o Zoom.

- **Plataformas de *e-learning* y formación online.** Ofrecen una amplia variedad de cursos y capacitaciones que permiten a los empleados adquirir nuevas habilidades o mejorar las existentes, como Udemy, Coursera o LinkedIn Learning.
- **Soluciones de realidad virtual y aumentada** que pueden ser utilizadas, entre otras aplicaciones, para formaciones y capacitaciones. Ofrecen experiencias más inmersivas y efectivas, lo cual fomenta una cultura de aprendizaje y adaptabilidad, como Oculus Quest2, Vuforia o Magic Leap.
- **Internet de las cosas (IoT)**, que para determinadas industrias se ha convertido en una herramienta clave en sus procesos de transformación de la cultura y el negocio, como Nest Thermostat, Raspberry Pi con sensores o GE Predix.

Como herramientas específicas para cada dinámica nos encontramos:

- **Integridad**
    - o *Sistema de denuncia anónima*, que permite a los empleados informar sobre actividades sospechosas o no éticas sin temor a represalias, fomentando un ambiente de transparencia y responsabilidad.
    - o *Herramientas de control de acceso y seguridad*, que garantizan que sólo los empleados autorizados tengan acceso a cierta información, reduciendo el riesgo de mal uso o divulgación inapropiada de información.
- **Compromiso con el cliente**
    - o *Plataformas de gestión de las relaciones con clientes (CRM)*, que permiten a las empresas gestionar, analizar y optimizar sus interacciones con clientes actuales y potenciales. El CRM centraliza la información de los clien-

tes, registra las interacciones de ventas, gestiona campañas de marketing y proporciona análisis y reportes para tomar decisiones informadas.
  - *Herramientas de* feedback *y encuestas*, que recopilan las opiniones de los clientes para entender sus necesidades y áreas de mejora.
- **Desarrollo de las personas**
  - *Herramientas de mentoría y* coaching que permiten conectar a empleados con mentores o *coaches*, ya sea interna o externamente, para guiar su desarrollo profesional.
  - *Plataformas de autoevaluación y test de habilidades*, que permiten a los profesionales identificar sus fortalezas, debilidades y áreas de interés, guiándolos hacia oportunidades de desarrollo adecuadas.
- **Gestión inteligente de los datos**
  - *Plataformas de* big data *y sistemas de gestión de base de datos*, que facilitan el procesamiento y análisis de grandes conjuntos de datos y permiten su almacenamiento, recuperación y manipulación de forma eficiente.
  - *Herramientas de analítica y visualización*, que facilitan a los empleados interpretar datos y extraer *insights* a través de representaciones visuales.
- **Innovación**
  - *Plataformas de innovación abierta*, para capturar ideas tanto de empleados como de fuentes externas, fomentando la colaboración y la experimentación más allá de los muros de la organización.
  - *Herramientas de gestión de proyectos*, que ayudan a organizar y priorizar ideas y proyectos, así como a seguir su progreso.
- **Colaboración**
  - *Plataformas de trabajo conjunto y pizarras digitales*, que ofrecen espacios donde los equipos pueden diseñar y planificar conjuntamente.
  - *Redes sociales corporativas*, que crean espacios para

que los profesionales compartan noticias, logros y actualizaciones que contribuyen a fortalecer la conexión y el sentido de comunidad.

- **Sostenibilidad**
  - *Herramientas de medición y análisis de impacto ambiental*, que ayudan a medir y comprender el impacto ambiental de productos, servicios y operaciones de la empresa.
  - *Plataformas de concienciación*, con redes sociales corporativas, newsletters temáticas, cuadros de mando..., que difundan iniciativas sostenibles, logros y buenas prácticas tanto dentro como fuera de la empresa.

14.4. La inteligencia artificial: una colaboradora muy especial

Por lógica, la IA estaría en el primer grupo de soluciones, pero he considerado que actualmente requiere, como facilitador del cambio cultural de las organizaciones, no sólo un espacio específico, sino un estudio muy especial.

Pensemos por un momento en toda la información de la que disponemos desde la perspectiva de la transformación de una organización y de las posibilidades que emergen a partir de su análisis.

Estamos hablando de fuentes como el uso de los sistemas, el comportamiento con los clientes, la evolución y el impacto de los proyectos, la actuación de directivos y empleados, las reuniones (recurrencia, duración, solapamiento, horas invertidas...), la colaboración entre áreas, etcétera.

Las fases de un proyecto de inteligencia artificial para abordar una iniciativa de estas características las vemos en el gráfico 14.4.

Gráfico 14.4. Fases de un proyecto de inteligencia artificial

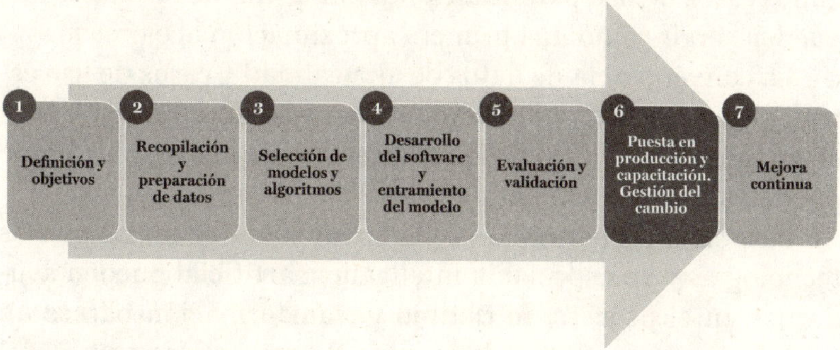

Fuente: Elaboración propia.

Todo empieza con la definición, el alcance y los objetivos de las dinámicas de valor que hemos ido desgranando en los capítulos anteriores.

En el desarrollo del proyecto, dos fases aparecen como clave para aprovechar todo el potencial de la inteligencia artificial: los casos de uso y los datos.

Los casos de uso representan las aplicaciones concretas que tienen que facilitar a la organización el desarrollo y la adopción de cada una de las dinámicas. Su definición inicial, aun con toda la flexibilidad para pivotar siempre que sea necesario, es fundamental para el aprovechamiento de la IA.

Por lo que respecta a la recopilación y preparación de datos, implica la identificación, almacenamiento y procesamiento de una amplia variedad de éstos, que van desde registros internos hasta fuentes externas y datos de los clientes y otros *stakeholders*.

En proyectos de esta índole, las cinco *V* del *big data* (volumen, velocidad, variedad, veracidad y valor) alcanzan su máxima relevancia.

La riqueza y calidad de estos datos son fundamentales, pues serán la base sobre la que la IA podrá operar, extrayendo *insights*, patrones ocultos y conocimientos críticos que permiten tomar decisiones más informadas y precisas.

En la tabla 14.5, de forma muy resumida (no hay espacio para más) y lógicamente no exhaustiva, podemos identificar algunos casos de uso potenciales y distintas fuentes de datos que pueden servir como una primera aproximación al ejercicio.

La convergencia de datos de alta calidad y casos de uso estratégicamente definidos impulsa la capacidad de la IA para crear valor tangible, incluso en la gestión de intangibles, como pueden ser las dinámicas de valor.

Pararse un minuto para reflexionar sobre cómo las nuevas tecnologías y en especial la inteligencia artificial pueden ayudarnos en el proceso de cambio y transformación parece un tiempo muy bien invertido que puede acortar los ritmos del cambio y mejorar significativamente su impacto.

La oportunidad es evidente y dependerá de los líderes de esas organizaciones aprovecharla o dejarla pasar.

En cualquier caso, sólo hacer el ejercicio de pensar y visualizar cómo la IA puede ayudar a la empresa a avanzar en la adopción de su cultura es una práctica que merece la pena realizar y abre un mundo de posibilidades casi infinitas en un ámbito en el que está prácticamente todo por descubrir.

Para Beatriz Lucía, directora de Analítica del Talento en el Instituto de Inteligencia del Conocimiento:

> Es indudable el enorme interés en las posibilidades que brinda la inteligencia artificial y la analítica avanzada de datos, tanto en la gestión de recursos humanos como en la propia estrategia de la organización. Pero son incuestionables también las dificultades de diversa índole con las que se encuentran las empresas para poder abordar proyectos de este tipo e implantar una cultura basada en el dato. Tras el interés inicial, cada organización presenta un momento de madurez tecnológica y de gestión del cambio muy diferente.
>
> Después de muchas conversaciones con empresas variadas y diversos proyectos, en este momento parece que los desafíos más relevantes tienen que ver con tres aspectos. En primer lugar, con la aplicación del reglamento de protección de datos y toda la incertidumbre que en este momento existe sobre la necesidad del

Tabla 14.1. IA como facilitadora de las dinámicas de valor (1)

Dinámica	Potenciales casos de uso	Fuentes de los datos
Integridad	• Detección anticipada de fraudes y anomalías. • Monitorización del cumplimiento de regulación y las políticas internas. Identificación de prácticas irregulares. • Análisis del sentimiento y la reputación. Lenguaje natural en RR. SS. y noticias.	• Internos: transacciones, base datos empleados, información financiera, e-mails, etc. • Medios sociales y noticias. • Terceros y fuentes externas: clientes y *stakeholders*.
Éxito del cliente	• Recomendaciones de mejora y asesoramiento proactivo. • Personalización de la relación y la oferta. • Predicción de pérdida de clientes.	• Interacción con el cliente. • Uso de productos y servicios. • Retroalimentación social.
Desarrollo de las personas	• Identificación de talento para promociones y configuración de equipos. • Recomendaciones de desarrollo personalizado, formación y mentoría. • Evaluación de potencial y planificación de sucesiones.	• Rendimiento y evaluación. • Capacitación y aprendizaje. • Información sobre participación y propuesta de ideas. • Retroalimentación y encuestas de satisfacción de empleados.
Gestión inteligente de los datos	• Democratización del uso de los datos: análisis, visualización, etc. • Panel de control y privacidad. • Automatización de la gestión de consentimientos.	• Internos: operaciones, transacciones, clientes, etc. • Clientes y usuarios. • Externos y de terceros (clientes, proveedores, accionistas...).

Fuente: Elaboración propia.

Tabla 14.2. IA como facilitadora de las dinámicas de valor (2)

Dinámica	Potenciales casos de uso	Fuentes de los datos
Innovación	• Detección de oportunidades de innovación (abierta, intraemprendimiento, etc.). • Optimización de la cartera de proyectos de innovación. • Análisis de impacto de innovación.	• Información de mercados y tendencias actuales y emergentes. • Investigación y desarrollo interno, prototipos, pruebas, éxitos y fallos. • Retroalimentación de clientes, usuarios y *stakeholders*.
Colaboración	• Gestor del conocimiento y buscador interno. • Recomendación de colaboradores potenciales para proyectos en función de las habilidades, la experiencia y el historial de colaboración. • Análisis de redes y colaboración cruzada.	• Comunicación interna. • Productividad y proyectos. • Redes sociales empresariales.
Sostenibilidad	• Predicción y reducción de emisiones y acciones sostenibles. • Análisis de potencial de inversión sostenible. • Optimización de la cadena de suministro y procesos sostenibles.	• Informes de sostenibilidad internos y externos. • Regulación. • Cadena de suministro y proveedores.

Fuente: Elaboración propia.

consentimiento informado y las dificultades de poner los datos en manos de un tercero.

Otro aspecto fundamental, y de especial relevancia en el ámbito de los RR. HH., es la necesidad de conocer la razón de los modelos, que ya no pueden ser «cajas negras». Es necesario conocer qué variables son las que están teniendo peso en el modelo utilizado, con toda la dificultad matemática que eso conlleva. Y, en tercer lugar, una vez disponibles los datos, la tecnología y las posibilidades de la ciencia de datos, en este momento se hace necesaria la reflexión del para qué. No podemos obviar la necesidad de reflexionar sobre para qué se va a utilizar el resultado, cómo se va a implantar, quién lo va a utilizar, quién lo va a operar, cómo se van a tomar las decisiones y un sinfín de cuestiones que no son matemáticas, pero sí son las que dotan de sentido y utilidad a la IA.

En definitiva, la función de RR. HH. está posicionada en el camino para entender, utilizar y aprovechar la potencia de los datos y liderar este cambio.

Un estudio reciente de la consultora McKinsey & Company, *The State of Organizations 2023*, concluye que hay un **potencial significativo en la IA en la agilización y sistematización de cambios culturales**, y que esto permite ponerla en valor más allá de sus actuales aplicaciones centradas en la optimización de los procesos de gestión de personas y mejora de experiencia de empleado.

Algunos casos de uso de estas técnicas de IA aportan distintas perspectivas al análisis de la realidad cultural de una organización:

- **Análisis de sentimiento.** Utiliza algoritmos de procesamiento de lenguaje natural para analizar comentarios, respuestas a encuestas y otros textos escritos por empleados, identificando emociones y sentimientos predominantes sobre temas organizacionales.
- **Segmentación.** Agrupa a los empleados en subgrupos según patrones de comportamiento, interacciones o res-

puestas similares, lo que permite identificar microculturas o subculturas dentro de la organización.

- **Análisis de redes sociales.** Mapea y analiza las relaciones e interacciones entre empleados, ayudando a identificar líderes informales, nodos de comunicación y posibles silos departamentales.
- **Análisis semántico.** Explora la forma en que se utiliza el lenguaje en la organización, identificando palabras o frases comunes que pueden reflejar valores, creencias o áreas de enfoque cultural.
- **Simulaciones.** Crean representaciones virtuales de la organización para simular cómo ciertos cambios o intervenciones afectarían a la dinámica y la cultura del grupo.

Por ejemplo, el Banco Santander desarrolla la iniciativa Workplace Analytics para analizar y mejorar aspectos como la colaboración, la gestión de las reuniones y la gestión realizada por los mánager.

Como vemos, la tecnología en sentido amplio y la inteligencia artificial en concreto tienen, o deberían tener, un papel muy especial en la evolución cultural de las organizaciones.

Hoy se presenta como un espacio de investigación, pero no tengo ninguna duda de que en un plazo de tres o cuatro años será una práctica habitual de todas las organizaciones y en especial de aquellas que realmente quieren ser auténticas, porque utilizarán todos los recursos de estas potentes herramientas para conseguirlo.

15

Del valor al hábito: la hoja de ruta de las dinámicas de valor

> Somos lo que hacemos repetidamente. La excelencia, entonces, no es un acto, sino un hábito.
>
> Aristóteles, filósofo

15.1. Las personas en los procesos de cambio

La implementación de una nueva cultura en una organización es un proceso complejo que implica la combinación de liderazgo, participación, comunicación, capacitación, disciplina y seguimiento.

La primera vez que tuve el reto de abordar un cambio de esta naturaleza fue en 1991, cuando el proyecto estrella de Banesto era una nueva estrategia, una nueva forma de entender el negocio y la tecnología que situaba al cliente en el centro, lo que requería cambiar íntegramente la infraestructura tecnológica tanto central como de la red de oficinas, integrar todas las bases de datos, rediseñar los procesos y olvidarnos de la forma tradicional de ejecutar las operaciones. Conceptos que hoy forman parte de la estrategia y actividad de cualquier empresa, pero que hace más de treinta años suponían todo un reto.

La inversión en tecnología fue muy importante, pero el verdadero reto era lograr la adopción de las nuevas ideas y modelos por los empleados del banco, en la sede central y en todas las oficinas.

Para abordarlo se creó la unidad de asimilación y gestión del cambio y me asignaron su responsabilidad.

La idea de asimilación, que con el tiempo se ha ido perdiendo, nos pareció (y me sigue pareciendo) una función esencial, porque sitúa en el centro de la estrategia del cambio a las personas que tienen que realizarlo, lo que te obliga a conocer en detalle sus capacidades, necesidades, expectativas e inquietudes. En esta situación pasan a un segundo plano las suposiciones de la central sobre lo que hay que hacer, visto a kilómetros de distancia (tanto física como mental). La participación de las personas de la red (desde las fases de diseño hasta las de prueba e implementación) resultó, a la larga, de un valor incalculable para el éxito del proyecto.

Estamos hablando de un modelo cuyos principales argumentos siguen vigentes y operativos en la actualidad, como la gestión global del cliente, la omnicanalidad, el multibanco, el catálogo integral y parametrización de productos y servicios o la seguridad lógica.

Indudablemente, en el éxito del cambio intervienen muchos factores, pero la participación e involucración de las personas que lo tienen que ejecutar es el elemento esencial, que, a la larga, resulta tan fácil de hacer, como, sorprendentemente, fácil de olvidar en muchos de los procesos de cambio.

15.2. La ejecución marca la diferencia

En *Digitalízate o desaparece* ya hacía referencia a un dato que no ha mejorado con el paso del tiempo: el 70 por ciento de los proyectos de transformación fracasan en su fase de ejecución.

Los motivos son los ya conocidos: falta de liderazgo, escasa planificación, ninguna participación, resistencia al cambio y cansancio en el seguimiento.

Pero también son conocidas las prácticas de éxito, que incorporan elementos como:

- La comunicación efectiva y transparente
- El protagonismo de las personas en el proceso
- Empezar la ejecución en el diseño
- Despejar las barreras del camino (*statu quo*, métricas desactualizadas, sistemas obsoletos...)
- La disciplina y el rigor en el seguimiento
- Un conjunto de indicadores que permite analizar el impacto y mejorar tanto el propio cambio como el proceso de implementación

Parecería como si estos proyectos tuvieran dos vidas. Una que transcurre en el PowerPoint (o similar), en la que todo es, más o menos, maravilloso y que transcurre hasta la aprobación del proyecto; y otra, que adquiere protagonismo (o al menos eso debería ocurrir) a partir de ese momento, en el que las ideas se enfrentan con la realidad del *statu quo* y sus desafíos.

La cuestión es que su impacto sólo se recoge si se llevan a la práctica, es decir, si se ejecutan, por eso **la ejecución marca la diferencia**. Porque puedes tener las mejores ideas, incluso estar aprobadas por el comité de mayor nivel, pero si no las llevas a la acción no servirán absolutamente para nada. Es una circunstancia que he vivido en más de una ocasión, cuando no sólo se pierde la oportunidad de aplicar las nuevas ideas, sino que también se genera la lógica desmotivación de los profesionales que han trabajado en ella.

15.3. De los valores a los hábitos

Como hemos comentado, todas las organizaciones tienen su misión y valores más o menos ambiciosos y más o menos precisos, pero realmente la cuestión es: ¿cuántas los convierten en los hábitos de sus profesionales y de la organización en su conjunto? Si recordamos la información de la encuesta que analizamos en los primeros capítulos del libro, recordaremos que esta conversión se situaba en torno al 35 por ciento.

Desarrollar la actividad alejada de los valores no es la mejor situación ni una circunstancia que las empresas quieran tener, pero los datos demuestran que es más habitual de lo deseable e incluso de lo inicialmente esperado. Una mala situación en la que la ejecución tiene mucho que ver, revelando que a menudo hay una desconexión significativa entre los valores proclamados y las acciones reales. Esta brecha entre los ideales y la práctica puede llevar, como venimos analizando en el libro, a una pérdida de confianza tanto interna como externa, afectando a la moral del equipo y a la reputación de la empresa. Por lo tanto, es esencial que las organizaciones no sólo definan sus valores, sino que también se comprometan activamente a vivirlos en su día a día para garantizar coherencia y autenticidad en todas sus operaciones y relaciones.

En este contexto, resulta imprescindible dedicar tiempo, inteligencia, esfuerzo y recursos para desarrollar un **sistema de dinámicas de valor eficaz**, que logre integrar los valores en los hábitos cotidianos de la empresa, asegurando una alineación real entre lo que se dice y lo que se hace.

15.4. Hoja de ruta para implementar las dinámicas de valor

Estamos acostumbrados a implementar proyectos en el mundo de los tangibles, como sistemas, nuevos productos o modelos de negocio, pero en cambio no es tan habitual afrontar el despliegue de intangibles como la cultura y sus valores, posiblemente porque consideramos que es suficiente con comunicar y hacer referencia a ellos en convenciones o en la intranet. No obstante, la realidad demuestra que la gestión y la adopción de los intangibles requiere un esfuerzo mucho mayor.

Mientras que los proyectos tangibles suelen ofrecer resultados medibles y, en muchos casos, inmediatos, los intangibles son esquivos y se manifiestan a lo largo del tiempo a través de comportamientos y actitudes y raramente son objeto de mediciones.

La cultura y los valores requieren un compromiso constante, con ejemplos que seguir y ser evidenciados en las acciones diarias de la organización, desde la alta dirección hasta el último empleado.

El sistema de dinámicas de valor que proponemos trata de solucionar este problema y trasladar las organizaciones a otra dimensión. Una dimensión en la que los valores se convierten en sus hábitos, un lugar en el que las organizaciones son realmente auténticas.

El sistema de dinámicas de valor no es una solución mágica ni instantánea. Es un modelo que requiere esfuerzo, compromiso y, sobre todo, consistencia. Pero lo que ofrece es transformador. A través de este sistema, las organizaciones no sólo verbalizan sus valores, sino que los internalizan, los practican y los reflejan en cada uno de sus actos. El resultado es una organización más cohesionada, en la que las personas se sienten parte de un propósito mayor, y donde **la alineación entre lo que se dice y lo que se hace es la norma y no la excepción**.

Llevarlo a la práctica, como cualquier iniciativa de cambio significativo, requiere una hoja de ruta clara y estructurada.

Gráfico 15.1. Hoja de ruta de las dinámicas de valor. De los valores a los hábitos

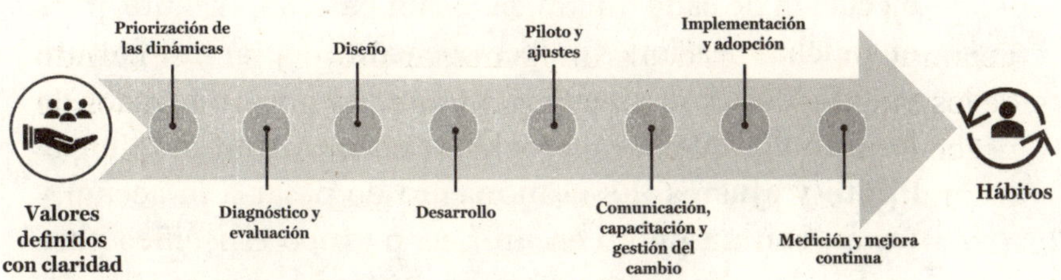

Fuente: Elaboración propia.

El punto de partida es el propósito y marco cultural de la organización en el que se detallan con claridad los valores que rigen la visión y misión de ésta, para a partir de aquí definir el plan. Como explicamos en los primeros capítulos del presente libro, sin estos requisitos es inútil iniciar un proceso de cambio cultural, realmente de cualquier tipo de cambio.

Los pasos esenciales de este camino son:

- **Priorización de las dinámicas.** Identificar y ordenar las dinámicas que abordar, en función de su relevancia y potencial impacto en la organización. Decidir si se implementarán en formato «*big bang*» o en oleadas y, en su caso, la composición de cada una de ellas.
- **Diagnóstico y evaluación.** En esta etapa hay que responder a preguntas como ¿cuál es el nivel de desarrollo de los principios organizativos en las distintas áreas de la organización?, ¿qué conocimientos hay de sus valores?, ¿son los directivos un ejemplo de aplicación de estos principios?
- **Diseño.** Para el diseño de las dinámicas son de aplicación las distintas ideas que hemos ido viendo en el desarrollo en los distintos capítulos del libro. Un elemento clave de este diseño consistirá en el plan de comunicación y gestión del cambio, que posteriormente se tendrá que ejecutar.
- **Desarrollo y rediseño de sistemas y procesos afectados.** En esta fase se realizan los cambios organizativos en procesos y sistemas que sean necesarios para facilitar la ejecución de cada dinámica. Es un paso importante, pues en muchas ocasiones parece que para adoptar una cultura es suficiente con su simple comunicación sin reparar en los cambios que hay que realizar en los distintos ámbitos.
- **Piloto y ajustes.** Es el momento de pasar a la acción y testar, con un piloto en un área o grupo específico para probar las dinámicas y evaluar su adopción y eficacia, realizando ajustes según sea necesario.
- **Comunicación, capacitación y gestión del cambio.** La comunicación, como venimos comentando, es un elemento clave en el despliegue de los principios culturales, una comunicación que tiene que ser transparente, sistemática y bidireccional, abierta a la participación de los

equipos. Una comunicación cuyo objetivo esencial no es sólo transmitir los aspectos clave de esa cultura, sino asegurar que éstos son entendidos y asimilados por la organización para poderlos llevar a la práctica.

- o La capacitación, por su parte, incluirá ejemplos prácticos y estrategias concretas para implementar los cambios deseados, asegurando que todos los miembros de la organización no sólo entiendan los principios teóricos, sino que también sean capaces de aplicarlos en situaciones reales.
- o Adicionalmente a estas dos dimensiones (comunicación y capacitación) se identificarán y solucionarán previamente los potenciales obstáculos anteriormente mencionados, como la resistencia al cambio, las estructuras rígidas, los sistemas y datos desincronizados, etcétera.

- **Implementación y adopción.** En función del nivel de adopción previo de la dinámica, por parte de la organización, el esfuerzo de despliegue lógicamente será mayor o menor, en cualquier caso, es importarte no subestimar el poder de la resistencia en la sombra (en teoría a favor de los cambios, pero ninguna acción real para conseguirlos) y asegurarse de que los nuevos hábitos se van incorporando paulatinamente en la compañía.
- **Medición y mejora continua.** No son suficientes las percepciones, la realidad es que la única fórmula de ver los avances es medir su evolución. No son muchas las organizaciones que tienen un cuadro de mando de nivel de madurez de su cultura, pero me parece que, en un mundo en que medimos absolutamente todo y en el que además tenemos herramientas que nos lo facilitan, esta información debería convertirse en una prioridad para los equipos directivos de las compañías.

El camino que emprendemos con la hoja de ruta es un compromiso con el aprendizaje, el crecimiento y la mejora continua.

A través de este proceso, nos embarcamos en un viaje transformador que redefinirá cómo operamos y nos relacionamos tanto dentro como fuera de nuestra organización, en el contexto de los valores esenciales de la empresa. No se trata sólo de un cambio en nuestras prácticas, sino de una evolución en nuestra mentalidad y en la cultura corporativa.

La ruta trazada nos lleva a través de una serie de etapas planificadas, donde cada una representa un avance significativo hacia la consolidación de las dinámicas de valor en la organización. Comenzando con una comprensión profunda y una evaluación de dónde estamos hoy, avanzamos hacia una visión clara de dónde queremos estar. Este entendimiento es vital, ya que guía nuestra toma de decisiones y priorización de acciones.

En definitiva, es un viaje hacia un cambio fundamental en cómo abordamos nuestro trabajo, interactuamos con nuestros clientes u otras partes interesadas y valoramos el impacto que tenemos tanto en el medioambiente como en la sociedad. Es un camino hacia una mejora continua, donde cada paso nos acerca a ser una organización genuina y verdaderamente impulsada por el valor.

16

Índice del Nivel de Autenticidad (INA)

> Lo que no se define no se puede medir. Lo qué no se mide no se puede mejorar. Y lo que no se mejora, se degrada siempre.
>
> LORD KELVIN, físico

¿A estas alturas, quién no quiere saber cómo de auténtica es la organización que dirige o para la que trabaja?

Como hemos visto, el objetivo de las distintas dinámicas que se han planteado es construir organizaciones que, a partir de un **propósito** ilusionante y significativo, desarrollen unos sólidos **valores** que se conviertan en sus **hábitos**.

Incluso podemos establecer la **fórmula de las dinámicas de valor**:

Dinámicas de valor = Propósito ⟶ Valores ⟶ Hábitos

Su reto y a la vez su gran potencial es sensibilizar y alinear con los valores a las personas que trabajan en la organización, desde el equipo directivo hasta la primera línea, pasando por los mandos intermedios. Lo realmente importante es su ejecución y adoptar cada una de las dinámicas en la actividad y toma de decisiones tanto estratégicas como tácticas, es decir, convertir los valores en los hábitos de los profesionales que trabajan en la organización.

Esto es lo que venimos denominando una **organización auténtica**, en la que si dicen que son innovadores, lo son. Si manifiestan su ética en la gestión de los datos, ésa es su forma de gestionar la información. Si dicen que son sostenibles, sus acciones así lo reflejan.

Como comentaba en los primeros capítulos, ser auténtico no es sinónimo ni de ser competitivo, ni de ser sostenible, ni siquiera de estar orientado al cliente... Ser auténtico significa sencillamente que **haces lo que dices**.

La realidad actual es que ciertas tendencias se han convertido en prácticas de adopción obligatoria que influyen significativamente en la definición de la cultura corporativa, los valores y las metodologías operativas. Unas tendencias que, aunque no todos estén convencidos de ellas, se integran progresiva e irremediablemente en la cultura oficial de la empresa, y así se configura no sólo cómo se percibe la organización internamente, sino también la imagen que proyecta hacia el exterior.

Las siete dinámicas que se han desarrollado son, en mi opinión, las básicas para tener una presencia digna tanto en los mercados como en la sociedad y, a la vez, poder competir con garantía en la nueva economía, en la que las cosas suceden a gran velocidad y los comportamientos de los clientes evolucionan dando valor a parámetros hasta ahora menos relevantes.

No obstante, lo importante (con independencia de las dinámicas que se elijan) es identificarlas, desarrollarlas, medirlas y mejorar su adopción hasta convertirlas en los auténticos hábitos de la organización.

Para obtener la medición, además de los indicadores que se han mencionado en capítulos anteriores, propongo una visión integral a partir de la percepción tanto de los empleados como de los clientes e incluso (en función de las capacidades de la organización) de otros *stakeholders*. Preguntar a las partes interesadas cómo ven a la organización desde el punto de vista del desarrollo de sus valores es un buen inicio en el camino de convertirse en una organización auténtica.

El modelo de encuesta desarrollado (disponible para descargar al final del capítulo) tiene un bloque dedicado a la opinión de los empleados y otro a la de los clientes, que incluye siete preguntas para cada una de las siete dinámicas. Estos cuestionarios permiten conocer, por un lado, el nivel de adopción de cada una de las dinámicas y, por otro, la visión de los clientes sobre cómo interactuamos con el mercado y la sociedad. En cada caso, podremos obtener la información agregada que nos facilitará una calificación del nivel de autenticidad de la empresa desde el punto de vista de los profesionales y de los clientes.

En el Índice del Nivel de Autenticidad (INA), la escala está establecida de 1 a 5. Aunque cada uno deberá poner su grado de ambición, considero que, hablando del desarrollo de valores, una puntuación de 1 a 3 es baja, el 4 es el mínimo aceptable y el 5 es bueno (me atrevería a decir que lo normal).

A continuación, veamos un ejemplo de preguntas que se realizan en las encuestas (en este caso a empleados) y un gráfico con un ejemplo de la potencial información obtenida.

Gráfico 16.1. Encuesta a empleados. Dinámica de integridad

Pregunta	Valoración				
	1	2	3	4	5
1. ¿La integridad es un valor explícitamente definido en el propósito y misión de la empresa?					
2. ¿Crees que la dirección demuestra y promueve valores de integridad en sus acciones y decisiones?					
3. ¿Los directivos son un ejemplo de integridad y honestidad, que inspiran al resto de los empleados?					
4. ¿Existen dinámicas de formación y talleres para repasar los principios y ver casos de buenas y malas prácticas?					
5. Si alguien en la empresa actúa sin integridad, ¿sientes que hay consecuencias adecuadas?					
6. ¿Sientes que la empresa prioriza la integridad sobre las ganancias o resultados a corto plazo?					
7. ¿Existen canales adecuados para comunicar actuaciones que comprometen la integridad de la empresa?					

Fuente: Elaboración propia.

Gráfico 16.2. Resultados del nivel de autenticidad de la organización

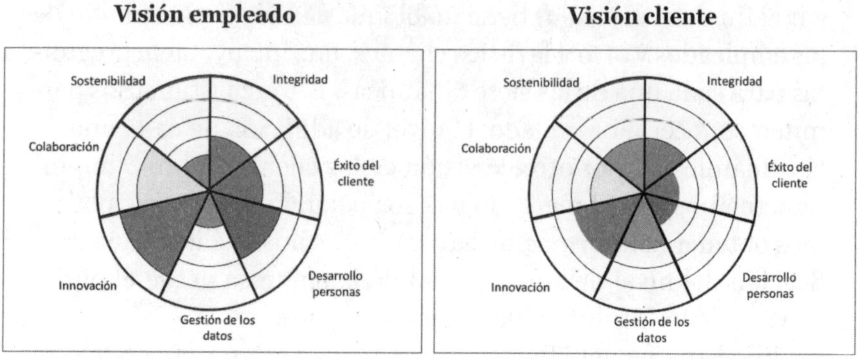

Fuente: Elaboración propia.

Un buen punto de partida es conocer la situación actual de unos intangibles en la organización que de forma consistente van teniendo cada vez más peso en las decisiones de los clientes, en la atracción del talento y en la valoración de las marcas.

En el siguiente código QR y enlace se pueden descargar las encuestas.

<https://adolforamirez.es/formulario-encuesta-autentidad/>

17

De la teoría a la práctica: las dinámicas en acción

Las palabras pueden ser interpretadas de diversas maneras, pero un buen ejemplo siempre es claro.

LEONARDO DA VINCI, polímata

17.1. Algunas experiencias

Seguro que todos estamos de acuerdo en que la mejor forma de visualizar las dinámicas de valor y las distintas ideas compartidas es con la experiencia de empresas que lo están aplicando en su estrategia y actividad diaria. La elección de los ejemplos lógicamente no ha sido sencilla, pues afortunadamente existe un gran número de empresas que podrían ocupar estas páginas.

Aunque las empresas aparecen asociadas a una dinámica, por coherencia con la estructura del libro, es fácil adivinar que son empresas que servirían de ejemplo, también, en el resto de las dinámicas.

Como veréis, hay empresas de distintos sectores y dimensiones.

Desde aquí mi sincero agradecimiento a todas ellas por su

generosidad y rápida respuesta a colaborar y contarnos sus prácticas, que indiscutiblemente dan un gran valor adicional a este trabajo.

17.2. Mahou San Miguel y la honestidad: una inspiración para el futuro

La segunda década del milenio ha traído consigo cambios profundos en el tejido social, económico y empresarial del mundo actual. Se ha acelerado el uso de la tecnología y las compañías han tenido que acelerar para responder con mayor agilidad a la demanda del mercado.

Sin embargo, en el nuevo escenario en el que nos encontramos, las empresas deben, además de contar con grandes productos, tener un propósito claro en el que basen su compromiso social. Esta circunstancia se debe a un cambio fundamental en la opinión pública: los ciudadanos reclaman a las compañías que demuestren su vinculación a los ciudadanos no sólo con palabras, sino con ejemplos concretos. Y, además, deben mantener a las personas en el foco principal de su estrategia, con una visión humanista que resulta determinante en el mundo en el que nos encontramos. El consumidor está más informado, es más exigente y, si queremos, menos paciente que hace tan sólo unos años. De hecho, uno de los grandes retos a los que tienen que hacer frente es la inmediatez con la que los consumidores les exigen que actúen, algo especialmente retador: un paso en falso puede llevarlas a tomar decisiones erráticas y poco alineadas con su propósito, generando el efecto contrario al que se quería conseguir.

Por ello, la integridad y la honestidad se han convertido en valores fundamentales que deben regir a las compañías, algo que puede parecer básico, pero que, en realidad, es cada vez más complicado. Ser honesto significa, según la definición de la Real Academia Española, «actuar rectamente, cumpliendo el deber y de acuerdo con la moral, especialmente en lo referente al respeto por la propiedad ajena y la transparencia en los negocios». Es decir, tener claro cuál es tu propósito, mantenerte fiel a él y a los principios que te han definido y establecer los puentes para que tu proyecto empresarial crezca a la vez que lo hacen los socios con los que compartes el camino.

En este sentido, es gratificante encontrar empresas con una larga trayectoria que mantengan la honestidad como uno de los puntos que las definen. Una de ellas es Mahou San Miguel.

Desde sus orígenes, hace más de 130 años, esta compañía ha colocado a las personas en el centro de su estrategia y ha otorgado a todas sus acciones una honestidad genuina que cala en la sociedad. Gracias a ello, ha podido surcar los cambiantes aires de tres siglos distintos manteniéndose fiel a sus orígenes, pero adaptándose a los nuevos tiempos con la vista puesta en dos puntos: desarrollar su modelo de negocio y crecer junto a sus profesionales y el conjunto de la sociedad española.

Es el alma de una compañía que conoce su negocio y sabe que los ciudadanos valoran su genuino enfoque a largo plazo. Gracias a ello, sus productos se han convertido en un ingrediente fundamental de los momentos especiales de la gente que sabe que cualquier bebida de Mahou, San Miguel, Alhambra o Solán de Cabras transmite honestidad.

De hecho, su fundación, en el año 1890, ya representa todo un hito en esta línea. Su origen se remonta al viaje que emprendió a mediados del siglo XIX Casimiro Mahou desde su Lorena natal, en Francia, hacia un Madrid que, en aquella época, no llegaba al medio millón de habitantes. El viajero sería considerado actualmente un emprendedor que, además de todas sus pertenencias, traía bajo el brazo el sueño de fundar una fábrica de cerveza en un país en el que este producto no tenía una gran implantación. Precisamente, la falta de conocimientos y maquinaria en España hizo que el empresario se decantara por otros proyectos mientras reunía los recursos necesarios para establecer su centro cervecero.

Lamentablemente, su fallecimiento en 1875 impidió que pudiera ver cumplido su sueño, que se materializó finalmente en 1890 gracias al empuje de su viuda y sus hijos. Era el comienzo de la compañía española de bebidas y servicios más internacional, con presencia en más de setenta países.

En sus primeros compases, Mahou San Miguel demostró ser una empresa sumamente honesta en la propia concepción de sus productos. Para poder emprender su proyecto, tuvo que importar desde ingredientes como el lúpulo, que sólo se cultivaba de forma marginal en nuestro país, hasta la maquinaria imprescindible para elaborar las mejores cervezas de la capital. Lo que es más importante, tuvo que incorporar talento internacional a su proyecto, como lo demuestra el «fichaje» del maestro cervecero alemán Konrad Stauffer, el único candidato que en aquel momento reunía los conocimientos necesarios para poder llevar a cabo una tarea de esas proporciones.

Hoy, la «verdad» que la compañía insufló en aquellas primeras burbujas doradas se sigue manteniendo en más de cien variedades de producto que destacan por su calidad. De hecho, la gama de productos Mahou tiene el honor de haber arrancado la segunda década del siglo como la más laureada a nivel internacional, haciendo aún más grande el sueño de Casimiro. Esta apuesta por mantener inalterada la calidad de los productos y permanecer fiel a la esencia con la que fueron creados ha ayudado a la compañía a crecer junto con sus socios y clientes, a través de la generación de riqueza compartida.

Aunque actualmente la venta de cerveza puede representar entre un 25 y un 40 por ciento de la facturación total de un bar, la compañía tuvo que hacer frente durante los primeros años a un escenario mucho más exigente y complicado; muchos de los establecimientos eran reacios a integrar la cerveza, por muy buena que fuera, en su carta de productos, ya que pensaban que no conseguirían el respaldo de los consumidores. Sin embargo, algunos de los bares y restaurantes que se dejaron seducir en aquel momento tienen la suerte, aún hoy, de mantenerse abiertos, demostrando que el crecimiento y la excelencia, cuando van de la mano, crean relaciones de largo plazo.

Estas decisiones demuestran que para Mahou San Miguel las personas son un elemento prioritario de su estrategia de futuro. En los últimos años ha desarrollado un nuevo modelo de relación con sus clientes, proveedores y distribuidores para enriquecer la experiencia que supone trabajar con ellos. La compañía los asesora en materias como la sostenibilidad, la digitalización y las nuevas tendencias de mercado para que todos sus socios, por pequeños que sean, ganen en competitividad. Además, les ofrece nuevas líneas de negocio que proyectan a la hostelería del futuro, incorporando alternativas que enriquecen la experiencia en bares y restaurantes y, por tanto, los momentos de unión y conexión que disfrutan los consumidores en estos lugares tan nuestros.

No obstante, el propósito de Mahou San Miguel trasciende las paredes de los establecimientos y se zambulle en la propia sociedad. La colaboración que la compañía ha mantenido con instituciones de todo tipo ha sido una constante, materializándose en proyectos concretos desde prácticamente el primer día. En 1917 cedió el depósito con el que contaba en la madrileña calle de Jacometrezo al Ayuntamiento para permitir la creación de la Gran Vía; tan sólo dos años más tarde fundó el Montepío Mahou, que ofrecía protección social a toda su plantilla; en 1924 creó el Club Deportivo Mahou, un equipo de base para fomentar el ejercicio en la sociedad; en 1932 abrió su fábrica a todos los ciudadanos para que pudieran disfrutar de obras de teatro populares... El listado es muy largo, más si tenemos en cuenta que este apoyo constante a las instituciones no ha parado de crecer, hasta colaborar en la actualidad con más de mil proyectos y entidades, tanto públicas como privadas, relacionadas con la cultura, el deporte o la integración.

Mención aparte merecen los ejemplos que nos ha proporcionado la reciente crisis generada por la COVID-19. La propagación del virus llegó a poner en jaque nuestro modelo de vida. Sin embargo, el enfoque por el que apostó Mahou San Miguel fue realizar negocios desde una perspectiva ética y justa y decidió renunciar a su beneficio para destinarlo a apoyar tanto a la hostelería como a sus profesionales.

En el primero de estos puntos, Mahou San Miguel redirigió prácticamente todos sus beneficios a ayudar los establecimientos a mantenerse abiertos, con un ambicioso plan de ayudas, que incluía la donación de productos por valor de más de 75 millones de euros y la instalación de terrazas, estufas y materiales exteriores que les permitieran reanudar su actividad a pesar de las limitaciones existentes en aquel primer momento.

En cuanto a sus profesionales, la compañía mantuvo el compromiso con ellos en todo momento, sin recortar ni un puesto de trabajo, ni de forma temporal ni permanente y por supuesto, sin hacer ERTE. Ofreció posibilidades de movilidad interna a las personas para que pudieran mantenerse en activo, al mismo tiempo que conocían nuevas áreas de la compañía y se formaban en nuevos aspectos, convirtiendo un riesgo en una oportunidad tanto para ellos como para sus negocios.

Son muestras de cómo la honestidad forma parte del ADN de una compañía que ha sabido crecer y adaptarse, pero siempre manteniéndose fiel a sus principios y valores, un esfuerzo en el que los accionistas y los líderes de la compañía han tenido un valor fundamental para compartir esta filosofía con sus empleados. Todos ellos viven esta cultura y la ponen en marcha en todas sus vertientes. Actualmente, las más de cuatro mil personas que integran su equipo humano se guían por una serie de valores compartidos, que impulsan la innovación, buscan la excelencia y fomentan el disfrute utilizando la honestidad y la autenticidad con valentía como herramienta clave para desarrollar su trabajo.

De esta forma, los principales valores de la compañía son clave para que cualquier persona, independientemente de su cargo o nivel de responsabilidad, pueda aportar su punto de vista o sus ideas con transparencia, siempre que lo haga desde el respeto. Es más, Mahou San Miguel lo incentiva consciente de que sólo de esta forma podrá integrar todos los puntos de vista y responder a cualquier situación con todo el talento a su alcance.

Es la clave de una cultura corporativa basada en que la honestidad no sólo fluye desde la dirección de la compañía hacia abajo, sino que se siente como un elemento transversal en las relaciones que se generan tanto a nivel interno como externo, y crea una cultura empresarial pensada para seguir creciendo, junto a la sociedad, a lo largo de 130 años más (al menos).

¡Brindamos por ello!

17.3. Santander: un modelo de desarrollo de talento basado en *skills*

«En Santander, estamos convencidos de la importancia de un desarrollo profesional autodirigido en un entorno como el actual. Nuestro modelo "Tú lideras tu futuro" está diseñado para empoderar a nuestros profesionales en su crecimiento, proporcionando un marco flexible y adaptativo que se ajusta a las necesidades individuales y a los retos de la organización. Este enfoque innovador contrasta con los modelos de desarrollo tradicionales, ya que da mayor autonomía y responsabilidad a nuestros profesionales en el manejo de sus carreras.»

En un entorno complejo y volátil como el actual, y en un sector como el financiero, que está viviendo una profunda transformación digital, surge la necesidad de hacer una revisión de los modelos de desarrollo profesional sobre los que pivota la gestión del talento en las organizaciones, para adecuarlos a este nuevo escenario.

Los modelos de desarrollo tradicionales se caracterizaban por delegar en la organización la responsabilidad de marcar los siguientes hitos de carrera de sus profesionales y la manera de llegar a ellos. Son modelos rígidos en los que se prima el crecimiento profesional vertical y que parten de la premisa de que en unos años las necesidades de talento de la organización seguirán siendo las mismas que hasta hoy.

Sin embargo, hoy el valor del conocimiento es más efímero que nunca. Más importante que lo que uno sabe es la capacidad para aprender y para reinventarse. Los profesionales necesitan herramientas y recursos que les permitan identificar y desarrollar sus habilidades para enfrentar los retos de un sector en transformación, en el que la hoja de ruta se reescribe continuamente.

En este nuevo contexto, es imperativo adoptar un enfoque del desarrollo flexible e hiperpersonalizado, centrado en las necesidades de cada individuo. Un modelo que ponga en manos de los colaboradores la responsabilidad de dirigir su propio crecimiento en la organización. Así nació «Tú lideras tu futuro», el modelo de desarrollo que ha implementado Santander y que se basa en la idea de que son los profesionales los que toman las riendas de su desarrollo y diseñan un plan de crecimiento que les permita dar el siguiente paso en su carrera. Está articulado en torno a tres premisas: la hiperpersonalización, la flexibilidad y la tecnología.

Hiperpersonalización, flexibilidad, tecnología

El enfoque individualizado es clave en el modelo que Santander ha diseñado. Los profesionales deben tener la libertad de trazar sus propias rutas de desarrollo, eligiendo acciones y soluciones que se alineen con sus aspiraciones personales y las necesidades cambiantes de la organización y del mercado. Esto implica un cambio de paradigma en la gestión del talento, donde Santander proporciona plataformas y recursos, pero son los individuos quienes toman las decisiones críticas sobre su aprendizaje y crecimiento.

El otro elemento fundamental de nuestro modelo es la flexibilidad. En un entorno que cambia rápidamente, las habilidades que hoy son valiosas pueden quedar obsoletas mañana. Los profesionales deben, por tanto, estar equipados para aprender de manera ágil y tener a su disposición soluciones que les permitan adaptarse a nuevas tecnologías y tendencias del mercado. Esto requiere no sólo acceso a recursos de aprendizaje actualizados, sino también una mentalidad abierta y proactiva hacia el crecimiento del profesional en todas sus dimensiones.

Finalmente, la integración de la tecnología es fundamental. Las plataformas digitales de aprendizaje, las herramientas de análisis de habilidades y el uso de la analítica para personalizar rutas de aprendizaje son aspectos esenciales de nuestro modelo. Estas tecnologías, además de facilitar el acceso a una amplia gama de recursos para consumir «a medida», permiten un seguimiento más eficaz del progreso.

Un ecosistema de desarrollo

El ecosistema de desarrollo sobre el que se apoya «Tú lideras tu futuro» está compuesto de tres elementos fundamentales:

1. **La creación de un espacio de reflexión desde el que se anima a todos los colaboradores a evaluar su trayectoria hasta ahora y sus expectativas respecto a siguientes pasos profesionales.** Aunque es un proceso que se puede revisar en cualquier momento, dedicamos un tiempo para que al menos haya una actualización anual. El objetivo es identificar qué habilidades se han desarrollado hasta ahora y cuáles se van a necesitar para el siguiente paso profesional. Esta autoevaluación ayuda a reconocer el *skill gap*, es decir, la diferencia entre las habilidades poseídas y las requeridas para el crecimiento profesional deseado. Esta etapa finaliza con la elaboración de un plan individual de desarrollo (PDI) que debe ser compartido y consensuado con el máñager, a quien se le pide que adopte el rol de espónsor de éste.
2. **Diseño y puesta a disposición de herramientas y soluciones para el desarrollo de capacidades.** Santander facilita recursos y herramientas que permiten a los profesionales nutrir sus planes de desarrollo con acciones que permitan superar su *skill gap*.

Estas herramientas, integradas dentro del mismo ecosistema de soluciones, facilitan un enfoque holístico para el desarrollo de habilidades, permitiendo a los empleados de Santander tomar un papel activo y consciente en su crecimiento profesional, y alimentar sus planes de desarrollo no sólo con acciones formativas, sino también experienciales. Algunas de estas herramientas son:

- **Dojo.** Nombre de la plataforma de aprendizaje integral que proporciona acceso a más de 100.000 recursos formativos de un amplísimo espectro de temáticas, que es accesible desde cualquier dispositivo y personalizable según los intereses de desarrollo de cada individuo.
- **Programas de *reskilling*.** Están centrados en el desarrollo de nuevas habilidades que permitan el acceso a funcio-

nes o negocios que tendrán una alta demanda de profesionales en la organización. Facilitan la movilidad funcional, al tiempo que aprovechan el conocimiento más amplio de la organización que tienen aquellos que participan en ellos.

- **Mundo Santander.** Un programa que permite vivir una experiencia profesional de entre cuatro meses y un año en otra área de negocio o en otro país del grupo, de manera que se puedan explorar otras alternativas de carrera, o aprender de otros equipos.
- ***Shadowing.*** Es una experiencia de varios días que permite aprender observando directamente a colegas experimentados en su trabajo diario, o hacer una inmersión en otra área funcional de la organización u otro negocio.
- ***Mentoring.*** Conecta a empleados con mentores experimentados dentro de la organización, que les proporcionan orientación, consejos y apoyo para el crecimiento personal y profesional.
- ***Coaching.*** Ofrece sesiones personalizadas con *coaches* profesionales, centradas en el desarrollo de habilidades específicas y la mejora del rendimiento individual.
- **Programas de desarrollo específico.** Se han convertido en soluciones para acelerar el crecimiento en determinados segmentos de profesionales o para itinerarios de carrera específicos en alguna función. Algunos ejemplos: Young leaders (centrado en jóvenes promesas del grupo a nivel global), Be Tech (orientado a talento STEM), Apolo (el programa de desarrollo directivo para los profesionales que quieren hacer carrera en nuestra red comercial) o Elevate (programa para la alta dirección), entre otros.

3. **Visibilizar las oportunidades profesionales y hacerlas accesibles a todos los profesionales de la organización.** Se consigue a través de nuestra plataforma Global Job Posting, que permite que cualquier empleado pueda postularse a cualquier vacante en cualquier país del grupo. Global Job Posting en Santander es una pieza fundamental para mostrar oportunidades de

carrera, promover la movilidad funcional y la retención de talento y vincular el desarrollo profesional con las necesidades de la organización. Este modelo cumple varias funciones esenciales:

- Da transparencia a las oportunidades profesionales: al hacer visibles y accesibles todas las oportunidades profesionales vacantes en el grupo, los empleados pueden comprender mejor las posibles trayectorias de carrera dentro de la organización y postularse a éstas de manera prioritaria, lo que favorece una cultura de meritocracia y reconocimiento del talento interno.
- Favorece la movilidad funcional y la retención de talento: la plataforma facilita la movilidad interna, tanto geográfica (a nivel nacional e internacional) como funcional. Cada año cientos de personas cambian no sólo de rol y de área, en muchos de los casos también de función, favoreciendo las carreras horizontales como vía para el desarrollo. Job Posting fomenta el crecimiento dentro de la organización, y contribuye significativamente a la retención del talento interno.

«Tú lideras tu futuro» genera un espacio para la autonomía y la proactividad, e impulsa a los profesionales a ser arquitectos de su propio crecimiento, utilizando tecnología avanzada y recursos personalizados. Este enfoque no sólo mejora las habilidades de los trabajadores, sino que también favorece la creación de una cultura de crecimiento continuo en Santander.

17.4. GHI: los datos como servicio (DaaS)

El conocimiento de GHI y su práctica de gestión de datos se la debo a Patricia Arias, directora territorial del Banco Santander en el País Vasco. «¡Adolfo, tienes que conocer a GHI, le acabamos de otorgar el Premio Pyme del Año 2023 de Vizcaya, que concedemos juntamente con la Cámara de Comercio!»

Una llamada y el 28 de septiembre estaba en Galdakao con

Oier Antón (director de Mejora de Procesos Inteligentes) visitando la fábrica y descubriendo un caso de gestión de los datos que os aseguro merece la pena conocer.

GHI es una empresa que lleva 87 años en el mercado, tiene 150 empleados, factura anualmente 50 millones de euros y se encarga de más de 8.000 instalaciones en más de 50 países.

La visión estratégica de GHI se focaliza en tres ámbitos de actuación:

1. **Reciclaje.** Enfocado en permitir a sus clientes aumentar el porcentaje de uso de aluminio secundario, manteniendo la más alta calidad en sus productos. GHI es una referencia mundial en plantas de reciclaje de aluminio, con un impacto en la industria de más de un millón de toneladas recicladas de este metal.
2. **Descarbonización.** GHI está comprometida a neutralizar su huella de carbono para 2035 y ayudar a sus clientes a hacer lo mismo. Su reto está reflejado en su «Smart plan», que prevé cero emisiones y cero desperdicios.
3. **Digitalización.** Utilizan tecnologías de inteligencia artificial y aprendizaje automático para monitorear y analizar cada aspecto del proceso de reciclaje de aluminio, desde la optimización de la matriz de compras hasta los equipos autónomos. Su misión es convertirse en el socio de referencia para la digitalización del reciclaje de aluminio, brindando soporte personalizado y experiencia en procesos.

Smart Process Improvement (SPI), ejemplo de gestión inteligente de los datos

Esta iniciativa surge a partir de la idea de colocar sensores a los hornos para obtener información relevante para los clientes y ofrecerles servicios complementarios de valor añadido.

A partir de ahí se genera la plataforma Beyond, que cubre el ciclo completo de gestión de los datos. Con esta información se ha creado un nuevo servicio, donde el valor real está en el algoritmo y la transformación de los datos en información de valor. SPI convierte los datos en un servicio de mejora continua a los clientes que integra aspectos como trazabilidad e inteligencia en los procesos *machine learning*, reportes y automatización.

Se utilizan algoritmos personalizados (inteligencia de procesos) para rastrear todos sus procesos. La información se analiza y resume para fines de toma de decisiones.

El servicio de mejora continua a partir del uso de sensores es una buena práctica muy aplicable en el ámbito industrial, que GHI ha sabido desarrollar y sistematizar:

- Reuniones periódicas con clientes para seguimiento del estado del horno y su desempeño.
- Intercambio de información en términos de análisis realizado sobre los datos, información en sitio, nuevos KPI, nuevos análisis y mejoras.
- Plan de acción para trabajar en las mejoras identificadas.
- Seguimiento de las principales tendencias de KPI y el impacto de los cambios realizados en los procesos.
- Es concebido como un sistema flexible que se adapta según las características de los distintos clientes.

En definitiva, se trata de un nuevo servicio de mejora continua, generado a partir de la gestión inteligente de los datos que los clientes pagan con un modelo de suscripción.

Para Oier, las claves del éxito están en la apuesta decidida del CEO, Íñigo Guinea, por la innovación, las personas, la sostenibilidad y el éxito del cliente; en la gestión del cambio con una metodología que ilusiona a los equipos con las nuevas posibilidades, y en el diálogo continuo con los clientes.

Este último aspecto es muy relevante, pues se crea un círculo virtuoso de generación de valor, con la combinación de Cliente + Datos + Equipo de GHI con un objetivo: el éxito del cliente.

Tabla 17.1. Beyond 4.0. Casos de éxito aplicables

Ámbito	Descripción	Beneficio	Impacto
Mejoras operativas	Reducción de tiempos de carga	Reducción del tiempo de carga del 50 %	6 % de incremento en producción
	Reducción del instante de decisión de carga	Reducción de 15 min/ciclo	4,5 % de incremento en producción
Mejoras productivas	Mantenimiento de la capacidad del horno	Compensada la pérdida de capacidad de 8 % por ciclo	9,7 % de incremento en producción
	Horus: sistema de combustión automático	Reducción del tiempo de 7 a 6 horas	15 % de incremento en producción
Anomalías resueltas	Restablecimiento de pérdida de producción de fusión de cabecera	Reducción del tiempo de parada de 24 a 8 horas	261 t. fundidas por resolución rápida
	Resolución de fallo aleatorio de operativa de puerta	Recuperación de 4 min/ciclo	12 % de incremento en producción
	Resolución de anomalía de sobreconsumo de rotativo	Ahorro de 25 % de gas y O_2 por ciclo	30.240 Nm^3 de gas y 66.528 Nm^3 de Os ahorrados al mes

La tabla muestra algunos casos de éxitos aplicables.

Fuente: GHI.

17.5. Ferrovial y la innovación

La génesis

Existen inicios en el mundo corporativo que, aunque generan tracción duradera, no definen una dirección clara en cuanto al posicionamiento frente a la innovación. En cambio, el de Ferrovial está profundamente arraigado en la innovación, uno de sus valores fundacionales que, aun después de más de siete décadas, permanece inalterable.

En aquellos tiempos fundacionales, la adopción de una patente alemana para el encaje de traviesas en la instalación de vías férreas —de donde surgió el nombre de la compañía— dio como resultado una hazaña notable: la extensión de treinta kilómetros de vía en sólo treinta días, un récord para la época, que conectaba Aranjuez con Chamartín.

A lo largo de las siguientes secciones, a modo de recopilación no exhaustiva ni prescriptiva, compartimos algunas encrucijadas metodológicas y de posicionamiento hoy consolidadas en torno a la innovación, con la esperanza de activar en los lectores la curiosidad y el deseo de explorar y aplicar en sus realidades algunas de ellas.

Los valores

La preservación de la innovación como un valor profundamente arraigado ha requerido el desarrollo de un modelo de escalado e industrialización que ha evolucionado para adaptarse a los cambios del tiempo, al crecimiento de la empresa y al entorno global competitivo.

Para Ferrovial, la innovación no es una actividad segregada del quehacer diario de los empleados ni corresponde a un departamento exclusivo para explorar y experimentar. No es un acto superficial, realizado sólo para proyectar una imagen de sofisticación o para estar en sintonía con las tendencias actuales.

El enfoque de la compañía es más holístico, fundamental y estratégico. Concibe la innovación como una herramienta y una responsabilidad colectiva que permite analizar la realidad y las oportunidades del momento, así como explorar y asegurar las del futuro. Este proceso busca constantemente la capacidad de generar un crecimiento sostenible, facilitar una diversificación que aporte márgenes y resiliencia y promover una competitividad y gestión de riesgos que permitan descubrir nuevas oportunidades de negocio.

Top-down *y* bottom-up

La compañía destaca la importancia de la innovación desde la dirección, mientras, simultáneamente, redobla esfuerzos para crear el contexto y las herramientas habituales, foros y presupuestos para que la innovación también sea percibida como una responsabilidad transversal. Es clave garantizar una protección psicológica para destapar el potencial y generar una red capilar de agentes innovadores. Fallar es una opción de la que aprender; perder relevancia por preservar el *statu quo* no lo es.

Este equilibrio de reacciones y tensiones ascendentes y descendentes es crucial para satisfacer y reaccionar a la obligación de idear, pero, sobre todo, ejecutar y generar impacto.

Innovación abierta y el poder del ecosistema

Ferrovial asume que su campo de juego es global y aborda desde la convicción de la complementariedad el hecho de que una innovación efectiva y eficiente a escala en un entorno tan dinámico y especializado. Para ello se apoya, entre otras variables, en la red de *partners* cada vez más extensa y variada: universidades, asociaciones, centros de investigación, *start-ups*, capital riesgo, reguladores..., todos ellos son parte de un ecosistema en el que cada cual contribuye con un rol diferente, maximizando un retorno colectivo justo.

Desarrollar, cultivar y preservar ese ecosistema es una tarea clave para convertirlo en una ventaja competitiva.

Visión de horizontes

La estrategia empresarial en el contexto actual cohabita bajo un marco de gran incertidumbre. Se ha escrito mucho acerca de las organizaciones ambidiestras, capaces de operar el negocio habitual mientras simultáneamente desarrollan habilidades y propuestas de valor innovadoras.

En el caso de Ferrovial, esa capacidad se despliega simultáneamente en tres escenarios temporales de oportunidad y de impacto, desde lo incremental hasta lo transformador, y se diseccionan las iniciativas innovadoras con tres perspectivas y exigencias, con el objetivo de sembrar semillas, cultivar oportunidades y recoger frutos, todo ello en paralelo. Esta aproximación permite desacoplar riesgos, especializar equipos y reducir los riesgos también de forma simultánea.

Tipos de innovación

Vincular la innovación típicamente a un producto o a un servicio novedoso es habitual, pero restringe un espectro más amplio de ámbitos donde se puede generar impacto y valor diferencial. En Ferrovial abordan la innovación con un enfoque más amplio que incluye nuevos procesos, modelos de negocio y relaciones con *partners*, así como un posicionamiento de marca innovador en sí mismo.

Esta aproximación distribuye y amplía la capacidad y responsabilidad de innovar a una mayor cantidad de actores dentro de la empresa. Limitar dónde y cómo se puede crear valor de manera novedosa sólo reduce las probabilidades de éxito, fomentando la exclusión de aquellos más capaces o determinados a reinventar la realidad.

Medición del impacto

La famosa cita «lo que no se mide no se puede mejorar» es fundamental; la empresa añade que lo que impacta, pero no escala, no cuenta como innovación. En medio de ambos paradigmas, priorizar la medición, ya sea con KPI cualitativos o cuantitativos, es esencial.

Movilizar recursos, inversión y energía sin calibrar de manera sistemática el coste de la oportunidad impide priorizar, perpetuando la opinión extendida de que la innovación es un *show case* cosmético, desligado del negocio, sus problemas y sus oportunidades.

Planificación de escenarios

La estrategia empresarial en el contexto actual opera bajo un marco de gran incertidumbre. Desarrollar programas de innovación de diferente calado es complejo porque la referencia de partida está constantemente cambiando. Por ello, Ferrovial adoptó hace algunos años el desarrollo del *scenario planning* como un marco para identificar futuros plausibles, cada uno con sus propios vectores de caracterización.

El objetivo es identificar aquellos vectores comunes a múltiples escenarios, lo que internamente denominan «corredor central», y enfocarse en desarrollar capacidades innovadoras diferenciadas, ya sea sobre fortalezas actuales o nuevas capacidades a desarrollar.

Conclusión

En definitiva, para Ferrovial la innovación es estrategia y táctica al mismo tiempo; es acción y escalado, impacto y aprendizaje, todo ello bajo un marco de responsabilidad compartida desde el cual abordan, al menos, los próximos setenta años de la compañía.

17.6. Caser: innovación abierta

La innovación, especialmente la digital, es un aspecto estratégico que la industria del seguro ha de insertar de forma sistemática en el día a día de su actividad.

Plataformas digitales como Google, Apple o Facebook basan su liderazgo tecnológico en miles de desarrolladores externos que enriquecen constantemente los productos y la experiencia de los usuarios en sus plataformas. Frente a ellos, las empresas tradicionales se enfrentan a una pérdida de escala y de rentabilidad.

Para dar respuesta a este reto, Caser ha creado su Consejo Asesor de Innovación Abierta (CAIA), con el ánimo de impulsar esa innovación en su práctica diaria.

Con ese consejo, en Caser se fomenta:

- La exploración sistemática de distintas innovaciones digitales que permitan hacer más eficientes sus procesos, adaptar y mejorar su propuesta de valor con el cliente en el centro e incrementar su rentabilidad y tamaño.
- La promoción de prácticas de trabajo y actitudes innovadoras, abiertas y colaborativas dentro de la empresa, junto con el conocimiento de la innovación que la competencia u otros sectores están desarrollando.
- Un posicionamiento adelantado con respecto a la competencia en la organización corporativa de la innovación y experimentación digital, con la ventaja de marca que ello puede suponer.

De esta forma, el CAIA se constituye en un consejo consultivo al servicio de la dirección de Caser, que aunque no es ejecutivo, sí contribuye a dar contexto y acelerar las distintas innovaciones digitales de la empresa, al analizar tendencias y su impacto en el modelo de negocio de la compañía.

Se trata de un organismo mixto, que actualmente se compone tanto de ejecutivos internos como de consejeros externos, profesionales estos últimos de distinta procedencia, experiencia y capacidades en varios campos de la innovación y la tecnología.

El consejo no requiere de regulación, pero se desea instaurar como mejor práctica para sistematizar el seguimiento y aceleración de la innovación relevante dentro de Caser.

La **visión** del CAIA es que no hay futuro desde un punto de vista de la estrategia si no se innova en experiencia de cliente para construir ventajas competitivas sostenibles basadas en la creatividad, la calidad, el servicio y la eficiencia.

Su **misión** es la de apoyar a Caser en el desarrollo de una exploración sistemática de las opciones de innovación en la compañía relacionadas con la tecnología, combinando y fomentando la práctica interna con los avances en el mercado en materia de nuevas soluciones, nuevos actores y tendencias.

Sus **valores** son aportar apertura, transparencia y flexibilidad desde el propio consejo asesor, fomentar el desarrollo interno del talento innovador, e incentivar una actitud constante de aprendizaje y experimentación.

17.7. Bizum: colaboración y ecosistema

Innovación y colaboración

En los últimos años, la tendencia al desarrollo de los pagos inmediatos cuenta a cuenta, impulsada en Europa por el Banco Central Europeo, y en nuestro país por el Banco de España, se ha ido materializando en distintas iniciativas en diferentes países del continente. Y tanto es así que hace tiempo que prácticamente cualquier cliente puede entrar en la banca electrónica o en la aplicación de su banco y ordenar una transferencia inmediata a otro, conociendo su número de cuenta (IBAN), en casi cualquier banco nacional y también en los europeos que soportan transferencias inmediatas.

En un contexto en el que la regulación iba a favorecer la entrada de nuevos competidores, fundamentalmente tecnológicos, los principales bancos españoles decidieron en 2015 aliarse y colaborar para conseguir el objetivo de cubrir una necesidad de los usuarios bancarios que hasta ese momento no estaba satisfecha: la de realizar pagos móviles inmediatos de forma cómoda, rápida y sencilla, primero entre personas, para luego extenderlo a otros casos de uso. Así, Bizum nació como proyecto de innovación y colaboración de la banca española, y puede afirmarse que se trata de un caso único en Europa dado el grado de consenso de partida. Prácticamente toda la banca española se puso de acuerdo para lanzar conjuntamente una solución al mercado bajo una marca común.

Bizum arranca en 2016 con la creación de Sociedad de Procedimientos de Pago (hoy Bizum S. L.), compañía que se encarga de la gestión del servicio de Bizum. Es propiedad de 22 entidades bancarias (27 en el momento de su constitución), que acumulan más del 96 por ciento de cuota de mercado en España y que se unieron con el objetivo común de desarrollar, bajo el paraguas de Bizum, soluciones innovadoras en el ámbito de los pagos, así como de contribuir a la transformación digital de la sociedad. Bizum se creó como un proyecto de innovación que se basaba en una idea simple: vincular el teléfono móvil y la cuenta corriente de cada cliente para facilitarle realizar pagos inmediatos con una mejor experiencia de usuario y siempre a mano.

El ecosistema

El servicio Bizum no es sólo la compañía Bizum. Esta empresa es el núcleo de coordinación y colaboración de las entidades bancarias hoy adheridas. Sobre este núcleo son estas mismas entidades (que colaboran en Bizum) las que prestan el servicio de pago a sus respectivos clientes compitiendo entre ellas, fijando libremente sus propias políticas comerciales e incorporando valores añadidos diferenciales sobre la capa común de Bizum. Colaboración y competencia son dos caras de la misma moneda en este ecosistema.

Adicionalmente, existe un segundo nivel de colaboración en el ecosistema. El servicio también necesita y se apoya en infraestructuras tecnológicas y procesos operativos existentes en el ámbito interbancario, por lo que su prestación implica también la colaboración de otros actores del sector bancario español, como son Redsys, que presta la infraestructura tecnológica específica de Bizum; los procesadores homologados, Cecabank y la misma Redsys, que ofrecen ciertos servicios de soporte tecnológico y operativo a sus entidades; así como Iberpay (operador del Sistema Nacional de Compensación Electrónica, regulado por el Banco de España), que procesa y liquida las transferencias inmediatas derivadas de Bizum.

Dada la complejidad de un proyecto colaborativo de tal alcance, la creación, la puesta en marcha y la prestación del servicio de Bizum ha planteado varios retos. Uno de ellos fue el de alcanzar y mantener el consenso entre todos los actores participantes. Para lograrlo, se establecieron diferentes mecanismos que hoy permiten a Bizum actuar como foro de ideación, gestión y coordinación, a través, por ejemplo, de grupos especializados de trabajo, formados por las distintas organizaciones participantes, así como un órgano de gobierno rotatorio entre las diferentes entidades accionistas.

Por otro lado, con el objetivo de ofrecer a los usuarios de servicios una experiencia de usuario homogénea, sencilla y cómoda, independientemente de la app bancaria utilizada, fue necesario establecer, y luego mantener y evolucionar, un reglamento interno con unos estándares mínimos y comunes para la prestación del servicio en todos y cada uno de los diferentes casos de uso de Bizum. Porque, precisamente, una experiencia de usuario cómoda y sencilla, unida a la seguridad, inmediatez y universalidad, es el eje central de la oferta de valor que proporciona Bizum.

Bizum, como organización, se encarga, por un lado, de prestar un servicio informacional a las entidades adheridas, como proveedoras finales del servicio de pago a sus clientes. Por otro, el equipo de Bizum es el responsable de facilitar una capa común de comunicación externa con la creación y supervisión de contenidos, que luego las entidades pueden particularizar y complementar con acciones dirigidas a sus respectivos clientes a través de sus propios canales bancarios y otras vías de difusión. Adicionalmente, mantiene un contacto directo con el mercado a través de redes sociales, medios de comunicación y otros canales digitales, y también participando en múltiples foros públicos y privados, lo que sirve tanto para proyectar una imagen homogénea del servicio como para pulsar las expectativas de los usuarios finales de cara a la evolución de éste.

El efecto red

Desde su creación, el mayor reto al que se ha enfrentado Bizum ha sido el de impulsar un cambio de hábitos en lo que a medios de pago se refiere. En un país como España (en el que la utilización del efectivo para los pequeños pagos del día a día era la forma más común, casi la única, de realizar esas pequeñas transacciones) la introducción de un medio de pago móvil era un reto mayúsculo.

Hoy ese gran reto se ha convertido en una realidad y la expresión «hacer un bizum» forma parte del lenguaje cotidiano de los ciudadanos de nuestro país. Su crecimiento ha sido exponencial desde el lanzamiento: Bizum consiguió más de 175.000 usuarios en su primer mes de vida, y necesitó un año para llegar al millón, en diciembre de 2017, para terminar 2019 con 6,25 millones de usuarios, cifra que duplicó en 2020. Actualmente, Bizum cuenta con más de 25 millones de usuarios (más de la mitad de la población española) que hacen una media de más de 28 bizums por segundo (y creciendo). Esto supone casi el 90 por ciento de las transferencias inmediatas que se hacen en España y nos sitúa como el país europeo más avanzado en este terreno, alcanzando estas transferencias prácticamente el 50 por ciento de las totales (frente a sólo un 13 por ciento de media en Europa).

Y ¿cómo ha sido esto posible? El hecho de que, hoy en día, casi 40 marcas bancarias ofrezcan Bizum a sus clientes (alcanzando a más del 99 por ciento de los usuarios bancarios españoles) es lo que ha permitido crear el «efecto red» tan necesario y difícil de conseguir en una solución de pago de propósito general. Y es que, como le gusta decir a la compañía, en España todo el mundo tiene Bizum aunque no lo sepa, pues sólo tienen que activarlo fácilmente en su banca digital. El otro factor imprescindible ha sido la gran acogida de Bizum entre sus usuarios (los «bizumers»). Ellos son quienes verdaderamente han percibido el valor aportado por Bizum y contribuido a su extensión, recomendándolo a amigos y familiares y haciendo de altavoz del servicio.

Por su parte, Bizum y sus entidades adheridas han aplicado una cuidada estrategia de crecimiento, tratando de consolidar un paso antes de dar el siguiente. En este sentido, una vez obtenida una base amplia de usuarios conocedores y satisfechos con el servicio de pago entre particulares, fueron incorporando progresivamente nuevos casos de uso, como el pago con Bizum en comercio electrónico (hoy ya disponible en más de 52.000 comercios), las donaciones a causas solidarias (de hasta casi 9.000 entidades sociales), los pagos y cobros de empresas a clientes, pagos a profesionales...

El futuro... en colaboración

Bizum y sus entidades adheridas continúan desarrollando el servicio fundamentalmente en tres líneas:

1. Seguir desarrollando Bizum como solución integral que cubra todas las necesidades de pago de los clientes, incluyendo en tiendas físicas.
2. Aprovechar Bizum como servicio de identificación digital que permita a sus usuarios registrarse y acceder de forma segura a comercios y empresas en internet mediante su app bancaria.
3. Facilitar la convergencia de sus entidades y clientes en soluciones de pago paneuropeas, bien con servicios existentes, bien de nueva creación (como el futuro euro digital). Todo ello con el objetivo original de ofrecer al consumidor un medio de pago digital, basado en el teléfono móvil, inmediato, sencillo y seguro, y convertir Bizum en la forma de pago preferida por los usuarios en cualquier ámbito de su vida.

17.9. Jeanología: sostenibilidad en el ADN

En el trabajo de investigación que he realizado para la elaboración del libro tuve la suerte de encontrarme con Jeanología, una empresa familiar que nace en 1994 gracias a la pasión de José Vidal y su sobrino Enrique Silla, con la innovación y los valores humanos como pilares fundamentales de su estrategia.

Hoy son líderes en la transformación de la industria textil mediante el desarrollo de tecnologías disruptivas como la tecnología láser, G2 ozono, e-Flow, SmartBox y H2Zero, las cuales son capaces de mejorar la productividad, reducir el consumo de agua y energía y eliminar residuos y emisiones nocivas, con la garantía de cero contaminaciones.

Jeanologia cuenta con una importante presencia global con oficinas y centros de servicio técnico por todo el mundo, con presencia en más de setenta países y con más de cuatro mil máquinas instaladas en más de mil clientes.

La cultura: una poderosa herramienta de gestión

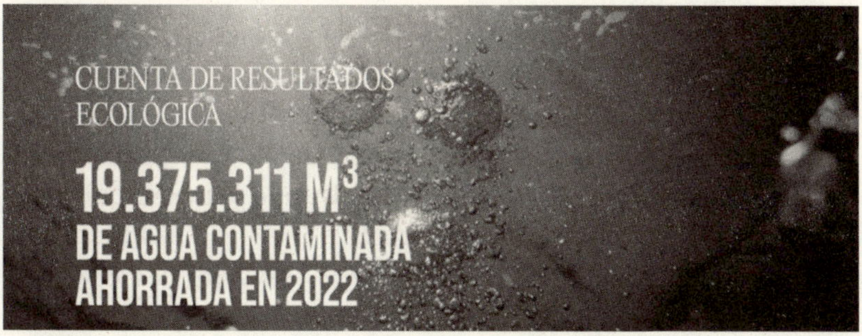

Ésta es una de las pantallas que te reciben en tu visita a Jeanología, sin duda toda una declaración de intenciones.

Pero cuando estás un rato en Jeanología y tienes el privilegio de que te enseñe sus instalaciones y te hable de su cultura Teresa Silla (miembro de su comité de dirección) y además hablas con su gente, te das cuenta de que su estrategia va mucho más allá de la consecución de unos resultados, por muy buenos y sostenibles que éstos sean.

Su cultura, como dice su CEO, Enrique Silla, es una valiosísima herramienta de gestión. Una cultura que desarrolla una visión, misión y principios que nos ofrecen muchas pistas de los valores a considerar en las organizaciones auténticas que proponemos en este libro:

- **Visión:** la empresa, motor hacia un mundo mejor.
- **Misión:** nos asociamos con nuestros clientes en su proceso de transformación, ofreciéndoles tecnologías disruptivas y la experiencia «*the best in service*».
- **Principios:** «Somos una organización basada en valores», en la que las personas y el planeta son lo primero.

Hasta aquí, como ocurre en muchas empresas, muy buenas intenciones; lo que ocurre en Jeanología, y eso es lo realmente diferencial, es que se lo creen y lo llevan a la práctica cada día, me atrevería a decir que hasta las últimas consecuencias.

Como nos dijo Enrique, tener clara la misión ha sido clave en el desarrollo y el crecimiento de la empresa:

> Hoy, con todas las posibilidades de la era digital, seguramente sea tan difícil (incluso en algunas ocasiones más) decir qué hacer como qué no hacer. Las tentaciones aparecen todos los días, pero teniendo la estrategia clara es sencillo (aunque a veces económicamente doloroso) decidir los proyectos que se tienen que abordar.
>
> Podríamos haber decidido vender a otros verticales, oportunidades no han faltado, pero hemos decidido estar sólo en una industria: la textil. Si estás en varios sectores conoces tu tecnología, pero no conoces al cliente, y para verdaderamente aportar valor, para ayudar los clientes en su transformación, los tienes que conocer mejor incluso que ellos mismos.
>
> Focalizarse es clave tanto para no despistar a los equipos, como para retener el valor que creamos.

En esta línea, la secuencia con la que se aborda la innovación y los proyectos está muy clara.

La innovación surge en cualquier parte y especialmente entre los propios profesionales de Jeanología, que se han convertido en una fuente de gran valor para el desarrollo de proyectos que a la larga han sido estratégicos para la compañía, como «la segunda vida de las máquinas» que, pensado desde la lógica de la economía circular, trata por un lado de facilitar el acceso a estas tecnologías a un mayor número de empresas y, por otro, reducir los niveles de basura electrónica. «Ideas que surgen en cualquier lugar porque está impregnada la casa.»

Gráfico 17.1. Innovación. Criterios de selección de proyectos

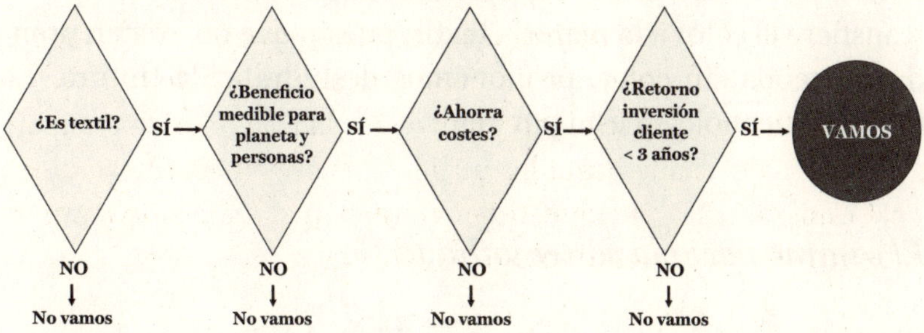

Fuente: Jeanología.

Cuando tienes la sostenibilidad incrustada en la toma de decisiones (como podemos ver en el gráfico 17.1) es cuando puedes empezar a decir que eres una empresa sensible con la sostenibilidad.

#Missionzero

Jeanología hace treinta años se propuso transformar la industria textil para convertirla en sostenible. «Nuestra ambición ya era entonces, en 1994, desintoxicar la industria textil, lo que hoy llamamos Mission Zero, lograr que se produzcan textiles sin agua y con *zero* desperdicio.»

La industria textil hoy es responsable del 20 por ciento de la contaminación de las aguas del planeta y del 10 por ciento de las emisiones de CO_2. Además, el 15 por ciento de la producción textil no se utiliza nunca y acaba en vertederos o incinerada. De su oferta, los famosos pantalones vaqueros son uno de los productos estrella, una de las prendas más vendidas y a su vez con mayor impacto ambiental.

«Sabíamos que, si transformábamos el icono de la moda, la prenda más usada por todas las generaciones, los *blue jean*, y la convertíamos en símbolo de ecología, de unión entre moda y planeta, habríamos contribuido a crear una cultura que cambiaría para siempre la industria textil. Hoy, treinta años después, nos sentimos orgullosos de que la mitad de los *jeans* que se fabrican en el planeta incluyen nuestra tecnología y llevan sello español. Nuestro próximo gran reto es transformar la forma en que se transfiere el color a la materia textil; puesto que no existen prendas ni moda sin color, proponemos deshidratar la tintura. Lo mejor de Jeanología está por venir.»

El camino hacia la sostenibilidad

El producto es el objetivo y la sostenibilidad es la forma de conseguirlo. La sostenibilidad es un elemento clave en la cadena de valor.

Gráfico 17.2. Cadena de valor sostenible

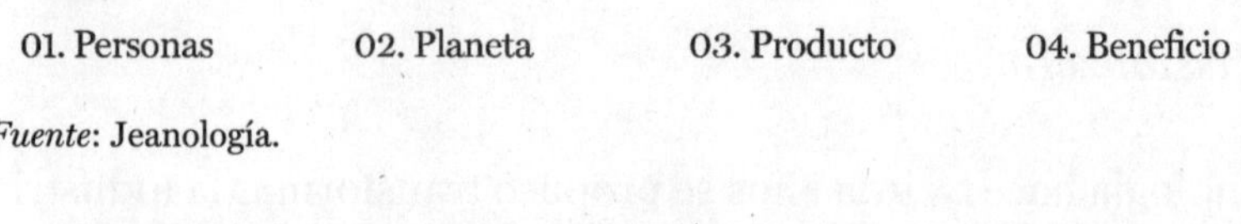

Fuente: Jeanología.

Desde la concepción de la idea hasta el producto final, se deben cumplir los requisitos: ecológico, ético, eficiente y disruptivo.

Como vemos, el empuje y compromiso del equipo directivo, la claridad en el propósito y en las políticas que facilitan la adopción de la cultura, la comunicación del contexto, que impulsa a las personas a participar y proponer nuevas iniciativas, y el desarrollo de métricas que permiten visualizar los avances y adoptar decisiones de gestión son los elementos clave para generar dinámicas de valor en las organizaciones.

Cuarta parte

Liderazgo de valor

18

Liderazgo de valor para transformar las organizaciones

> Un líder es alguien que sabe el camino, va por el camino y muestra el camino.
>
> JOHN C. MAXWELL, escritor

18.1. Evolución hacia un liderazgo de valor

Estamos viviendo una época caracterizada por desafíos y oportunidades únicas, en la que la transformación, también en el ámbito del liderazgo, es inevitable. Una evolución que responde a factores como la creciente preocupación por el medioambiente, la mayor sensibilización por los valores sociales y las nuevas expectativas en el entorno laboral. Ante este panorama surge la ineludible necesidad de redefinir el liderazgo para alinearlo con los requerimientos de una era que, más que en cualquier otro período, demanda autenticidad y responsabilidad en las organizaciones.

Durante décadas, los líderes diseñaron y gestionaron las empresas para un entorno eminentemente industrial. Estaban orientadas a preservar la estabilidad, la escala y la previsibilidad, con un enfoque de maximizar los resultados y en el que se prestaba poca atención —seguramente de forma no intencionada— a un impacto más amplio de su actividad.

Pero hoy la situación ya no es así, el panorama ha cambiado y estamos ante un nuevo paradigma de liderazgo en el que el modelo tradicional está superado ante la gran cantidad de demandas éticas, sociales y laborales que las empresas deben considerar. Un nuevo estilo que se enfoca en una poderosa aspiración: **crecer de forma sostenible y rentable**, algo que sólo es posible conseguir situando los valores en el centro de la estrategia y la actividad.

Pero no nos engañemos, no se trata, como algunos pueden pensar, de evolucionar a un mundo donde los resultados son menos importantes, sino todo lo contrario. El reto es seguir creciendo y consiguiendo los mejores resultados, lo que ocurre es que ahora, los «cómo» son tan o más importantes que los «qué», y esto sitúa el modelo de liderazgo en otro nivel, en el que no bastan las habilidades del pasado, por muy potentes que fueran, y hay que desarrollar otras que hasta ahora, en el mejor de los casos, estaban en un segundo plano, como la honestidad, la colaboración o el desarrollo de las personas.

Para Jorge Magro, fundador de la consultora especializada en liderazgo Rumbo Avante, «cada vez es más frecuente trabajar con empresas que entienden el liderazgo efectivo no sólo como una habilidad directiva, sino como una gran ventaja competitiva difícil de imitar, que tiene un alto impacto en aspectos tan relevantes como los resultados del negocio, la innovación, la satisfacción de los clientes, la adaptación a los cambios y la reputación de la empresa».

En la actualidad, para que las organizaciones prosperen, tienen que hacer evolucionar las características de su liderazgo, o lo que es lo mismo, las formas de gestionar de sus directivos. Uno de los problemas más habituales que nos encontramos en los procesos de transformación empresarial tiene que ver precisamente con esto: se invierte mucho en tecnología, algo en capacidades, pero se mantiene un estilo de dirección alejado de las nuevas ideas, incluso aunque éstas son las que propone la misma empresa.

Por lo tanto, desarrollar la idea de **crecimiento sostenible y rentable** se posiciona como el **propósito del liderazgo de valor** e implica no sólo la evolución, sino la transformación de algunas de las prácticas más profundamente establecidas del liderazgo.

En el desarrollo de su planteamiento, he optado por un enfoque diferente al tradicional. En lugar de enumerar sus rasgos característicos, he decidido examinar y presentar, inspirado en un trabajo de McKinsey,[6] las diversas maneras en que el liderazgo actúa e influye dentro de las organizaciones.

De acuerdo con esta aproximación, el gráfico 18.1 muestra la evolución, a modo de resumen, desde el liderazgo tradicional al liderazgo de valor en sus principales ámbitos de actuación, que desarrollarán posteriormente.

Gráfico 18.1. Evolución hacia el liderazgo de valor

	De	A
¿En qué se enfoca?	**Exclusivamente en las ganancias** Generación de utilidad para accionistas. Mentalidad de preservación.	**Impacto holístico en los *stakeholders*** Mentalidad de posibilidad. Ejecución.
¿Cómo organiza?	**Como director** Mando a través de jerarquías estructuradas. Mentalidad de certeza.	**Como líder y facilitador** Colaborador con redes empoderadas, con mentalidad de asociado.
¿Cómo toma las decisiones?	**Control e intuición** Escasa delegación.	**Contexto y datos (información)** Alto empoderamiento.
¿Cómo aborda las tendencias?	**Precaución** Parálisis por el análisis. Manifiesta aversión al riesgo y a los errores.	**Innovación** Adopta estrategias creativas y vanguardistas. Innovación abierta.
¿Cómo se relaciona?	**Cautela y resistencia** Mentalidad de conformidad.	**Confianza y colaboración** Mentalidad de crecimiento.
¿Cómo desarrolla el talento?	**Carreras predeterminadas** Desarrollo vertical. Capacitación normal y específica.	**Trayectorias flexibles** Desarrollo integral. *Feedback* continuo.
¿Cómo crea valor?	**Rol de planificador** Compitiendo por el valor existente. Mentalidad de escasez.	**Rol de arquitecto** Generando valor nuevo. Mentalidad de abundancia.

Fuente: Elaboración propia a partir de McKinsey.

18.2. ¿En qué se enfoca?

Realmente la cuestión es: ¿hacia dónde va la organización y qué pretende lograr? Y a partir de la claridad del propósito, el líder debe centrar la estrategia definiendo con claridad las prioridades.

Hoy las distracciones son abundantes y la capacidad de dirigirse hacia lo que realmente importa marcará la diferencia entre el éxito y el fracaso.

6. Disponible en: <https://www.mckinsey.com/featured-insights/destacados/un-nuevo-liderazgo-para-una-nueva-era-de-organizaciones-prosperas/es>.

En el desarrollo de esa estrategia nos encontramos con tres fases clave, que normalmente tendemos a complicar: la identificación de prioridades y estrategia (es decir, en qué tiene que focalizarse la organización), la claridad en la transmisión de procesos y objetivos y su ejecución efectiva.

Si bien la rentabilidad es el oxígeno de cualquier empresa, el liderazgo de valor entiende que las empresas existen dentro de un ecosistema más amplio. Las decisiones de una empresa repercuten en sus empleados, clientes, comunidades y el medioambiente y, por lo tanto, estas variables tienen que estar presentes en su foco y estrategia.

La **forma** en la que la compañía realiza la actividad se ha convertido en un elemento esencial para el futuro de las empresas y en consecuencia tiene que figurar entre sus prioridades. Hoy no es suficiente con poner objetivos financieros (ROI, EBITDA...) o de negocio (clientes nuevos, ventas del producto X...), hoy es necesario definir con claridad y poner objetivos a aspectos como la innovación, la calidad de los datos o la sostenibilidad, en definitiva, a las distintas dinámicas de valor.

Nos referimos a **dejar de poner foco exclusivamente en las ganancias y pasar a pensar y actuar teniendo en cuenta el impacto integral en todas las partes interesadas**.

Como siempre, lo fácil es decirlo. Prácticamente todas las marcas se posicionan en esta especie de dualidad virtuosa (ganancias y sostenibilidad), pero sus actuaciones en muchos casos las delatan y se van alejando de la anhelada autenticidad para regresar, si no salen los objetivos, a la dirección obsoleta. Los casos en los que la impaciencia se convierte en una seria enemiga del liderazgo hacen descarrilar más de un proyecto ilusionante.

Definida la estrategia con esta nueva visión más holística, pero enfocada, el siguiente paso es asegurar que la comunicación tanto de los cambios como de los objetivos son entendidos por el conjunto de la organización.

Un error muy habitual de los directivos es estar muy ocupados y preocupados por la estrategia y las grandes operaciones, pero muy poco en la ejecución.

En absoluto soy partidario de la microgestión, no la he practicado nunca, pero tampoco lo soy del abandono ni de una delegación formal pero poco efectiva. Porque una cosa es delegar responsabilidades y otra desentenderse de ellas.

Un elemento esencial que consolida el foco (y el éxito) es definir los indicadores que servirán de termómetro de la adopción y resultados de la estrategia.

El verdadero reto del liderazgo aparece en el contexto de un mundo cada vez más consciente de los impactos sociales y ambientales, ya que los líderes deben equilibrar la búsqueda de rentabilidad con el compromiso hacia sus empleados, la sociedad y el medioambiente. Esto requiere una redefinición de las estrategias empresariales, integrando prácticas sostenibles y éticas en el núcleo del negocio. Además, implica la habilidad de inspirar y movilizar a los equipos hacia estos objetivos más amplios, fomentando una cultura organizacional que valore la transparencia, la innovación y la inclusión.

Por ello, la valentía en la estrategia y especialmente en la ejecución son los aspectos clave de este «nuevo» liderazgo. Es impensable generar los cambios de los que venimos hablando sin un líder valiente que rompa con el *statu quo* y aguante, durante dos o tres años, la presión con unos resultados por debajo de los proyectados en anteriores planes estratégicos.

Satya Nadella, actual CEO de Microsoft, es un ejemplo del liderazgo del que estamos hablando. Sus cambios fueron importantes en la estrategia y cultura de la compañía, tuvieron gran impacto a la vez que eran arriesgados, pues suponían no sólo abandonar la cultura de los últimos años, sino también sustituir a Windows como la máxima prioridad estratégica.

Cambios relevantes, como realizar la transición hacia la nube, se convirtieron en la prioridad estratégica. Además, fomentó una mentalidad de crecimiento; promovió el aprendizaje continuo y la adaptación, poniendo foco en la colaboración; impulsó la movilidad con productos como Office 365 (con Teams) y la apertura a otras plataformas tecnológicas, con lo que alejaba a la compañía de la exclusividad de Windows, y revitalizó la innovación con inversiones en inteligencia artificial y otras tecnologías emergentes.

En definitiva, cambió en el modelo de negocio y en el estilo de dirección, pero, lo que es más importante, anticipó que la transición no iba a ser inmediata, ni en la adopción ni en resultados, y que habría que tener la visión (y paciencia) para ver sus frutos a medio plazo, y así ha sido. En 2014, cuando Nadella llegó al cargo, la acción de Microsoft estaba en 40 dólares, los dos años siguientes subió discretamente a 55 y 62 dólares, y hoy (octubre 2023) su cotización es de 338 dólares.

Visión a largo plazo, valentía en el cambio, transparencia en el impacto, gestión de expectativas y disciplina en la ejecución son, en definitiva, los atributos de un liderazgo que aporta valor.

18.3. ¿Cómo organiza el líder?

A lo largo del siglo XX, las organizaciones han desarrollado estructuras matriciales cada vez más extensas y complejas soportadas en silos y jerarquías opacas. Unas jerarquías ancestrales, en vista de la siguiente imagen:

Gráfico 18.2. Organización social maya

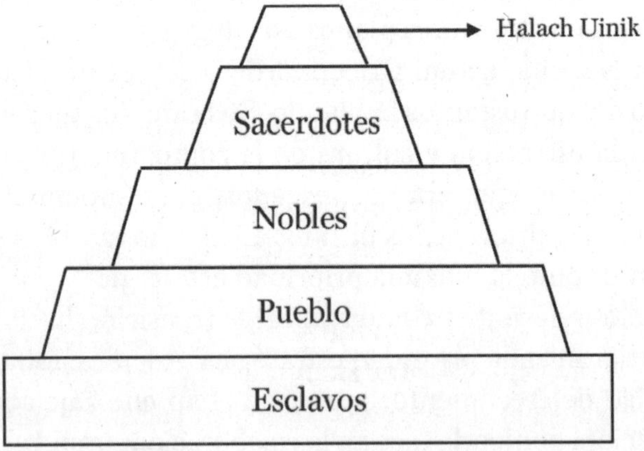

Fuente: Elaboración propia.

Si tenéis un minuto, os animo a superponer el organigrama de vuestra organización con el esquema del gráfico 18.2. ¿De verdad nos estamos transformando?

Seguramente una de las grandes diferencias entre las empresas convencionales y las nacidas a raíz de la disrupción digital sea la **agilidad** en la toma de decisiones, para lo que la cultura y la estructura organizativa son factores fundamentales.

Las organizaciones ágiles y de valor priorizan la descentralización de decisiones, la colaboración, el tratamiento de los datos como un activo estratégico y desarrollan un enfoque centrado en las personas e interacciones, lo que les permite superar la rigidez de los procesos y herramientas tradicionales. Además, fomentan el aprendizaje constante, con un liderazgo que sirve y apoya, y tienen una orientación genuina hacia el valor para el cliente.

Hoy este tipo de empresas están evolucionando de organizaciones entendidas como máquinas, con jerarquías verticales, burocracia, silos e instrucciones muy detalladas, a organizaciones como organismos. En estas últimas, los cambios son rápidos y los recursos flexibles, las «cajas y líneas» tienen menos importancia y el foco está en la acción. Construyen los equipos alrededor de la responsabilidad de principio a fin y su **liderazgo muestra el rumbo y habilita la acción**.

Este proceso de transformación demanda que los líderes superen la figura tradicional de autoridad y certeza que simplemente emite y recibe órdenes dentro de una estructura jerárquica rígida. En su lugar, deben asumir el rol de facilitadores que potencian y orientan a profesionales y equipos que se administran de manera autónoma, promoviendo la interacción, el intercambio y la colaboración más allá de las barreras organizativas usuales.

Desde hace tiempo, Zara me parece un buen ejemplo de agilidad, que se manifiesta fundamentalmente en su cadena de suministro y modelo de negocio: respuesta rápida a tendencias, comunicación fluida y rotación de stock.

Zara es conocida por su capacidad para adaptarse rápidamente a los gustos cambiantes en la moda. En lugar de depender de colecciones fijas con meses de anticipación, Zara lanza constantemente nuevos productos surgidos de las demandas actuales del mercado.

18.4. ¿Cómo toma las decisiones?

Estamos en medio de un cambio profundo en la forma de trabajar, uno que pide a los líderes ir más allá de ser controladores, con una mentalidad de seguridad y perfección, para convertirse en entrenadores que operan con una mentalidad de descubrimiento y fomentan la exploración, la ejecución y el aprendizaje rápido y continuo.

El libro *Aquí no hay reglas: Netflix y la cultura de la reinvención*, de Reed Hastings y Erin Meyer, presenta una serie de principios innovadores que han impulsado el notable éxito de Netflix. Uno de los conceptos más destacados es la idea de **«contexto vs. control»**, que hemos tratado anteriormente.

En muchas organizaciones el control es la norma. Se establecen reglas y regulaciones detalladas, y se espera que los empleados las sigan al pie de la letra. Esta estructura puede hacer que las cosas sean predecibles y que se mantenga un cierto estándar, pero también puede limitar la innovación, reprimir la creatividad y hacer que la organización sea menos ágil.

Como hemos visto, Netflix, a partir de los problemas con el enfoque tradicional, adoptó una filosofía diferente: proporcionar a los empleados el contexto adecuado y luego confiar en ellos para que tomen las decisiones. En lugar de establecer reglas estrictas sobre, por ejemplo, los gastos de viaje, Netflix podría simplemente pedir a los empleados que actúen en el mejor interés de la empresa. Al comprender el contexto general —la misión de la empresa, sus objetivos, sus desafíos y oportunidades— se espera que los empleados tomen decisiones sensatas y responsables.

Esto tiene varios beneficios, como el empoderamiento de los empleados, la agilidad organizativa, la innovación y creatividad, y además fomenta algo esencial, como es la **confianza**.

Sin embargo, este enfoque también tiene desafíos. Requiere un gran esfuerzo en comunicación para asegurar que todos los empleados entiendan el contexto, y obviamente implica un nivel de riesgo, ya que confiar en el juicio de los empleados significa que, a veces, pueden cometer errores. Sin embargo, para Netflix, los beneficios han superado ampliamente los desafíos, y la filosofía de «contexto vs. control» ha sido fundamental para su éxito y crecimiento continuos.

Hoy hablar de toma de decisiones es hablar de datos. Los datos se han convertido en una pieza fundamental en la actividad de las organizaciones. La riqueza de información que se puede obtener de ellos proporciona una base sólida para la toma de decisiones, lo que permite una mayor precisión, eficiencia y adaptabilidad en un entorno en constante cambio. Sin embargo, mientras que los datos proporcionan el esqueleto para la toma de decisiones, **el corazón sigue siendo la gente**. Es esencial involucrar e ilusionar a las personas en su trabajo, ofreciéndoles un propósito claro y un sentido de pertenencia.

El liderazgo de valor promueve que las organizaciones operen en ciclos cortos de decisión, acción y aprendizaje. Estas fases permiten una rápida adaptación y corrección, fomentando un ambiente de constante evolución y mejora. Además, la inmediatez de estos ciclos asegura que las lecciones aprendidas se integren rápidamente y garantiza que las empresas estén siempre un paso adelante en su viaje hacia la excelencia.

A medida que las organizaciones avanzan hacia esta nueva era de trabajo, la digitalización y el flujo constante de datos toman un protagonismo sin precedentes. Cada acción, decisión y resultado pueden ser rastreados, analizados y utilizados para informar futuras estrategias. Los datos se han convertido en el lenguaje universal, y las organizaciones que pueden interpretar este lenguaje y aplicarlo efectivamente están en una posición muy ventajosa.

18.5. ¿Cómo aborda las nuevas tendencias y el futuro?

La capacidad de adaptarse a los cambios es ciertamente valiosa y se considera un rasgo esencial del liderazgo. Sin embargo, en el contexto actual, esta cualidad por sí sola puede resultar insuficiente. El dinamismo y la complejidad del mundo empresarial de hoy exigen una visión más amplia y proactiva.

Según la teoría de Darwin sobre la selección natural, la mera adaptación ya no es suficiente; se requiere una acción más evolutiva. Las empresas, al igual que las especies en la naturaleza, deben no sólo adaptarse, sino también explorar y adoptar nuevos comportamientos y estrategias. Esta evolución constante es clave para prosperar en un mercado cada vez más competitivo y exigente.

Comprender las tendencias actuales y futuras es un primer paso imprescindible, pero el verdadero desafío radica en cómo una organización reacciona, se adapta y (si es necesario) transforma. Aquí es donde la **innovación** entra en juego, porque no se trata simplemente de adoptar la última tecnología o seguir la corriente popular del momento. La innovación, en su esencia, implica visualizar el futuro, pensar de manera diferente y crear soluciones que agreguen un valor genuino.

En este contexto, **la innovación abierta** añade una dimensión adicional a este proceso. En lugar de depender únicamente de las ideas internas, las organizaciones tienen que adoptar una postura más inclusiva, buscando y colaborando con fuentes externas —ya sean *start-ups*, universidades, clientes, proveedores e incluso competidores— para generar soluciones conjuntas y de mayor impacto.

Sin embargo, la innovación rara vez sigue una línea recta. Requiere **experimentación**: probar nuevas ideas, aprender de los resultados y en consecuencia ajustar el enfoque.

Con la experimentación surge el riesgo. Es un hecho que no todas las ideas resultarán exitosas. Sin embargo, en un entorno donde el fracaso se percibe como una oportunidad para crecer y avanzar, este riesgo se convierte en una valiosa fuente de conocimiento. Cada obstáculo o error se transforma en una lección valiosa, un peldaño en el camino hacia el desarrollo de soluciones más robustas y eficaces.

Decía el empresario y filántropo estadounidense Charlie Munger: «Todo lo que quiero saber es dónde voy a morir para nunca ir allí». Conocer y aprender de los fallos evita su repetición y nos guía hacia decisiones más informadas y reflexivas.

El último informe de BCG, *Empresas más innovadoras 2023*, concluye que alrededor del 80 por ciento de las empresas de todo el mundo clasifican la innovación como una de las tres principales prioridades del año.

En su primer punto, «qué están haciendo los ganadores», explican que, a pesar de la incertidumbre económica mundial, las mejores prácticas impulsan la innovación como prioridad estratégica, incluso algunas van mucho más allá y ponen la innovación al frente de sus futuras estrategias de crecimiento.

Mientras las empresas «promedio» esperan asignar más dinero a las innovaciones incrementales, las empresas líderes han aumentado significativamente el presupuesto destinado a innovaciones revolucionarias.

Estas últimas utilizan una amplia gama de herramientas estratégicas para fortalecer sus plataformas y prácticas de innovación y acceden a las capacidades y experiencia desde fuera de sus propios muros. Impulsan la innovación digital con un claro sesgo hacia los nuevos productos digitales, la creación de equipos ágiles y la mejora de los conocimientos de los clientes y el marketing.

En tres ideas se puede resumir su actuación:

1. Hacen lo que dicen (son innovadores).
2. Tienen una dinámica para identificar e incluso anticiparse a las tendencias.
3. Escalan con rapidez, capturando las ventajas de la innovación.

Otro ejemplo de empresa que desarrolla un liderazgo de valor es Pixar. El famoso estudio de animación conocido por películas como *Toy Story* y *Buscando a Nemo* o *Brave* se distingue por su extraordinaria cultura empresarial, que ha sido fundamental desde su fundación en 1986, cuando fue adquirida por Steve Jobs. Una cultura que promueve la creatividad, la innovación, la colaboración y el aprendizaje continuo entre sus empleados, factores que han contribuido a su éxito y liderazgo en la industria de la animación.

Bajo la dirección de líderes visionarios como Ed Catmull y John Lasseter, Pixar ha establecido un ambiente donde los líderes no sólo inspiran, sino también participan activamente en el proceso creativo. En este estudio, la colaboración entre equipos de distintas disciplinas es un pilar fundamental, facilitando el intercambio de ideas y soluciones creativas. Una parte integral de su cultura es la retroalimentación honesta y respetuosa, considerada esencial para el crecimiento y la mejora continua.

La experimentación y el riesgo son aspectos centrales en Pixar. La empresa reconoce que la creatividad implica asumir riesgos y aprender de los errores. Esta filosofía ha permitido a Pixar no sólo adaptarse a las tendencias cambiantes del mercado, sino también ser pioneros en establecer nuevas corrientes en la animación.

En definitiva, así es como aborda las tendencias el liderazgo de valor, fomentando un entorno donde la creatividad y la innovación son más que simples palabras, son la esencia de su estrategia y crecimiento.

18.6. ¿Cómo se relaciona?

Es común encontrarse con empresas que priorizan la protección, la tradición y la seguridad en sus interacciones con terceros. Estas organizaciones se caracterizan por un enfoque cauteloso, centrado en mantener un control riguroso sobre los aspectos de la relación. Esta forma de ver el negocio, marcada por una fuerte preferencia hacia la minimización de riesgos, busca garantizar beneficios inmediatos y proteger sus intereses. Las interacciones suelen estar regidas por políticas y prácticas diseñadas para preservar la seguridad y la integridad de la empresa, a menudo a expensas de la flexibilidad y la apertura a nuevas oportunidades.

Es un modelo en el que aparece la desconfianza en las negociaciones y que se centra intensamente en los detalles contractuales, buscando términos que favorezcan a la empresa incluso a costa de una menor flexibilidad. Este enfoque a menudo conduce a relaciones más transaccionales y formales con socios y proveedores, donde se mantiene una distancia cuidadosa y se siguen protocolos establecidos.

En cambio, las organizaciones con un liderazgo de valor

abordan las relaciones con terceros desde una perspectiva de colaboración y confianza.

Los líderes de estas empresas entienden que las alianzas estratégicas y las relaciones auténticas pueden ser motores de innovación y crecimiento a largo plazo. Por lo tanto, se esfuerzan por construir conexiones basadas en la transparencia y la confianza mutua, a menudo yendo más allá de los términos contractuales para explorar cómo pueden trabajar conjuntamente hacia objetivos compartidos.

Esta mentalidad de colaboración implica una mayor disposición a la adaptabilidad y permite que la relación evolucione en respuesta a los cambios del mercado o a nuevos desafíos. Al enfocarse en la autenticidad y el beneficio mutuo, las organizaciones de valor crean ecosistemas de negocios en los que clientes, proveedores y socios se convierten en cocreadores, que no sólo impulsan el éxito de la empresa, sino que también contribuyen positivamente a la industria y la comunidad en general.

Unilever es una multinacional de bienes de consumo conocida por sus esfuerzos para adoptar prácticas sostenibles e inclusivas. A través de su «Plan Unilever para una vida sostenible», la empresa se ha comprometido a mejorar la salud y el bienestar de mil millones de personas, reducir a la mitad el impacto ambiental de sus productos y mejorar la vida de millones de personas dentro de su cadena de valor. Para lograr estos objetivos ambiciosos la colaboración con *stakeholders* ha sido esencial.

Unilever colabora activamente con sus proveedores para garantizar prácticas sostenibles en toda la cadena de suministro. Por ejemplo, se ha asociado con pequeños agricultores para mejorar sus prácticas agrícolas, asegurando al mismo tiempo un suministro sostenible de materias primas. También trabajan en estrecha colaboración con ONG y organizaciones locales para llevar a cabo programas de educación y bienestar en comunidades de todo el mundo.

Lo que destaca de la estrategia de Unilever es cómo integran la retroalimentación de los *stakeholders* en su toma de decisiones. No se trata sólo de «hacer el bien», sino de garantizar que su negocio sea sostenible y rentable a largo plazo. Han comprendido que, al alinear sus objetivos con los de la sociedad en general, pueden crear un valor duradero tanto para la empresa como para las comunidades en las que operan.

En resumen, el liderazgo de valor pone a clientes y *stakeholders* en el centro de su estrategia y operaciones. Mediante la adopción de unas dinámicas orientadas al cliente y a la colaboración, promueven que su liderazgo no sólo sea beneficioso para la empresa, sino para sus clientes, la comunidad y el mundo en general.

18.7. ¿Cómo afronta el desarrollo del talento?

El desarrollo del talento se concibe a menudo como un camino preestablecido, donde las carreras siguen una trayectoria predeterminada y los ascensos se logran escalonadamente en una estructura jerárquica bien definida.

La formación se orienta principalmente hacia las competencias técnicas necesarias para el puesto actual y se enfoca en programas formales que perfeccionan habilidades específicas.

Esta visión vertical hacia el crecimiento profesional implica que el progreso se mide por la capacidad de ascender en la jerarquía corporativa, y las oportunidades de desarrollo personal fuera de este marco son limitadas. Las iniciativas de capacitación y mentoría tienden a seguir protocolos estandarizados, lo que puede dar como resultado una evolución profesional rígida y previsible.

En cambio, las organizaciones con un liderazgo de valor adoptan un **enfoque holístico y flexible** para el desarrollo de las personas. Reconociendo que cada profesional es único, estas organizaciones brindan trayectorias de carrera personalizadas que permiten a los individuos explorar diversas áreas y desarrollar un amplio conjunto de habilidades. Un modelo que aprovecha todo el potencial de los datos para conocer y desarrollar su talento de una forma diferencial.

Además, en lugar de limitarse a la capacitación formal, fomentan un entorno de **aprendizaje continuo** que valora tanto el desarrollo profesional como el personal. La participación activa y el *feedback* constante son componentes clave de su cultura, que aseguran que los empleados se sientan escuchados, valorados y motivados para crecer. Este enfoque permite que la **creatividad** y la innovación florezcan, ya que los empleados están equipados para tomar iniciativas y asumir riesgos calculados, lo que en última instancia conduce a un ambiente de trabajo más dinámico y a una empresa más resiliente y adaptable en el mercado. Las organizaciones de valor se centran en nutrir el potencial de sus equipos, lo que no sólo mejora la satisfacción y fidelización de los empleados, sino que también impulsa la empresa hacia un éxito sostenible.

Identificar empresas que ejemplifican un liderazgo de valor en este ámbito no es tarea fácil. Sin embargo, cuando te encuentras con una, como Lilly España, se hace evidente. Según las opiniones de sus empleados en el Great Place to Work, un 95 por ciento considera que es un excelente lugar para trabajar, en el que destaca la calurosa bienvenida al unirse a la empresa. Además, un 96 por ciento expresa orgullo al trabajar allí y un 95 por ciento afirma recibir un trato justo, sin importar su posición en la empresa. Al investigar más a fondo las prácticas de Lilly España, se descubre que están alineadas con los principios del liderazgo de valor que defendemos, lo que demuestra cómo una cultura organizacional sólida y respetuosa puede coexistir con un liderazgo empresarial efectivo.

«En Lilly mantenemos un entorno basado en el respeto mutuo, la honestidad y la confianza con nuestros empleados. Estamos comprometidos con el bienestar de todas las personas involucradas en la compañía y por supuesto con el de nuestros empleados, y lo demostramos cada día y en cada una de nuestras interacciones con ellos. Todas nuestras políticas internas tratan de reflejar nuestro compromiso real y la puesta en valor de nuestros empleados, pero sin olvidar nunca los pequeños detalles del día a día», manifiestan.

Unos valores que, según los datos, son sus verdaderos hábitos.

18.8. ¿Cómo crea valor?

Los líderes convencionales se centran en mantener y mejorar los sistemas y estrategias actuales, ponen el foco en la competencia dentro de mercados establecidos y tratan el valor como un bien finito. ¡El negocio va bien, para qué cambiar!

Desarrollan una mentalidad orientada a la eficiencia y la maximización de beneficios a corto plazo. Estos líderes operan bajo un enfoque de planificación rigurosa y control, priorizando la protección de los activos actuales y la optimización de recursos. Se trata de un tipo de liderazgo centrado en disponer de una estructura organizativa clara, un control estricto y una toma de decisiones cautelosa, que a menudo da como resultado una postura reactiva ante la innovación.

En contraposición, los líderes de valor son arquitectos que diseñan y construyen estrategias que generen nuevo valor. Poseen una mentalidad de abundancia y ven el mercado como un espacio lleno de posibilidades ilimitadas para la creación de valor.

Estos líderes buscan activamente oportunidades para la innovación y la colaboración, exploran nuevos modelos de negocio y fomentan una cultura que abraza el cambio y la diversidad de pensamiento. La asunción de riesgos calculados es una parte integral de su enfoque, y se valora la experimentación como un medio para descubrir y aprovechar nuevas vías de crecimiento.

Los líderes de valor fomentan la autonomía y el empoderamiento de sus equipos, permitiendo que la creatividad y el liderazgo surjan de todos los niveles de la organización. Reconocen que el talento y las ideas pueden y deben fluir libremente para capturar las oportunidades emergentes que pueden pasar desapercibidas en un enfoque más conservador. La colaboración transversal y la cocreación con clientes y socios son aspectos fundamentales de su liderazgo que propician un ecosistema donde la sinergia impulsa la innovación y el crecimiento.

Estos líderes se centran no sólo en los resultados financieros, sino también en el impacto a largo plazo, el desarrollo sostenible y la responsabilidad social, entendiendo que el valor real se mide en términos de contribución global y no sólo en ganancias inmediatas.

Agradecimientos

En primer lugar, me gustaría expresar mi más sincero agradecimiento a Adriana Domínguez por su pronta y entusiasta predisposición para elaborar el prólogo del libro.

Un agradecimiento muy especial a los expertos que han compartido su visión sobre las distintas dinámicas: Alberto Barreiro, Elena Roldán, Eva Ivars, Áurea Benito, Antonio Rodríguez Bes, Salvador Aragón, Sofía Medem y Adolfo Fernández-Valmayor.

También quiero agradecer a las empresas y profesionales que han compartido sus ejemplos: Marta Sánchez-Blanco y Natalia González-Valdés, de Mahou San Miguel; Raquel Graciano, Manuel Jiménez y José Miguel Caras, del Banco Santander; Oier Antón, de GHI; Dimitris Bountolos, de Ferrovial; Germán Bautista, de Caser; Ángel Nigorra, de Bizum; y Enrique Silla y Teresa Silla, de Jeanología.

Hago extensiva esta gratitud a Roger Domingo, editor del libro, en el que he encontrado la máxima colaboración para llevar el trabajo a buen puerto, a Elena Valerio y Natalia San Higinio, de Thinking Heads, por su paciencia y ayuda con el estilo literario, y a María Bragado, de Adolfo Domínguez, por la eficiente coordinación del prólogo.

Amplío esta consideración a un buen número de amigos y colegas con los que he tenido la ocasión de compartir las ideas expuestas y debatir sobre ellas, como: Adrián García Nevado, Alicia Muñoz Lombardía, Ángel Rivera, Antonio Hernández Somoza, Aurora Fernández, Beatriz Abás, Beatriz Rubio, Borja Oyarzábal, Carlos Alemany, Carlos González, Carlos Vela, Carmen Alonso, Cristina Ruiz, Cristóbal Miralles, Eduardo Vioque, Eleuterio Lozano, Enrique Polo, Enrique Titos, Eugenio de Juana, Fabian Gradolph, Francisco Moza, Francisco Sanz, Fuencisla Clemares, Gema Lloret, Ignacio Babé, Javier Echeverría, José Antonio Calvo, José Cabrera, José Manuel Casado, Jorge Magro, Juan Carlos de Andrés, Juan Carlos Martín Guirado, Juan Duce, Juan Manuel Olaizola, Lidia Urquidi, Loreto Sanmartín, Luciano Viguín, Luis Mateos Keim, Luis Miguel Inglés, Manuel Fernández Blanco, María Teresa Ramos, Marta Jiménez, Matías Morillas, Miguel Ángel Ruiz, Pablo Montoliu, Patricia Arias, Pilar Roch, Ramón Cabezas, Raúl Jiménez, Román García, Rubén Marcos, Samuel Gil, Santiago José de Taranco, Sara Soriano, Silvina Arce, Susana Fábregas, Vicente Alciturri, Víctor Matarranz y Víctor Menéndez.

A todos os agradezco la ayuda que he tenido la suerte de recibir.

ADOLFO RAMÍREZ,
mayo de 2024

«La vida no está segmentada
en valores por un lado
y hábitos por el otro,
vivir nuestros valores significa
demostrarlos a través de nuestras
decisiones todos los días.»

Anónimo

Bibliografía

Alcaide, Juan Carlos, *Customer Experience*, Esic Editorial, Madrid, 2019.

Bacon, Jono, *The art of community*, O'Reilly Media, EE. UU., 2012.

Berger, Jonah, *Contagioso*, Gestión 2000, Barcelona, 2014.

Bofarull, Ivan, *Moonshot thinking*, Arpa Editores, Barcelona, 2020.

Buckinghan, Marcus; y Coffman, Curt, *First, break all the rules*, Simon & Schuster, EE. UU., 1999.

Cabezas, Ramón, *Wise worker*, Bresca, Barcelona, 2021.

Cabrera, José, *Redarquía, más allá de la jerarquía*, Rasche y Pereira-Menaut Editores, Madrid, 2014.

Casado, José Manuel, *Dirección asistida*, Lid, Córdoba, 2006.

Castañeda, Miguel, *Organizaciones sostenibles*, Círculo Rojo, 2023.

Catmull, Ed; y Wallace, Ami, *Creatividad S. A.*, Conecta, Barcelona, 2014.

Christensen, Clayton M., *El dilema de los innovadores*, Granica, Argentina, 2022.

Cialdini, Robert, *Influencia*, HarperCollins, Madrid, 2022.

Clear, James, *Hábitos atómicos*, Diana Editorial, Barcelona, 2020.

Collins, Jim, *Good to great*, Reverte, Barcelona, 2021.

Cubeiro, Juan Carlos, *La sensación de fluidez*, Pearson Educación, Madrid 2001.

Dalio, Ray, *Principios para enfrentarse al nuevo orden mundial*, Ediciones Deusto, Barcelona, 2022.

Diamandis, Peter H.; y Steven Kotler, *Abundancia*, Antoni Bosch Editor, Soria, 2013.

Doerr, John, *Mide lo que importa*, Conecta, Barcelona, 2019.
Drucker, Peter F., *Eficacia ejecutiva*, Conecta, Barcelona, 2018.
Fernández Campos, Rafael; y Martínez Rodríguez, Javier, *El valor del dato*, autoedición, 2020.
Gates, Bill, *Cómo evitar un desastre climático*, Plaza & Janés Editores, Barcelona, 2021.
Gladwell, Malcolm, *El punto clave*, Taurus, Barcelona, 2007.
Goleman, Daniel, *El punto ciego*, B de Bolsillo, Barcelona, 2019.
Grant, Adam, *Piénsalo otra vez*, Ediciones Deusto, Barcelona, 2022.
Hamel, Gary; y Zanini, Michele, *Humanocracia*, Reverte, Barcelona, 2022.
Hansen, Morten T., *Collaboration*, Harvard Business Review Press, EE. UU., 2009.
Harris, Russ, *Cuestión de confianza*, Sal Terrae, Bilbao, 2012.
Hastings, Reed; y Meyer, Erin, *Aquí no hay reglas*, Conecta, Barcelona, 2020.
Heath, Chip; y Heath, Dan, *Cambia el chip*, Gestión 2000, Barcelona, 2011.
Ismail, Salim; Malone, Michael S.; y Van Geest, Yuri, *Organizaciones exponenciales*, Bubok Publishing, 2016.
Kahneman, Daniel, *Pensar rápido, pensar despacio*, Debolsillo, Barcelona, 2013.
Kahneman, Daniel; Sibony, Oliver; y Sunstein, Cass R., *Ruido*, Debolsillo, Barcelona, 2023.
Kin, W Chan; y Mauborgne, Renée, *La estrategia del océano azul*, Profit, Barcelona, 2015.
Laloux, Frederic, *Reinventar las organizaciones*, Arpa Editores, Barcelona, 2016.
Marcet, Xavier, *Esquivar la mediocridad*, Plataforma, Barcelona, 2017.
Marco Aurelio, *Meditaciones*, Edaf, Madrid, 2020.
Morieux, Ives; y Tollman, Peter, *Six simple rules*, Harvard Business Review Press, EE. UU., 2014.
Nadela, Satya, *Pulsa actualizar*, HarperCollins, Madrid, 2017.
Pink, Daniel H., *Drive: surprising truth about what motivates us*, Canongate Press, Reino Unido, 2011.
Polman, Paul; y Winston, Andrew, *Net positive*, Profit, Barcelona, 2022.
Ramírez, Adolfo, *Digitalízate o desaparece*, Gestión 2000, Barcelona, 2017.
Rey, Amalio A., *El libro de la inteligencia colectiva*, El toro mítico, Córdoba, 2022.
Ries, Eric, *El método Lean Startup*, Ediciones Deusto, Barcelona, 2012.

Robinson, Ken, *El elemento*, Debolsillo, Barcelona, 2010.

Schwab, Klaus, *La cuarta revolución industrial*, Debate, Barcelona, 2016.

Sinek, Simon, *El juego infinito*, Empresa Activa, Barcelona, 2020.

Sunstein, Cass R.; y Thaler, Richard H., *Un pequeño empujón*, Taurus, Barcelona, 2009.

Taleh, Nassin, *El cisne negro*, Ediciones Paidós, Barcelona, 2011.

Tracy, Brian, *Metas*, Empresa Activa, Barcelona, 2004.

Tzu, Sun, *El arte de la guerra*, Penguin Clásicos, Barcelona, 2024.

Wade, Michael; Loucks, Jeff; Macaulay, James; y Noronha, Andy, *Digital Vortex*, Lid, Córdoba, 2018.